Accesibilidad, traducción y nuevas tecnologías

IVITRA Research in Linguistics and Literature
Studies, Editions and Translations
ISSN 2211-5412

This series aims to publish materials from the IVITRA Research Project. IVITRA carries out research on literary, linguistical and historical-cultural studies, and on history of literature and translation, specially those related to the Crown of Aragon in the Middle Ages and the Renaissance. The materials in the series will consist of research monographs and collections, text editions and translations, within these thematic frames: Romance Philology; Catalan Philology; Translation and Translatology; Crown of Aragon Classics Translated; Diachronic Linguistics; Corpus Linguistics; Pragmatics & Sociolinguistics; Literary and historical-cultural studies; and E-Learning and IST applications.

A complete list of titles in this series can be found on *benjamins.com/catalog/ivitra*

Editor
Vicent Martines Peres
Universitat d'Alacant / IEC / RABLB

International Scientific Committee

Ignacio Aguaded
Carlos Alvar
Robert Archer
Concepción Company Company
Adelaida Cortijo
Antonio Cortijo
Ricardo Silveira Da Costa
Ramon Ruiz Guardiola
Antoni Ferrando
Sara Poot Herrera
Dominic Keown
Coman Lupu
Enric Mallorquí-Ruscalleda
Isidor Marí
Giuseppe Mazzocchi †

Juan Francisco Mesa
Joan Miralles
Josep Maria Nadal
Veronica Orazi
Maria Àngels Fuster Ortuño
Akio Ozaki
José Antonio Pascual
Hans-Ingo Radatz
Rosabel Roig-Vila
Vicent Salvador †
Francisco Franco Sánchez
Ko Tazawa †
Joan Veny
Curt Wittlin †

Volume 41

Accesibilidad, traducción y nuevas tecnologías
Editado por Lucía Navarro-Brotons, Analía Cuadrado-Rey e Iván Martínez-Blasco

Accesibilidad, traducción y nuevas tecnologías

Edited by

Lucía Navarro-Brotons
Analía Cuadrado-Rey
Iván Martínez-Blasco
University of Alicante

John Benjamins Publishing Company
Amsterdam / Philadelphia

The paper used in this publication meets the minimum requirements of the American National Standard for Information Sciences – Permanence of Paper for Printed Library Materials, ANSI z39.48-1984.

DOI 10.1075/ivitra.41

Cataloging-in-Publication Data available from Library of Congress:

LCCN 2024037703 (PRINT) / 2024037704 (E-BOOK)

ISBN 978 90 272 1600 7 (HB)
ISBN 978 90 272 4642 4 (E-BOOK)

© 2024 – John Benjamins B.V.
No part of this book may be reproduced in any form, by print, photoprint, microfilm, or any other means, without written permission from the publisher.

John Benjamins Publishing Company · https://benjamins.com

Tabla de contenidos

Introducción	1
Foreword	4
Nuevos retos (de recepción y comprensión intersemióticos) para la accesibilidad: Los referentes culturales *Pedro Mogorrón Huerta*	7
La accesibilidad en el cine de animación infantil y juvenil: Retos lingüísticos y traductológicos (español-alemán) *Carmen Cuéllar Lázaro*	43
Los problemas de traducción de textos turísticos a Lectura Fácil *Analía Cuadrado-Rey*	71
Aproximación a la traducción periodística en Lectura Fácil *Lucía Navarro-Brotons*	89
Plain Legal Language as accessibility tool for translators: An empirical study at a phraseological level *Gisella Policastro-Ponce*	114
Propuesta didáctica para la práctica de la audiosubtitulación de textos audiovisuales multilingües en la formación de audiodescriptores *Beatriz Cerezo Merchán, Beatriz Reverter Oliver* *& Juan José Martínez Sierra*	133
Experiencia educativa: Un primer acercamiento a la enseñanza de la subtitulación para personas sordas o con discapacidad auditiva en el aula de Traducción Audiovisual *Kendall J. J. Harteel*	161
La audiodescripción de la intertextualidad en el cine de Almodóvar: ¿Dolor? ¿o gloria? Una propuesta de análisis y aplicación didáctica *Carla Botella Tejera*	184
El SPS como herramienta transversal para la adquisición de competencias traductoras en el contexto de la enseñanza de la traducción especializada *Iván Martínez-Blasco*	205
Índice	225

Introducción

El presente volumen, titulado *Accesibilidad, traducción y nuevas tecnologías*, se compone de nueve artículos escritos por expertos en Accesibilidad y Traducción. El libro comienza con la contribución de **Pedro Mogorrón**, "Nuevos retos (de recepción y comprensión intersemióticos) para la accesibilidad: los referentes culturales", que define el concepto de referencia cultural y se centra en el estudio de las unidades fraseológicas y las referencias intertextuales. Mogorrón pone de manifiesto las dificultades que incluso los usuarios sin problemas de percepción visual o auditiva encuentran para identificar y comprender estos elementos. A continuación, examina la normativa vigente diseñada para ayudar a las personas con discapacidad en su vida cotidiana y señala que las referencias culturales no han sido investigadas a fondo en el campo de la accesibilidad. El autor sostiene que son esenciales medidas de apoyo para garantizar que los espectadores puedan lograr una comprensión compensatoria de estas referencias.

El estudio de **Carmen Cuéllar**, "La accesibilidad en el cine de animación infantil y juvenil: retos lingüísticos y traductológicos (español-alemán)", versa sobre las películas de animación dirigidas al público infantil y juvenil. El trabajo de Cuéllar pretende, desde un punto de vista intra-lingüístico, comprender el uso de la subtitulación para hacer accesibles las películas de animación de producción española al público español con discapacidad auditiva. Además, desde una perspectiva interlingüística, trata de comprender los retos lingüísticos y traductológicos que plantea la transferencia de estos productos audiovisuales a los espectadores de habla alemana. El estudio de Cuéllar revela que se han seguido los parámetros que rigen la subtitulación para sordos y las directrices normativas. Sin embargo, el análisis interlingüístico también muestra que la traducción al alemán se hizo utilizando la versión inglesa de la película, lo que puede tener consecuencias para los germanoparlantes dado el contexto cultural de la adaptación.

La contribución de **Analía Cuadrado-Rey**, "Los problemas de traducción de textos turísticos a Lectura Fácil", aborda la accesibilidad lingüística en el contexto del turismo. Cuadrado-Rey analiza la traducción inter e intralingüística de textos turísticos en Lectura Fácil e identifica los retos que implica la traducción de este tipo de textos. Estos retos incluyen: (1) imágenes, fotografías y pictogramas; (2) información implícita; (3) variación diatópica; (4) culturemas; (5) lenguaje figurado; (6) fraseología; (7) nombres propios, nombres de instituciones y topónimos; (8) traducción inversa; (9) neologismos; y (10) lengua de partida ambigua

https://doi.org/10.1075/ivitra.41.intro
© 2024 John Benjamins Publishing Company

o confusa. A partir de los resultados del análisis, la autora subraya la importancia de estudiar con mayor profundidad el papel del traductor en la aplicación de la accesibilidad cognitiva a través de la lectura fácil. Esto incluye la adaptación de los destinos turísticos actuales, consolidados o en desarrollo, para garantizar que el turismo sea accesible para todos.

La contribución de **Lucía Navarro-Brotons**, "Aproximación a la traducción periodística en Lectura Fácil" aborda la Lectura Fácil en la traducción periodística. Para la autora, la traducción periodística sirve de canal de acceso a la información, y el acceso a la información es un derecho fundamental de todos los ciudadanos. En el ámbito de la traducción, la implementación de la Lectura Fácil como una estrategia global para facilitar la accesibilidad cognitiva garantiza la accesibilidad universal, ya que asegura que los textos proporcionen la información de manera comprensible para quienes necesitan este apoyo. Los objetivos perseguidos por la autora en este trabajo son ofrecer una visión general de este nuevo perfil de traductor de Lectura Fácil periodística y describir los retos de la traducción de Lectura Fácil de textos periodísticos.

En su artículo "Plain Legal Language as an Accessibility Tool for Translators: An Empirical Study at a Phraseological Level", **Gisella Policastro-Ponce** que la accesibilidad del lenguaje jurídico se ha convertido en un componente esencial para la integración social de todos los ciudadanos. Del mismo modo, para cualquier traductor jurídico, comprender el lenguaje jurídico es un primer paso fundamental para superar las barreras de comunicación. Teniendo esto en cuenta, el propósito del estudio de la autora es comparar la Carta original de las Naciones Unidas con su versión en lenguaje llano, centrándose especialmente en las diferencias fraseológicas.

La contribución de **Beatriz Cerezo Merchán**, **Beatriz Reverter Oliver** y **Juan José Martínez Sierra**, "Propuesta didáctica para la práctica de la audiosubtitulación de textos audiovisuales multilingües en la formación de audiodescriptores", proporciona a profesores y alumnos autodidactas herramientas y tareas para conocer y practicar la audiosubtitulación (AST) en obras audiovisuales multilingües. Los autores definen el AST, describen sus características y comentan los retos que plantea, así como las estrategias para superarlos. Además, presentan una propuesta didáctica que puede adaptarse a diversos entornos educativos.

La contribución de **Kendall Harteel**, "Experiencia educativa: un primer acercamiento a la enseñanza de la subtitulación para personas sordas o con discapacidad auditiva en el aula de Traducción Audiovisual", destaca la importancia de hacer accesibles los productos audiovisuales a las personas con discapacidad sensorial, permitiéndoles acceder a la cultura y el entretenimiento. Este proyecto educativo pretende enseñar a dos grupos de estudiantes universitarios a utilizar las herramientas adecuadas y a crear materiales accesibles, introduciéndolos en las nuevas exigencias del mercado audiovisual. Los resultados reflejan el interés y la concienciación de estos estudiantes por ofrecer traducciones de calidad a personas con necesidades especiales.

En su contribución "La audiodescripción de la intertextualidad en el cine de Almodóvar. ¿Dolor? ¿o gloria? Una propuesta de análisis y aplicación didáctica", **Carla Botella Tejera** sostiene que la intertextualidad representa uno de los desafíos más complejos a la hora de redactar un guion de audiodescripción, dado que requiere compensar la falta de información visual mediante el uso adecuado del lenguaje. Botella ofrece un análisis descriptivo de la película *Dolor y gloria* (Almodóvar, 2019) para examinar si el guion de audiodescripción emplea la explicitación, la generalización o incluso la omisión total a la hora de transmitir la intertextualidad. El objetivo último de la autora es desarrollar un conjunto de actividades didácticas para la formación de estudiantes en audiodescripción.

La contribución de **Iván Martínez-Blasco**, "El SPS como herramienta transversal para la adquisición de competencias traductoras en el contexto de la enseñanza de la traducción especializada", aborda el subtitulado para personas sordas o con discapacidad auditiva (SPS) como herramienta transversal en el proceso de enseñanza-aprendizaje de la traducción técnico-científica. La investigación de Martínez-Blasco presenta una propuesta didáctica diseñada para ayudar a los estudiantes a consolidar las competencias requeridas en esta rama de la traducción especializada. Asimismo, pretende familiarizar a los estudiantes con la dinámica real de trabajo en el campo de la subtitulación para personas sordas o personas con discapacidad auditiva a través de tareas simuladas de traducción colaborativa. Estas tareas ayudarán a los estudiantes a conocer mejor el mercado laboral de la traducción audiovisual y la accesibilidad en el ámbito de la traducción técnico-científica.

Foreword

The present volume, titled *Accesibilidad, traducción y nuevas tecnologías*, is composed of nine articles written by experts in Accessibility and Translation. The book begins with **Pedro Mogorrón**'s contribution, "Nuevos retos (de recepción y comprensión intersemióticos) para la accesibilidad: los referentes culturales," which defines the concept of cultural reference and focuses on the study of phraseological units and intertextual references. Mogorrón highlights the difficulties that even users without visual or auditory perception problems encounter in identifying and understanding these elements. He then examines the current regulations designed to assist people with disabilities in their daily lives and points out that cultural references have not been thoroughly researched in the field of accessibility. Mogorrón argues that support measures are essential to ensure that viewers can achieve a compensatory understanding of these references.

Carmen Cuéllar's study, "La accesibilidad en el cine de animación infantil y juvenil: retos lingüísticos y traductológicos (español-alemán)," deals with animated films aimed at children and youth. Cuéllar's work primarily aims, from an intralinguistic point of view, to understand the use of subtitling to make Spanish-produced animated films accessible to Spanish audiences with impaired hearing. Additionally, from an interlinguistic perspective, it seeks to understand the linguistic and translatological challenges of transferring these audiovisual products to German-speaking viewers. Cuéllar's study reveals that the parameters governing subtitling for the deaf and the normative guidelines have been followed. However, the interlinguistic analysis also shows that the translation into German was made using the English version of the film, which may have consequences for German speakers given the cultural context of the adaptation.

Analía Cuadrado-Rey's contribution, "Los problemas de traducción de textos turísticos a Lectura Fácil," addresses linguistic accessibility in the context of tourism. The author highlights that, from a translation perspective, both cross-linguistic and intralinguistic Easy Reading facilitate the delivery of tourist texts with the required information in an understandable way. Cuadrado-Rey analyzes the inter and intralinguistic translation of tourist texts into Easy Reading and identifies the challenges involved in translating this type of text. These challenges include: (1) images, pictures, and pictograms; (2) implicit information; (3) diatopic variation; (4) culture-specific items; (5) figurative language; (6) phraseology; (7) proper names, names of institutions, and place names; (8) back-

https://doi.org/10.1075/ivitra.41.foreword
© 2024 John Benjamins Publishing Company

translation; (9) neologisms; and (10) ambiguous or confusing source language. Based on the results of the analysis, the author underscores the importance of the translator's role in applying cognitive accessibility through Easy Reading. This includes the adaptation of current tourist destinations, whether established or in development, to ensure that tourism is accessible for all.

Lucía Navarro-Brotons's contribution, "Aproximación a la traducción periodística en Lectura Fácil" addresses the theme of Easy Reading in journalistic translation. Journalistic translation serves as a channel for accessing information, and access to information is a fundamental right for all citizens. From the translation sector, the implementation of Easy Reading as a global strategy to facilitate cognitive accessibility guarantees universal accessibility by ensuring that the text offers the necessary information in an understandable way for those who need this support. The objectives pursued by the author in this work are to provide an overview of the opportunity for translators to specialize in the new profile of journalistic Easy Reading translator and to describe the challenges of Easy Reading translation of journalistic texts.

In her article "Plain Legal Language as an accessibility tool for translators: An empirical study at a phraseological level," **Gisella Policastro-Ponce** states that the accessibility of legal language has become an essential component of social integration for all citizens. Similarly, for any legal translator, understanding legal language is a crucial first step in overcoming communication barriers. Considering this, the purpose of Gisella Policastro's study is to compare the original Charter of the United Nations with its plain-language version, focusing particularly on differences in phraseology.

Beatriz Cerezo Merchán, Beatriz Reverter Oliver, and **Juan José Martínez Sierra**'s contribution, "Propuesta didáctica para la práctica de la audiosubtitulación de textos audiovisuales multilingües en la formación de audiodescriptores," provides teachers and self-taught students with tools and tasks to learn about and practice audio subtitling (AST) in multilingual audiovisual works. These works contain fragments in languages different from the dominant language of both the source and target texts. The authors define AST, describe its characteristics, and discuss the challenges it presents, along with strategies for overcoming these challenges. Additionally, they present a didactic proposal that can be adapted to various educational settings.

Kendall Harteel's contribution, "Experiencia educativa: un primer acercamiento a la enseñanza de la subtitulación para personas sordas o con discapacidad auditiva en el aula de Traducción Audiovisual," highlights the importance of making audiovisual products accessible to people with sensory disabilities, enabling them to access culture and entertainment. This educational project aims to teach two groups of university students how to use appropriate tools and create accessible materials, introducing them to the new demands of the audiovisual market. The results reflect these students' interest and awareness in providing quality translations for people with special needs.

In her contribution, "La audiodescripción de la intertextualidad en el cine de Almodóvar. ¿Dolor? ¿o gloria? Una propuesta de análisis y aplicación didáctica," **Carla Botella Tejera** argues that intertextuality is one of the most complex issues to include in an audio-descriptive script, as it must compensate for the loss of visual information through words. Botella offers a descriptive analysis of the film Dolor y gloria (Almodóvar, 2019) to examine whether the audio-descriptive script employs explicitation, generalization, or even total omission when conveying intertextuality. The author's ultimate goal is to develop a set of didactic activities for training students in audio description.

Iván Martínez-Blasco's contribution, "El SPS como herramienta transversal para la adquisición de competencias traductoras en el contexto de la enseñanza de la traducción especializada," addresses Subtitling for Deaf and Hard-of-Hearing audiences (SDH) as a transversal tool in the teaching and learning process of technical-scientific translation. Martínez-Blasco's research presents a didactic proposal designed to help students consolidate the competences required in this branch of specialized translation. It also aims to familiarize students with the actual work dynamics in the field of Subtitling for Deaf and Hard-of-Hearing audiences through simulated collaborative translation tasks. These tasks will help students gain a deeper understanding of the labor market for audiovisual translation and accessibility in the field of technical-scientific translation.

Nuevos retos (de recepción y comprensión intersemióticos) para la accesibilidad
Los referentes culturales

Pedro Mogorrón
Universidad de Alicante

In this article, after defining the concept of cultural reference and limiting its treatment to the study of phraseological units and intertextual references, we address these two phenomena in order to show the difficulty that users without visual or acoustic perception problems have in identifying and understanding them. Then, after presenting the current regulations designed to help disabled people in their daily lives, we show that cultural references have not been researched in depth in the field of accessibility and that support measures are necessary so that the viewer can have a reception, at least compensatory, of this phenomenon.

Keywords: cultural reference, audiovisual translation, phraseological units, intertextual references

1. Referentes culturales: Introducción

La lengua es según la segunda acepción del DLE[1] "Sistema de comunicación verbal propio de una comunidad humana y que cuenta generalmente con escritura". Es decir que una lengua es un complejo sistema de signos lingüísticos que poseen un significado bien determinado que los hablantes aprenden, usan y retienen en su memoria para comunicarse entre sí en un uso colectivo social y cultural.

A su vez, la lengua es la máxima expresión de la cultura[2] que se transmite en las comunidades de hablantes generación tras generación tal y como lo señalan:

---

1. https://dle.rae.es/lengua?m=form.

2. Aunque la lengua establece una identidad colectiva y social de una comunidad de hablantes, conviene diferenciar lengua y cultura, pues sino ¿cómo explicar el hecho de que las culturas francesa, quebequense, suiza, belga, no sean idénticas al igual que las culturas españolas,

https://doi.org/10.1075/ivitra.41.01mog
© 2024 John Benjamins Publishing Company

- Charaudeau (2001: 343):

> ce ne sont ni les mots dans leur morphologie ni les règles de syntaxe qui sont porteurs de culturel, mais les manières de parler de chaque communauté, les façons d'employer les mots, les manières de raisonner, de raconter, d'argumenter pour blaguer, pour expliquer, pour persuader, pour séduire.

- Ladmiral y Lapianski (1989: 17): "la langue n'est pas un simple instrument de communication; elle est aussi l'expression d'une identité culturelle".

Perroti (1994: 84) formula una de las definiciones más completas que se han ofrecido del concepto de cultura, pues resume sus características más importantes a la par que incorpora nociones sociológicas, antropológicas e incluso filosóficas:

> La signification qui est couramment donnée en anthropologie se réfère à un groupe ou à un peuple. Elle correspond à une structure complexe et interdépendante de connaissances, de codes, de représentations, de règles formelles ou informelles, de modèles de comportements, de valeurs, d'intérêts, d'aspirations, de croyances, de mythes. Cet univers se réalise dans les pratiques et comportements quotidiens: usages vestimentaires, culinaires, modes d'habitat, attitudes corporelles, types de relations, organisation familiale, pratiques religieuses. La culture recouvre le vivre et le faire. La genèse de cette structure complexe s'opère dans les transformations techniques, économiques et sociales propres à une société donnée dans l'espace et dans le temps. Elle est le résultat de la rencontre des trois protagonistes de la vie: l'homme, la nature et la société .   (Perroti 1994: 84)

Las producciones audiovisuales sobre todo las televisivas y cinematográficas contienen y transmiten a partir de imágenes y de palabras, contenidos lingüísticos entrelazados con referencias culturales dirigidos a un público ideal, (generalmente perteneciente a un determinado país, lengua y cultura con posibles matices generacionales, regionales, etc.) capaz de captar la mayoría de los contenidos lingüísticos y culturales presentes en esas producciones.

El tratamiento de las referencias culturales audiovisuales abraza numerosos contenidos como, por ejemplo: la variación lingüística, el humor, los nombres propios, las diferencias dialectales o de los registros de lengua (que afecta al nivel sociolingüístico del texto en lengua origen y lengua meta), aspectos relacionados con la historia, mitología, chistes, topónimos, juegos de palabras, gastronomía, alusiones o referentes literarios, personajes muy conocidos, etc. Todos esos elementos encuentran una compleja recepción y necesitan por parte de quien los analiza un alto nivel lingüístico y cultural en las dos lenguas y en las dos cultu-

---

cubana, peruana, mexicana, argentina, etc. a pesar de utilizar como lengua oficial o cooficial la misma lengua.

ras en las que se van a operar los trasvases lingüísticos y culturales. El uso de esos culturemas no es arbitrario, sino que se basa en un fondo común, de situaciones vivenciales de comunicación, conversación, compartido por numerosos receptores y corresponde a lo que Hatim & Mason (1997: 219) denominan "precondiction for the intelligibity". El conocimiento de este fondo común de conocimientos intersemióticos, lingüísticos y culturales anclado en la memoria colectiva de cada país, de cada sociedad, que se va adquiriendo y completando cada día, es indispensable para poder comprender la globalidad del mensaje contenido en los canales acústicos y visuales en las producciones audiovisuales.

Existen referencias culturales compartidas por diferentes países, sociedades que no son sino el resultado de la cultura globalizada en la que vivimos. Se trata de un denominador común que Galisson (1987: 134) llama "Charge Culturelle Partagée". Generalmente estas referencias aparecen con las mismas denominaciones como prueba de la existencia y de la pertenencia a esta cultura globalizada. Pero también existen referencias culturales idiosincrásicas que hacen referencia a elementos culturales propios a un país, a una sociedad bien concreta que no serán en ningún caso comprendidos por las personas de otros países o sociedades. Además, es tal la cantidad de información, de elementos referenciales con significados implícitos, explícitos, connotados, objetivos, subjetivos que es imposible detectarlos y comprenderlos todos. Así, Delisle (1980: 223):

> Les locuteurs d'un texte original ne saisissent pas toujours les allusions qui s'y cachent [...] La tâche, redoutable, du traducteur est de faire passer dans le fond du texte d'arrivée le plus grand nombre possible d'allusions, même si celles-ci ne sont que vernis superficiel.

2.   Delimitación del estudio

No podemos en el marco de este artículo analizar todos y cada uno de estos elementos culturales enunciados anteriormente, por ello, deseamos analizar, en el ámbito de esta investigación, la comprensión por parte de usuarios sin discapacidad o minusvalía cognitiva, auditiva o visual de dos tipos de referentes culturales (RC) bien determinados:

- unidades fraseológicas;
- referencias intertextuales;

presentes en numerosas situaciones comunicativas y producciones audiovisuales para su posible tratamiento en versiones accesibles.

Estos dos tipos de RC bien concretos pueden plantear problemas de comprensión a usuarios y espectadores con y sin problemas de percepción visual o acústica pues las dos tienen en común que para ser comprendidas deben formar parte del bagaje cultural del usuario. Su análisis podría facilitar extraer conclusiones acerca de qué posibles soluciones, tratamientos, adaptaciones, se deberían desplegar de cara a facilitar la comprensión intersemiótica de todas esas referencias culturales presentes en las producciones audiovisuales en sus versiones traducidas no accesibles intralingüísticas, interlingüísticas e incluso en sus versiones accesibles (Jakobson 1959).[3]

2.1 Competencia fraseológica

La lengua es la máxima expresión de la cultura, y ambas se nutren en un continuo proceso de retroalimentación. A nivel del microtexto, la cultura aparece en elementos lexicales o a través de la fraseología y las expresiones idiomáticas.

De cara a analizar la comprensión fraseológica de los alumnos del grado de Traducción e Interpretación (T&I), se ha elaborado una encuesta que ha sido contestada por alumnos de primer curso y de cuatro curso del grado de (T&I) en la U de Alicante, compuestos en cada caso por unos 40 estudiantes (Mogorrón 2013). Para ello, se seleccionaron unas 40 construcciones verbales fijadas (CVFS)[4] de uso corriente y bastantes frecuentes que tuvieran al menos 10.000 ocurrencias en internet. Las 40 CVFS son muy heterogéneas en cuanto a su zona geográfica

---

3. En "On Linguistic Aspects of Translation" (1959), Jakobson propone tres tipos básicos de traducción: (a) Traducción intralingüística (reformulación, por medio de signos verbales dentro de la misma lengua); (b) Traducción interlingüística (traducción propiamente dicha, entre lenguas); y (c) Traducción intersemiótica (transmutación, interpretación de los signos verbales de un texto mediante los signos de un sistema no verbal).

4. Ante la enorme variedad de expresiones fijas presentes en la lengua (ver Corpas 1996; Ruiz Gurillo 1997; García-Page 2008, etc.) hemos integrado dentro de las CVF(S) (ver Mogorrón 2010, 2015) las siguientes construcciones fijas: (1) locuciones verbales (*coger el toro por los cuernos*, DUE), (2) colocaciones verbales (*guiñar un ojo*, DUE), (3) verbos soportes (*dar un paseo*, DUE), (4) construcciones verbales comparativas (*dormir como un tronco*, DUE). Somos conscientes de que estos tipos de construcciones que estamos enumerando no pertenecen para muchos teóricos de la lengua a la misma categoría de expresiones fijas (G.Gross 1996: 69–88; Corpas 1996; Ruiz Gurillo 1997; García–Page Sánchez 2008; etc.), pero sin embargo, a la par que presentan diferencias estructurales, idiomáticas, composicionales, también tienen en común el hecho de construirse siempre con un verbo más un complemento y un cierto grado de fijación lingüística. En el caso de las construcciones comparativas que algunos podrían llamar elativas y en algunos casos adverbiales se trata de una construcción que se usa casi siempre con algún verbo estableciendo una asociación preferencial, por lo que también las recopilamos para permitirle al usuario saber qué verbo es el que se debe utilizar con esas construcciones.

de uso, pues algunas son usadas simultáneamente en España y en diferentes países hispanoaméricanos, otras en algunas regiones españolas, otras únicamente en (algunos) países de Hispanoamérica. Además, las CVFS presentes en este análisis pertenecen a registros de lengua claramente diferenciados. Este amplio abanico de valores, de registros de lengua y de uso geográfico, nos va a servir para clasificarlas y realizar nuestra investigación. Para iniciar el estudio en curso, se reagruparon estas expresiones en función de su nivel de lengua y de su uso diatópico. De esta forma, se pensaba sacar valiosas conclusiones acerca de la competencia fraseológica de los estudiantes en función del registro de lengua y del valor geográfico de estas expresiones. Los cuatro grupos son los siguientes:

- Cultos-literarios.
- Estándar.
- Popular-familiar.
- Diatópico (regional/hispanoamericano). En este caso, se han incluido UFS diatópicas utilizadas, en algunas regiones españolas o en algunos países hispanoamericanos.

2.1.1 CVF de registro Culto-literario

1. *adorar el becerro de oro* (mostrar inclinación por la riqueza, DFDEA[5]); 2. *comulgar con ruedas de molino* (1. creer lo más inverosímil, 2.soportar con resignación una injusticia, DUE); 3. *dormirse en los laureles* (cesar en un esfuerzo después de haber conseguido un triunfo, DUE); 4. [*echarle, colgarle*] *a uno el sambenito* (calumniar, acusar injustamente de algo, DUE); 5. *estar en Babia* (estar en la luna, DUE); 6. *estar entre Pinto y Valdemoro* (1. estar indeciso, vacilante, RAE; 2. estar medio borracho, RAE); 7. *matar la gallina de los huevos de oro* (acabar por avaricia con algo que daba buenos beneficios, DUE)*; 8. pasar el Rubicón* (dar un paso decisivo sin poder retroceder, DUE); 9. *poner una pica en Flandes* (conseguir algo provechoso, difícil de conseguir, DUE); 10. *tomar las de Villadiego* (marcharse de un sitio precipitadamente o huyendo, DUE);

2.1.2 CVF de registro estándar

11. *añadir leña al fuego* (fomentar, contribuir a que se agrave una discordia, DUE); 12. *apretarse el cinturón* (reducir gastos por escasez de medios, DUE); 13. *empezar la casa por el tejado* (empezar algo por donde debiera terminarse, DUE); 14. *estar a dos velas* (1. no conseguir tener relaciones amorosas; 2. estar sin dinero; DUE); 15. *estar en las nubes* (estar distraído, DUE); 16. *estar entre Pinto y Valdemoro* (1.

---

5. Para cada una de las CVF seleccionadas, indicamos a continuación las siglas del o de uno de los diccionarios en el que se ha recopilado.

estar indeciso; 2. estar medio ebrio; DUE); 17. *hablar por los codos* (hablar mucho, DUE); 28. *limar (las) asperezas* (atenuar las diferencias, DUE); 19. *sacar*(le) *las castañas del fuego a alguien* (hacer algo para sacar de un apuro a alguien, DUE); 20. *tener memoria de elefante* (tener buena memoria, DUE). *coger el toro por [los cuernos, las astas]* (enfrentarse resueltamente con una dificultad, RAE).

2.1.3 *CVF de registro popular-familiar*

21. *dar [el, un] braguetazo* (casarse con mujer rica por interés, DFDEA); 22. *dar la lata* (molestar, fastidiar, DFDEA); 23. *dar(le) morcilla a alguien* (fastidiar, DFDEA); 24. *darse el pico* (besarse en la boca, DUE); 25. *importar(le) una cosa un carajo a alguien* (no importarle nada, DUE); 26. *mandar a la mierda* (echar a alguien con enfado, de malas maneras, DUE); 27. *mandar al guano (mandar a la mierda, VV);*28. *perder aceite* (ser homosexual, DUE); 29. *tener un ramalazo* (ser amanerado, LIBSA); 30. *tener los ovarios bien puestos* (tener valor, DFDEA); *31. tocarse los huevos* (holgazanear, no hacer nada, DFDEA).

2.1.4 *CVF de registro diatópico*

32. *agarrarse del chongo* (pelearse, especialmente dos mujeres, RAE); 33. *caer en el chahuiscle* (sobrevenir un mal, una molestia, RAE); 34. *colgar los guayos* (1. retirarse; 2. morirse, GDLA); 35. *hacer san lunes* (prolongar el fin de semana al lunes, AoMex); 36. *ser de malas agallas* (ser de mala índole, DEREC); 37. *tener las agallas bien abiertas* (mostrarse muy ansioso, DEREC); 38. *tener las barbas en remojo* (indica que una mujer se va a casar en breve, DEREC); 39. *tirar(le) de la manga a alguien* (insistir, obligando a hacer algo, NDEA); 40. *vestir de lana y no ser borrego* (para indicar que se puede vestir pobremente o sin elegancia como los del campo y tener talento, ingenio, agudeza. NDEA).

2.1.5 *Competencia fraseológica de los alumnos participantes*

Reproducimos a continuación en el cuadro resumen n° 1 los resultados globales de la competencia fraseológica de los estudiantes de 1° y de 4° indicando el número de usos conocidos en cada curso por los estudiantes seguido por el porcentaje.

Cuadro 1. Resultados globales de la competencia fraseológica de los estudiantes

	Estudiantes 1°	%	Estudiantes 4°	%
Registro culto, literario	71/550	12%	147/550	27%
Registro estándar	293/500	57%	428/500	86%
Registro popular/familiar	245/550	45%	397/550	72%
Registro diatópico	15/550	0,3%	34/550	0,7%

La lectura global de las cifras se puede observar en el gráfico n° 1 en el que se puede apreciar claramente la competencia fraseológica de los grupos de estudiantes en cada registro de lengua bien diferenciado.

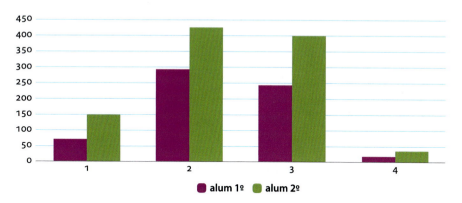

Gráfico 1. Resumen comparativo de la competencia fraseológica de los estudiantes

Los resultados de las encuestas que nos muestran el cuadro resumen n° 1 y el Gráfico n° 1 permiten evaluar la competencia fraseológica de los sujetos analizados. Se aprecia que en los cuatro registros de lengua analizados:

- la competencia fraseológica de los estudiantes de primer curso es inferior en los cuatro registros de lengua.
- La competencia aumenta en cada caso en los cuatro registros de lengua analizados entre el primer curso y el cuarto curso.
- La competencia es mayor con las expresiones que pertenecen a los registros estándar y popular-familiar.

Los resultados no dejan de reflejar un enorme déficit fraseológico que planteará tarde o temprano frecuentes incomprensiones en la interpretación de numerosas UFS.[6]

Llama también poderosamente la atención ver que los dos grupos de CVF menos conocidos por los alumnos corresponden:

- A las CVF de registro culto-literario. El análisis de la BD de FRASYTRAM que cuenta en la actualidad unas 40.000 entradas, de las que 26.000 pertenecen al español peninsular y a menudo común (EspPC) y 14.400 al español hispanoamericano (EspHisp), nos ha permitido observar que existen nume-

---

[6]. Evidentemente estas cifras que muestran la escasa competencia fraseológica de los estudiantes en su lengua materna son extrapolables a la competencia en lengua(s) extranjera(s) en la que indudablemente los resultados serán muy inferiores.

rosas expresiones que contienen directa o indirectamente, implícita o explícitamente, referencias culturales a[7] :

- la geografía con referencias a lugares, topónimos : (*estar en* **Babia**, *estar entre* **Pinto** *y* **Valdemoro**, DUE; *salir de* **Málaga** *y entrar en* **Malagón**, DFDEA; *marcharse por los cerros de* **Úbeda**, DUE; *mandar a la* **Cochinchina**, DUE; etc.) ;
- religión (*adorar el* **becerro de oro**, DFDEA; *estar con* **Dios**, DUE; *ir como alma que lleva el* **diablo**, DUE; *armar la de* **Dios** *es* **Cristo**, DUE ; *llorar como una* **Magdalena**, RAE; etc.);
- historia de España (*poner una pica en* **Flandes**, RAE; *despedirse a la francesa*, RAE ; *organizar la de San* **Quintín**, DUE; etc.);
- o incluso a lo que podríamos denominar historia común europea bíblicooccidental con referencias a acontecimientos, hechos históricos de la mitología o de la historia clásica y que han pasado a formar parte de la sociedad española a través de su idioma (*estar en los brazos de* **Morfeo**, DUE; *estar entre* **Escila** *y* **Caribdis**, DFDEA ; *estar bajo la espada de* **Damocles**, DRDP; *pasar el* **Rubicón**, RAE; etc.);
- etc.

- A las CVF diatópicas. En cada región española, existen numerosas UF creadas por los usuarios que no son conocidas por los hablantes de otras regiones. Asimismo, numerosos países hispanoamericanos que utilizan como lengua oficial o cooficial el idioma español utilizan también UF creadas en cada uno de los países. Se trata de usos idiosincrásicos producidos por parámetros diversos como la inmigración, las poblaciones indígenas precolombinas, la influencia de las lenguas internacionales, etc. (Mogorrón 2020). Estas producciones hispanoamericanas (EspHisp) siguen exactamente los mismos pasos y contienen lingüísticamente hablando las mismas estructuras sintácticas que las UF del español peninsular. Si bien la mayoría de las UF del EspHisp se forman con términos pertenecientes al español (Mogorrón 2020) la gran diferencia consistiría en que estas producciones pueden incluir también términos pertenecientes a entidades, objetos, referencias idiosincrásicas a los países hispanoamericanos. El análisis de las 14.400 CVF del EspHisp nos ha permitido observar 3 grandes casos:
  - Alguno de los componentes de las CVF pertenece a una lengua indígena precolombina.
    Se trata de lenguas como el quechua, el nahua, el mapuche, el maya, el aimara, el arahuaco, etc., que han dejado a menudo huellas en las lenguas

---

7. El análisis de la BD de FRASYTRAM nos ha permitido recopilar hasta la fecha unas 2500 CVF con algún tipo de contenido cultural.

oficiales usadas hoy en día. En lo que concierne a la formación de las UF, la influencia se ve en las expresiones que han incorporado voces o términos que pertenecen a las lenguas indígenas habladas en sus límites geográficos. Se han detectado más de 1070[8] expresiones en este caso (ver Imagen n° 1). Ej: *hacerse* **camote** (confundirse; Nahúatl, México, DdAm); *hacerse* **aca** (romperse o destruirse algo; Quechua, Bolivia, DdAm); *calentarse el* **mate** (fatigarse en cavilaciones o discusiones inútiles; Quechua, Bolivia, Chile, Cuba, DdAm); *hacerse un* **ají** (ruborizarse; Arahuaco-taíno, Ecuador, RAE); *inflarse como* **jolote** *de pueblo* (pavonearse; Nahuátl, Honduras, DdAm); *ir de* **caí** (viajar sin pagar boleto; Guaraní, Paraguay, DdAm); *ser* **papaya** (ser fácil de conseguir; Arauaco-taino, Perú, DdAm);

Imagen 1. Extracto de estudio de léxico de las lenguas precolombinas en las UF

Expresión	Opacidad	Polisemia	Cultural	Entrada campo temático		Diccionario	otros dic.
echar alguien el moco en el atole	opa	pol	Ind, Del náhuatl atolli 'aguado'	problemas, dificultades, éxito, fracaso, logro-resultado, frustrarse, salir mal //actividad- trabajo, éxito- fracaso, logro-resultado	Malograr algo	DDMexic anismos	México
echar alguien el moco en el atole	opa	pol	Ind, Del náhuatl atolli 'aguado'	actividad-trabajo-estado, decisión	Decidir algo que resulta inapropiado o incómodo para la audiencia	DDMexic anismos	México
echar alguien el tamal a alguien			Ind, Del náhuatl tamalli	relaciones humanas, acusación-denuncia	Culpar a alguien de algo que no ha hecho.	DdAm	Honduras

---

8. El número de entradas con algún término perteneciente a las lenguas indígenas o precolombinas, también está aumentando de forma apreciable. En Mogorrón 2018 señalábamos ya 653 entradas, es decir casi un tercio menos.

- Algunos de los componentes **de la CVF hispanoamericana pertenece a una lengua internacional.**[9] El léxico y por ende las expresiones fijas reciben influencias de las grandes lenguas internacionales.

  Ej: **inglés,** *mandar a la burguer* (México, DdAM); *meter jonrón* (Honduras, Nicaragua, Panamá, República Dominicana DdAm); *tumbar el japi* (DdAm); *jitear de home run* (DdAm); **francés,** *hacerse el musiú* (Venezuela, DdAm); *tener un muerto en el placard* (Argentina, DdAM); **portugués,** *irse al cachimbo* (Rep Dominicana, DdAm); *costar una pichincha* (Argentina, DFHA); etc.

- Todos los componentes de la CVF **diatópica pertenecen al español.** Se trata de la situación más frecuente con más del 95% de los casos. Se han observado casos en cada uno de los países que utilizan el español como lengua co-oficial. Ej: *adobar la piñata* (preparar la comida, **Argentina,** DFHA); *agarrar la copa* (consumir bebidas alcohólicas, **Bolivia,** DdAm); *hablar por el ruido de las nueces* (hablar por lo que los otros dicen, DTDFH, **Chile**); *hacer lunes de zapatero* (prolongar el fin de semana, DRLE, **Colombia**); *agarrar* a alguien *de chancho* (burlarse de alguien, **Costa Rica,** DdAm); *estar* (alguien) *más pelado que un plátano* (estar sin dinero, **Cuba,** DTDFH); *cargarse el año* (reprobar un estudiante el curso lectivo, **Ecuador,** DdAm); *no dar patada sin mordida* (ser convenenciero, interesado, **El Salvador,** RAE); *estar para el tigre,* (resultar una persona poca atractiva, **Guatemala,** DdAm);

- De la misma forma pueden contener directa o indirectamente, implícita o explícitamente, referencias culturales a:
  - La geografía con referencias a lugares, topónimos : *estar en la* **loma** *del* **quinoto** (en un lugar que queda lejos o al que es difícil llegar, GDLA, Argentina); (*estar en* **Canadá** (estar prisionero, DdAm, Nicaragua); *estar en la luna de* **Paita** (1. estar distraído, RAE, Bolivia, Ecuador, Perú, 2. estar fuera de la realidad, RAE, Bolivia, Ecuador, Perú); *estar en* **Pampa** y la vía (1. estar muy mal de dinero, GDLA, Argentina; 2. estar muy mal de ánimo, GDLA, Argentina); *meter la* **Habana** *en Guanabacoa* (intentar meter algo donde no cabe, Cuba); *ser un faisán de la* **India** (1. ser una cosa de excelente calidad, DC, Cuba; 2. alude a la belleza física de una persona, DC, Cuba); etc.

---

9. Se han detectado por ahora más de 300 entradas en este caso.

- La religión : *bañarse cada día de San **Juan*** (bañarse poco, AoMex, México); *caerse la **biblia*** (hablar utilizando muchos tacos, DdAm, Costa Rica); *estar como **Dios** pintó al perico* (carecer de lo necesario para vivir, pasar hambre, DdAm, Nicaragua); *tener a **Dios** agarrado por* [*el rabo, por la cota*] (creer una persona que es muy importante, DdAm, república Dominicana, Puerto rico); *tocar a **Dios** con las manos sucias* (1.tratar frívolamente asuntos relacionados con la religión, DdAm, Guatemala; 2. Decidirse a hacer algo que implica riego, DdAm, Guatemala); *ser un pobre **diablo*** (ser alguien tonto, DEUEM, México); *ver a **Judas** calato* (sentir un dolor muy fuerte, DdAm, Perú); *ver al **diablo** calato* (sentir un dolor muy fuerte, DdAm, Perú); *ver al **diablo** en calzoncillos* (estar en situación de grave riego, DdAm, Honduras, Nicaragua); etc.
- Referencias a nombres de personas, marcas comerciales: *bautizar a **Benito*** (realizar, practicar el acto sexual, (DDMexicanismos, México); *creerse el conde **Quirico*** (ser alguien vanidoso, petulante, DdAm, Cuba); *creerse la última **Coca-Cola** del desierto* (creerse alguien superior a los demás, pero no serlo, AoMex, México); *hacerse la **Greta*** (disimular algo, DdAm, El salvador); *ir a cantarle a **Gardel*** (1.); *meterla hasta donde dice **Collins*** (indica que alguien se equivoca gravemente, DdAm, Honduras, Nicaragua); *saberlo **Juan, Pedro y Diego** y no saberlo uno* (ignorar algo que todo el mundo sabe, DdAm, México); *ser la mamá de **Tarzán*** (Tener alguien grandes cualidades o ser excelente en su oficio, DdAm, El Salvador); etc.

Si bien es comprensible que los usuarios no conozcan el significado de las UF que no se usan en su zona, región o país como es el caso de las CVF usadas en Canarias o en Hispanoamérica, llama la atención la escasa competencia de los usuarios con las CVF del primer grupo.

2.2 Intertextualidad en las producciones audiovisuales y su recepción

El concepto de intertextualidad lanzado por Bakhtin, ha sido formulado por J. Kristeva,[10] y utilizado por numerosos lingüistas y críticos literarios de los que des-

---

10. "Tout texte se construit comme une mosaïque de citations, tout texte est absorption et transformation d'un autre texte" (Kristeva 1967: 440–441).

tacamos J. Genette, R. Barthes,[11] para referirse a la presencia más o menos explícita en un texto de otros textos o de partes de otros textos.[12]

Si bien inicialmente el término *intertextualidad,* se utilizaba generalmente para aludir a textos literarios y literales contenidos en otros textos, actualmente, el concepto se ha incrementado y puede hacer referencias a: citas textuales de otros textos o alusiones a los mismos, parodias, ironías, reescrituras, reformulaciones, comentarios, huellas, plagios, con la única condición de que se pueda comprobar su origen y de que puedan ser reconocibles por el usuario.

Asimismo, entre el cine y la literatura existe una estrecha relación que ha dado lugar a la adaptación de innumerables obras literarias clásicas y modernas llevadas a la gran pantalla: *El gran Gatsby, Les misérables, el Quijote, Le rouge et le noir, Ana Karenina, Guerra y paz, La Regenta, El señor de los anillos, Historia de dos ciudades, Las uvas de la ira, Mobby Dick, El nombre de la Rosa, El Gatopardo,* etc. En las producciones audiovisuales también aparecen referencias, reenvíos a obras

---

11. Barthes (1988), en su definición de "Texte" para *l'Encyclopaedia Universalis* afirma que : "Le texte redistribue la langue (il est le champ de cette redistribution). L'une des voies de cette déconstruction-reconstruction est de permuter des textes, des lambeaux de textes qui ont existé ou existent autour du texte considéré, et finalement en lui : tout texte est un intertexte ; d'autres textes sont présents en lui, à des niveaux variables, sous des formes plus ou moins reconnaissables : les textes de la culture antérieure et ceux de la culture environnante ; tout texte est un tissu nouveau de citations révolues. Passent dans le texte, redistribués en lui, des morceaux de codes, des formules, des modèles rythmiques, des fragments de langages sociaux, etc., car il y a toujours du langage avant le texte et autour de lui. L'intertextualité, condition de tout texte, quel qu'il soit, ne se réduit évidemment pas à un problème de sources ou d'influences ; l'intertexte est un champ général de formules anonymes, dont l'origine est rarement repérable, de citations inconscientes ou automatiques, données sans guillemets. Épistémologiquement, le concept d'intertexte est ce qui apporte à la théorie du texte le volume de la socialité : c'est tout le langage antérieur et contemporain qui vient au texte, non selon la voie d'une filiation repérable, d'une imitation volontaire, mais selon celle d'une dissémination- image qui assure au texte le statut non d'une reproduction, mais d'une productivité".

12. Conviene destacar que numerosos escritores de diferentes épocas y escuelas literarias han sido conscientes de este fenómeno. Así: "He procurado juntar lo seco de la filosofía con lo entretenido de la invención, lo picante de la sátira con lo dulce de la épica, por más que el rígido Gracián lo censure juguete de la traza en su más sutil que provechosa Arte de ingenio. En cada uno de los autores de buen genio he atendido a imitar lo que siempre me agradó: las alegorías de Homero, las ficciones de Esopo, lo doctrinal de Séneca, lo juicioso de Luciano, las descripciones de Apuleyo, las moralidades de Plutarco, los empeños de Heliodoro, las suspensiones del Ariosto, las crisis del Boquelino y las mordacidades de Barclayo. Si lo habré conseguido, siquiera en sombras, tú lo has de juzgar." Baltasar Gracián: El Criticón (2020: 25). "Item, se advierte que no sea tenido por ladrón el poeta que hurtare algún verso ajeno y los encajare entre los suyos, como no sea todo el concepto y toda copla entera, que en tal caso tan ladrón es como Caco." Miguel de Cervantes: Adjunta al Parnaso, en Viaje al Parnaso (1946, 117).

literarias, a canciones, películas famosas a modo de referentes culturales idiosincrásicos importantes. Estas referencias están pensadas y destinadas a un público bien definido, pensado en clave nacional incluso a veces generacional y con un fondo lingüístico y cultural común. En efecto, solamente aquellos usuarios que posean ese bagaje común estarán en condición de detectar, interpretar y de disfrutar plenamente de ese referente cultural y de sus significados asociados implícitos o explícitos.

Para Hatim y Mason (1995), la intertextualidad equivale al principio que permite establecer relaciones entre los acontecimientos textuales, asimilándolos a signos capaces de traer a la memoria tareas completas de la experiencia textual y (como hemos comentado anteriormente en la introducción), presupone una "precondición para la inteligibilidad de los textos que supone la dependencia de un texto respecto a otro" Hatim & Mason (1995: 305).

En las producciones audiovisuales de todo tipo, películas, series, cortos, publicidad, etc., también se encuentran referentes intertextuales explícitos, implícitos, activos o pasivos. También conviene destacar adaptaciones actuales que pueden ser: *spin offs, remakes, reboots,* etc, en las que se pueden identificar elementos intertextuales. Ya desde los inicios del cine este recurso cultural, destinado a conectar estrechamente con el público es empleado. Así en grandes clásicos del cine en blanco y negro, encontramos referentes intertextuales. Por ejemplo: James Steward, en *The Philadelphia Story* (1940), canta "Somewhere Over the Rainbow" la canción principal de *The Wizard of Oz* (1939); en *Citizen Kane* (1941) Orson Welles habla de *The Cabinet of Dr. Caligari* (1920), el musical *West Side Story* (1961), es una adaptación cinematográfica de la obra de Shakespeare, *Romeo y Julieta.* Existe un gran abanico de productos audiovisuales con contenidos intersemióticos. Series estadounidenses como *The Simpsons, Family Guy, Futurama, American Dad o South Park contienen una gran carga intertextual. Numerosas películas actuales también las utilizan para estrechar su relación con el público.* Richart Marset (2012: 142-143) señala numerosas referencias intertextuales en *Shrek.* Así la escena en la que el asno después de caerle unos polvos mágicos empieza a volar al mismo tiempo que dice "I can fly!" "He can fly". Se trata de una clara referencia a la escena similar de *Peter Pan* en la que Wendy y sus hermanos echan a volar.

> Se trata de una situación en la que queda englobada una repetición textual, una repetición del ángulo de visión de la cámara y el efecto paródico, otra vez, que aquí volvemos a encontrar(...) tampoco es difícil que el espectador perciba la relación que la escena en que Fiona lucha con Robin Hood y sus seguidores mantiene con la escena de *Matrix* en la que Neo lucha con sus perseguidores multiplicados. De nuevo el ángulo desde el que la cámara toma la escena es semejante, y en ambos casos los personajes protagonistas quedan suspendidos en el aire

durante unos segundos en posición marcial. Otro tanto cabe decir de la escena en que huyendo del dragón y con el fuego a sus espaldas, Shrek, Fiona y el asno reproducen la escena de *Bad Boys* en la que los protagonistas huyen asimismo del fuego, en ambas el movimiento se ralentiza.   Richart Marset (2012: 142-143)

En *la audiodescripción, de la imagen a la palabra,* Valero Gisbert 2021, muestra las posibilidades de contenidos intertextuales a través de las imágenes con la película de Pedro Almodovar *Los abrazos rotos* que alterna imágenes de la película de Rossellini *Viaggio in Italia.* Asimismo, la autora destaca la importancia de la banda sonora como componente cultural o intertextual: "La importancia de la banda sonora en un producto fílmico es indiscutible ($5.4) En su interior se pueden encontrar melodías que aluden o retoman partes de otras piezas musicales, 62).

Conviene recordar como decíamos en el apartado anterior que el uso de los elementos culturales, (y las referencias intertextuales lo son), responde a un objetivo específico. En el caso de los intertextos queremos subrayar que no se trata de una referencia casual, sino que responde a una evidente intención del autor que desea conectar con el espectador, hacerle un guiño, homenajear alguna obra literaria, producción cinematográfica, canción muy conocida, realzar la expresividad de una escena con un reenvío a una referencia cultural compartida cargada de connotaciones y de simbolismo, etc. A su vez, en el caso del espectador o lector la presencia y la comprensión de una referencia intertextual (Rint) posibilitará la apreciación de estos referentes culturales compartidos a través de la participación personal en la comprensión y disfrute como actividad individual y colectiva a la vez. En efecto como dice Venutti (2006):

> De plus, en ce qui concerne l'intertextualité, la réception est un facteur décisif. Le lecteur doit non seulement posséder les connaissances littéraires et culturelles lui permettant de reconnaître la présence d'un texte dans un autre, mais il doit aussi faire preuve de la compétence critique nécessaire à la formulation de la signification de la relation intertextuelle, à la fois pour le texte dans lequel elle apparaît et pour la tradition dans laquelle ce texte prend une place quand l'intertextualité est reconnue. Ce que Susan Stewart écrit à propos de l'allusion peut s'appliquer, plus généralement, à toute forme d'intertextualité : « literary allusion, » dit-elle, « is the articulation not only of a relation to tradition but of the degrees of access available to that tradition. [...] The allusion articulates levels of readership, levels of accessibility to knowledge. » (Stewart, 1980 : 1151). Ainsi l'intertextualité signale les conditions sociales et culturelles de réception, en faisant appel à la connaissance et à la compétence dont dépend la tradition, ou en manifestant leur absence et remplacement par d'autres modes de réception.   Venutti (2006: s.d.)

En esta investigación, vamos a diversificar el estudio y vamos a analizar, también, la recepción y la comprensión de diversos tipos de RInt, que aparecen en las producciones audiovisuales, por parte de estudiantes de Traducción e Interpretación de la U. de Alicante.[13] Estudiaremos la detección, por un lado, de referencias intertextuales de frases y réplicas de grandes producciones cinematográficas internacionales muy conocidas y por otro lado, de referencias textuales de obras literarias célebres francesas. Más concretamente, analizaremos la localización, comprensión y recepción de numerosas referencias intertextuales, por parte del público español,[14] de grandes producciones internacionales presentes en el corto *Para Sonia* y la localización, comprensión y recepción de referencias intertextuales literarias en películas francesas, con un estudio intralingüístico y extralingüístico en este caso a partir de las versiones originales y dobladas.

2.2.1 *Recepción de Para Sonia*

El primer experimento, realizado el curso 2021-22 ha consistido en trabajar con los alumnos el llamado corto *Para Sonia*[15]. Se trata de un documental que ofrece un recorrido por grandes éxitos de cine y televisión a través de fragmentos orales de conocidos personajes de películas y series igualmente conocidas. Lo original de este corto es el tratamiento y el valor que se le da a las voces, pues son los mismos actores de doblaje que han doblado a los personajes en las versiones dobladas al español los que le hablan directamente a Sonia usando parte de esos diálogos.

Los alumnos han trabajado con el corto detectando las referencias intertextuales de películas conocidas, oyendo únicamente el documento en una primera fase y visionándolo sin limitaciones temporales y sonoras en una segunda. En la primera fase los alumnos notificaban lo que para ellos eran posibles Rint (apuntado por regla general, bien el título de la película, bien el nombre del personaje que dice el pasaje o la frase célebre). En la segunda fase, las actividades han sido semi-dirigidas, pues, se les ha propuesto un cuadro en el que figuraba en la columna C el pasaje conocido, pero sin indicar la película. Los alumnos debían incluir en la columna D datos que permitiesen ver si conocían esas Rint (ver Cuadro 2).

Las respuestas ofrecidas por los alumnos han sido tratadas y analizadas. En la columna E figuran los datos globales que indican primero el número de alumnos, (de 24), que han detectado oralmente una Rint y a continuación el porcentaje de alumnos. En la columna F el número de alumnos, (de 24), que han detectado una Rint con audio e imagen y a continuación el porcentaje de alumnos.

---

13. Los alumnos que han intervenido son alumnos que cursan la asignatura de traducción audiovisual (con lengua B francés y con lengua B alemán) durante el curso 2021–22. El número de respuestas recibidas ha sido de 24.

14. Evidentemente estas conclusiones serán extrapolables a cualquier combinación de lenguas.

15. https://www.youtube.com/watch?v=R6ZJ4ER-bA8

22 Pedro Mogorrón

Cuadro 2. Actividad 2: Visionad el corto y completad la tabla que os proponemos a continuación

A	B	C	D	E	F
N°	Tiempo	Referencia	Explicación de la referencia	Alumnoscon audio, sin ayuda (24)	Alumnos con propuesta (24)
1	00:01:42	*Beetle, Beetle, Beetle. He visto el exorcista 167 veces y cada vez que la veo la encuentro más graciosa.*	Michael Keaton en *Beetlejuice* de Tim Burton (1988), (d.p.[16] Salvador Aldeguer).	7/29%	7/29%
2	00:02:09	*Mueve el dedo gordo... ya pasó lo peor, ahora solo falta despertar a los pequeños.*	Uma Thurma (Manba Negra) en *Kill Bill* (2003), (d.p. Nuria Mediavilla).	5/20%	5/20%
3	00:02:30	*Entrego mi vida ~~y mi honor a la guardia de la noche~~[17] durante esta noche y las que estén por venir.*	Kit Harington (Jon Nieve) en *Juego de tronos* (2011-2019), (d.p. Eduardo Bosch).	4 / 16,6%	4/16,6%
4	00:02:39	*Seré el héroe que esta ciudad necesite que sea.*	Ben Affleck (Batman) en *el caballero de la noche* (2016), (d.p. Claudio Serrano).	8/33,3%	8/33,3%
5	00:03:33	Música de **Cinema Paradiso**[18] (una orquesta toca y ella se sobresalta) no te asustes va a pasar algo mágico	*Cinema Paradiso* (1988). **No hay ninguna referencia a la música de la película.**	3/12,5%	4/16,6%
6	00:03:40	Ella de pequeña viendo la **Bella y la Bestia.** *Ma chère mademoiselle le pedimos que tome asiento y se ponga cómoda porque al fondo le espera un festín un gran festín*[19]	*La bella y la Bestia*, 1991. (Se oye la voz de M.A. Jenner que interpreta a Lumière en la versión doblada al español). **No hay ninguna explicación oral, ni visual de la Referencia intertextual audiovisual.**	15/62,5%	18/75%

---

16. d.p. significa doblado por.

17. Las palabras tachadas en la columna C pertenecen al diálogo original, pero no aparecen en *Para Sonia*.

18. Cada vez que en el corto ***Para Sonia*** aparece una alusión directa como el título de la producción cinematográfica, ponemos esa alusión o el título en negrita.

19. El diálogo de la escena de La Belle y la Bestia es: "**Ma chère Madamoiselle** / Es una gran satisfacción / Y un inmenso placer recibirla aquí esta noche / Y ahora le invitamos a que **tome asiento** / Y **se ponga cómoda** / Porque el salón comedor tiene el orgullo de presentar / Su cena / Que **festín**, que **festín** / Un banquete de postín".

Nuevos retos (de recepción y comprensión intersemióticos) para la accesibilidad

Cuadro 2. *(continuado)*

A	B	C	D	E	F
N°	Tiempo	Referencia	Explicación de la referencia	Alumnoscon audio, sin ayuda (24)	Alumnos con propuesta (24)
7	00:03:52	Se ve la **portada de la película Harry Potter y el prisionero de Azkabán.** (reproducción realizada en sistema AUDESC por la ONCE Audiodescripción ONCE 2012). – *No sé qué hacer Ron, no conozco ningún conjuro...* – *Creo que si existiera tal conjuro romperíamos la magia. ¿no crees Hermione?*	Emma Watson (Hermione) en *Harry Potter y el prisionero de Azkabán* (2012), (d.p. Michelle Jenner; Rupper Grint (Ron), (d.p. David Carrillo). **No hay ninguna explicación oral de la Referencia intertextual audiovisual.**	15/62,5%	17 /70,8%
8	00:04:05	– *Sonia perdona...* – *Peter que es ciega no sorda*	Serie Padre de Familia. Peter Griffin (1999-2021), (d.p. Juan Perucho), Lois Griffin (d.p. Luisa Ezquerra).	8/33,3%	11/45,8%
9	00:04:24	*Siéntelo Sonia es como una palpitación... Cucum, cucum...* [20] *No permitiré que nadie te arrincone.*	Patrick Swayze (Johnny Castle) en *Dirty Dancing*, (1987) (d.p. J.L.Gil). Les suena la música Time of my life.	7/29%	8/33,3%
10	00:04:36	*"hasta los micrófonos y más allá".* [21]	Toy Story, Buzz lightyear, (1995), (d.p. J.L.Gil).	9/37,5%	9/37,5%
11	04:04:45	– *Es un caso complejo, Scally ella no ve lo que pasa pero puede sentirlo mejor que nosotros.* – *Ya estás otra vez buscando expedientes Mulder....*	David Duchovny (Fox Molder) en *Expediente X* (1998-2018), (d.p. Lorenzo Beteta); Gillian Anderson, (Dana Scully), (d.p. Laura Palacios).	6/25%	6/25%

---

20. Referencia a *Dirty dancing*. La frase en la Versión doblada es: "...Es un sentimiento, una palpitación, Cucum, Cucum".

21. Referencia a Buzz Lightyear. La frase en la V.D es: "...Hasta el infinito y más allá".

Cuadro 2. *(continuado)*

A	B	C	D	E	F
N°	Tiempo	Referencia	Explicación de la referencia	Alumnoscon audio, sin ayuda (24)	Alumnos con propuesta (24)
12	00:05:09	*Me va a dar 3000 dólares por quedarme una semana con él. "Casi me meo en las bragas.*[22]	Julia Roberts (Vivian Ward) en *Pretty Woman* (1990), (d.p. Mercè Montalà).	8/33,3%	9/37,5%
13	00:05:14	*Buenos días Princesa, he soñado toda la noche ....";Buenos días princesa! He soñado toda la noche contigo. Íbamos al cine, y tú llevabas ese vestido rosa que me gusta tanto. ¡Sólo pienso en ti princesa!"*	Roberto Benigni (Guido Orefice) en *La Vida es bella* (1997), (d.p. Jordi Brau).	12/50%	12/50%
14	05:45:00	*¿Confías en mí? No tengas miedo. Lo sientes. Eres la reina del mundo "Soy el rey del mundo"*	Leonardo DiCaprio (Jack Dawson) en *Titanic* (1997), (d.p. Luis Posada)	12/50%	15/62,5%
15		*De todos los putos edificios tenían que secuestrar este... detrás de ti McClane. Yipi ka Yei hijo de puta.*	Bruce Willis (John McClane) en *La jungla de Cristal* (1988), (d.p.Ramón Langa).	8/33,3%	8/33,3%
16	05:54:54	*Por si no nos vemos luego, buenos días buenas tardes y noches.*	Jim Carrey (Truman Burbank) en *El show de Truman* (1998), (d.p. Luis Posada).	6/25%	6/25%
17		*¿Lees la biblia Sonia? Pues te voy a citar un pasaje que tengo memorizado para la ocasión. Ezequiel 25-17*[23]	Ving Rhames (Marcellus Wallace) en *Pulp Fiction* (1994), (d.p. Pepe Mediavilla)	4/16,6%	6/25%

---

22. Referencia a *Pretty Woman*. La frase en la Versión doblada es: "...por poco me meo de gusto en las bragas".

23. Referencia a *Pulp Fiction*. La frase en la Versión doblada es: "... Lees la biblia Bread? Pues tengo memorizado un pasaje que es perfecto para esta ocasión. De Ezequiel 25:17...".

Cuadro 2. *(continuado)*

A	B	C	D	E	F
N°	Tiempo	Referencia	Explicación de la referencia	Alumnoscon audio, sin ayuda (24)	Alumnos con propuesta (24)
18	00:06:17	Aparece una foto de la portada de la película **Cadena Perpetua con los actores Morgan Freeman y Tim Robbins** *Dentro de estas paredes uno pierde la esperanza......hoy puedo decir que lo consiguió y no necesitó un poster de Rita Hayworth.*	Morgan Freeman (Ellis Boyd, Red) en *Cadena perpetua* (1994), (d.p. Pepe Mediavilla). **No hay ninguna explicación oral de la Referencia intertextual audiovisual.**	11/45,8%	12/50%
19		Aparece una foto de la portada del **indomable Will Hunting** *Si te preguntan cómo es el cine no sé qué podrías decirme, yo no soy tú...*	Matt Damon (Will Hunting) en *El indomable Will Hunting* (1997), (d.p. Roger Pera).	4/16,6%	6/25%

2.2.2 *Análisis de la localización de los Rint por parte del alumnado*

En *Para Sonia*, hemos incluido en el Cuadro n° 2, 19 referencias Intertextuales Audiovisuales (Rintaud). El análisis de los resultados del cuadro resumen nos permite extraer las siguientes observaciones.

- Ninguna de las Referencias intertextuales audiovisuales ha sido detectada por el grupo completo de los 24 alumnos.
- La detección de las Rintaud es solamente muy ligeramente superior con la versión visionada que incluye imágenes y sonido. Se podía haber esperado mayor detección debido a haber escuchado ya anteriormente la banda sonora, a volver a escucharla y a poder visualizar la cita en word. Convendrá en un futuro pasar a grupos diferentes, en cuanto a estudios, edad, etc. una encuesta de cara a observar si los resultados pueden cambiar.
- Las Rintaud de las 4 películas más reconocidas son: *La Bella y la Bestia* (6); *Harry Potter y el prisionero de Azkabán* (7); *Titánic* (14) y *Cadena perpetua* (18). Convendrá en un futuro pasar esta misma encuesta a usuarios con diferentes edades. También cabe señalar que en el caso de La Bella y la Bestia (75%), Harry Potter (70,8%), y Cadena perpetua (50%), las tres películas incluyen en *Para Sonia*, una referencia al título o unas imágenes de la película que permiten localizarla).

- 14 de las Rintaud han sido reconocidas por menos del 40% (1. *Beetlejuice*, 2 Kill Bill; 3. *Juego de Tronos*; 4. *El caballero de la noche*; 5. *Cinema Paradiso*; 8. *Padre de familia*; 9. *Dirty Dancing*; 10. *Toy Story*; 11. Expediente X; 12. *Pretty Woman*; 15. *La jungla de Crista*l; 16. *El show de Truman*; 17. *Pulp Fiction*; 19. *El indomable Bill Hunting*.
- Algunas Rintaud han sido ligeramente modificadas, seguramente involuntariamente, pero han sido reconocidas igualmente. Se trata de: 4. *La Bella y la Bestia*; 9. *Dirty Dancing*; 10. *Toy Story*; 12. *Pretty Woman*; 17. *Pulp Fiction*.

Se puede observar que los resultados provisionales muestran que los usuarios sin problemas de percepción visual o acústica, detectan muy pocas RInt perdiendo por lo tanto buena parte del significado intersemiótico, que el guionista ha insertado en la producción audiovual. Es de suponer que a su vez los usuarios con problemas visuales o acústicos tendrán al menos los mismos sino más, pues por ejemplo no podrán en algunos casos ver la ayuda de imágenes que presenta la referencia intertextual (*Harry Potter y el prisionero de Azkabán (7)*, *Cadena Perpetua (18)* o no oirán como en este caso las voces de los actores de doblaje que han doblado las producciones audiovisuales utilizando las frases conocidas, o las palabras explicativas que figuran en la banda sonora de la producción cinematográfica y que refuerzan la referencia Intertextual. Ej.: 5. Música de *Cinema Paradiso*; 6. *La bella y la Bestia*: (*Ella de pequeña viendo la Bella y la Bestia*).

Imagen 2. Escena cortometraje *Para Sonia*

2.2.3 Recepción de Referencias Intertextuales en películas francesas

También se analizaron, (el curso 2020-21) la detección, comprensión y localización por parte de los estudiantes de referencias intertextuales literarias de la literatura francesa en los alumnos encuestados. Para ello, en clase de Traducción Audiovisual Español-Francés/Francés-Español (32750), se pasaron a los alumnos que tienen como lengua B el francés varias referencias intertextuales. Se pasó la película en versión original subtitulada al español y posteriormente la versión doblada al español. No se consiguió ninguna localización positiva de las diferentes referencias intertextuales literarias (Rintaud) en ninguna de las tres opciones, a saber versión original (V.O); versión doblada (V.D); versión subtitulada (V.S). Mostramos a continuación 4 de las Refintlit que formaban parte de la encuesta realizada.

Cuadro 3. Muestra de Refintlit de la encuesta realizada

	Tp	Película[24]	Referencia intertextual	Localización
1.	00:59:15	*Jeux d'enfants* (2003). *Quiéreme si te atreves.*	**V.O.**	–
			– J´ai erré dans la vie comme on erre dans une tragédie de **Racine**. Hermione version mec.	– –
		Hermione, Andromaque de Racine (1667).	*Où suis-je ? Qu'ai-je fait ? Que dois-je faire encore ? Quel transport me saisit ? Quel chagrin me dévore ? Ah ne puis-je savoir si j'aime ou si je hais".*	
			V.D.	
			"¿Dónde estoy, qué he hecho, qué debo hacer? ¿Qué arrebato es ése? ¿Qué pena me devora? ¿No sabré si amo u odio?".	
			V.S.	
			"¿Dónde estoy, qué he hecho, Qué debo hacer?¿Qué arrebato es ese?¿Qué pena me devora?¿No sabré si amo u odio? ".	
2.	01:18:00	*Place Publique* (2018). *Llenos de Vida.*	*Certes, vous vous targuez d'un bien faible avantage, Et vous faites sonner terriblement votre âge.*	– –
		Arsinoé, Le Misanthrope de Molière (1666).	– Qu'est-ce qu'il raconte le vieux ?	–
			– C'est du **Molière,** un ringard du XVIIème siècle, hein pas arrondissement	
			V.D.[25]	
			Alardeas de una ventaja pequeña y bastante débil pero no aparentas para nada tu edad.	
			– ¿De qué está hablando el viejo este?	
			– Es de **Molière**, un anticuado del Siglo XVII, el siglo no es distrito.	
			V.S.	
			Os jactáis de una ventaja bastante débil Y destacáis mucho vuestra edad.	

---

24. En la columna película, indicamos primero el título de la película en francés, en cursiva a continuación el año, a continuación, el título en español, en cursiva. Finalmente indicamos el nombre del personaje y la obra original de la que se toma la referencia intertextual.

Cuadro 3. *(continuado)*

Tp		Película[24]	Referencia intertextual	Localización
3.	00:47:10	*Astérix et*	**V.O.:**	–
		Obélix: Mission	On pourrait peut-être le recoller? Ah oui, c'est une	–
		Cléopâtre	bonne idée ! Avec quoi ? Tu as vu la taille de ce nez ?	–
		(2002).[26]	*Ah, ça c'est sur, c'est un roc, c'est un cap-Que dis-je, c'est*	
		Astérix y	*un cap ? C'est une péninsule !*	
		Obélix: Misión	Au lieu d'essayer de faire de **la littérature** tu pourrais	
		Cleopatra.	peut-être m'aider à trouver une solution.	
		Cyrano de	**VD:**	
		Bergerac (1990).	La podríamos pegar. ¡Ah, sí es buena idea! Pero, ¿con	
		Cyrano de	qué? ¿Has visto qué tamaño tiene?	
		Bergerac.	*Es verdad, es como un cabo que penetra en el mar, es*	
		Cyrano,	*una escollera, más que digo es como una cordillera*	
		Edmond	¡En lugar de hacer literatura podías buscar una	
		Rostand (1897).	solución!	
			VS:	
			Es como un cabo. Más, ¿qué digo? ¡Es como una	
			cordillera! En lugar de hacer literatura podrías buscar	
			una solución.	
4.	00:33:48.	*Le Petit Nicolas*	**V.O:**	–
		(2009).	...Maître corbeau sur un arbre perché tenait en son bec	–
		El pequeño	un fromage. Maître renard par l'odeur alléché.	
		Nicolás.	**VD:**	
		Le Corbeau et le	----	
		Renard.[27]	**VS:**	
		Jean de La	*En la rama de árbol estaba el Señor Cuervo....*	
		Fontaine. Les		
		fables de La		
		Fontaine.		

---

25. Una de las grandes dudas que generan estas referencias intertextuales de obras literarias es si el traductor en las versiones dobladas y subtituladas debe traducir o buscar algunas de las traducciones reconocidas que ya han sido realizadas y figuran en ediciones escritas y que podrían ser reconocidas por usuarios. En este caso por ejemplo en la versión española que recoge la Biblioteca Virtual Universal (https://biblioteca.org.ar/libros/156984.pdf) podemos leer: "*Ciertamente, os engreís por una ventaja bien pobre, y ponderáis vuestra edad de un modo terrible*".

26. Algunas referencias intertextuales son reutilizadas en producciones audiovisuales, como muestra de su difusión y popularidad en el país en el que ha sido presentada inicialmente. En este caso la cita que aparece en *Astérix, Mission Cléopâtre* aparece igualmente en la película Cyrano de Bergerac. Otros ejemplos muy usados en multitud de ocasiones serían por ejemplo: "Yo soy el rey del mundo" (*Titanic*), "Que la fuerza te acompañe" (*Stars Wars*), "Yo soy tu padre" (*Stars Wars*), etc.

El conocimiento de las referencias Intertextuales es de gran importancia de cara a comprender una parte importante del significado semiótico e interpolisistémico de la obra en la que están reutilizadas. Tal y como ya se ha señalado, estas referencias están pensadas y destinadas a un público bien definido, pensado en clave nacional incluso a veces generacional y con un fondo lingüístico y cultural común. El no comprenderlas, detectarlas y / o conocerlas va a implicar una gran pérdida del significado que el director y guionista han querido incluir, pues se pueden usar las Rint de muy diversas formas. No se trata, por lo tanto, de una referencia casual, sino que responde a una evidente intención de conectar con el espectador realzando la expresividad de la escena con un reenvío a una referencia cultural literaria francesa (en este caso).

2.2.4 *Reformulaciones de las referencias intertextuales*

Volviendo al ejemplo n° 4, del *Petit Nicolas*, uno de los problemas relacionados con la comprensión y la recepción del fragmento de *Le Corbeau et le Renard* por parte del espectador, es que se trata de una fábula de Jean de La Fontaine, el gran fabulista francés. Se trata de un autor que figura entre los autores clásicos que se enseñan en el colegio francés a los jóvenes estudiantes. En este caso, la fábula elegida es: *Le Corbeau et le Renard*, obra muy referenciada, que los jóvenes franceses tienen que aprender año tras año y que forma parte estrecha de su bagaje cultural. Es tal el grado de conocimiento de esta fábula por el público francés que en esta película se la usa en una situación muy humorística; (ver Cuadro 4). En vez de usar una parte de esta fábula,[28] el guionista ha optado por generar una situación en la que los estudiantes no recuerdan las palabras exactas de esta y la van modificando, jugando con un referente cultural gastronómico francés, reconocido mundialmente: el *fromage* (queso), que van reemplazando cómicamente por nombres de marcas de quesos que huelen y saben muy fuerte. Ej: *Camembert*, *Roquefort*, etc.

---

27. Existen varias fuentes, la versión de Esopo y la versión del fabulista latino Fedro. En la literatura francesa también aparece en la obra anónima *Le roman de Renart*.

28. Maître Corbeau, sur un arbre perché, / Tenait en son bec un fromage.
    Maître Renard, par l'odeur alléché, / Lui tint à peu près ce langage:
    Et bonjour, Monsieur du Corbeau, / Que vous êtes joli ! que vous me semblez beau !
    Sans mentir, si votre ramage, / Se rapporte à votre plumage,
    Vous êtes le Phénix des hôtes de ces bois. / À ces mots le Corbeau ne se sent pas de joie,
    Et pour montrer sa belle voix, / Il ouvre un large bec, laisse tomber sa proie.
    Le Renard s'en saisit, et dit : Mon bon Monsieur, / Apprenez que tout flatteur
    Vit aux dépens de celui qui l'écoute. / Cette leçon vaut bien un fromage sans doute.
    Le Corbeau honteux et confus / Jura, mais un peu tard, qu'on ne l'y prendrait plus.

Cuadro 4. Ejemplo de reformulación de referencia intertextual

	Versión original		Versión doblada		Versión subtitulada
– El director	– Ils ont bien étudié	–	Habrán estudiado	–	Han estudiado
– La institutriz	un poème, non ?		poemas. ¿No?		poemas. ¿No?
– El director-Estudiante(s)	– Heu ...oui	–	Eh... ¡Sí!	–	¡Sí!
	Le corbeau et le renard.		La zorra y el cuervo.	–	La zorra y el cuervo.
		–	Bien, perfecto	–	Perfecto
	– Ben c'est parfait Alors heu vous mon jeune ami, récitez-moi le corbeau et le renard		A ver ¡eh!. Tú muchacho, recítame la zorra y el cuervo.	–	A ver, usted, jovencito, recíteme "La zorra y el cuervo".
	– Je la connais pas par cœur monsieur, je me souviens juste que c'est un corbeau qui tiens dans son bec un **roquefort**	–	No me lo sé de memoria, pero sé que va de un cuervo que lleva queso **Roquefort** en el pico.	–	No me lo sé de memoria, Pero va de un cuervo que lleva un **Roquefort**.
	– Mais non c'est un **camembert**	–	No, es **camembert**. Un pájaro no puede llevar **Camembert**	–	No era un **camembert**. ¡Qué dices!, el **camembert** es muy
	– N'importe quoi un **camembert** il peut pas tenir dans son bec, ça coule et puis ça sent pas bon !		en el Pico, se deshace y además apesta. Es **Camembert**, no tienes razón.	–	blando y huele fatal... En la rama de árbol estaba el Señor Cuervo....
	– (Follón en la clase	–	(no se oye al		
	– El alumno empollón durante el follón recita el principio de la fábula)		alumno empollón que recita la buena versión)...		
	– Maître corbeau sur un arbre perché tenait en son bec un fromage. Maître renard par l'odeur alléché...				

Es tal el uso y la universalidad de esta fábula en la sociedad francesa que ha dado lugar a numerosas variantes pertenecientes a diferentes registros de lengua. De la fábula de La Fontaine (existente ya en Esopo, ver nota a pie de página n° 29), en el mundo del espectáculo francés, encontramos otras versiones más modernas y adaptadas en:

- *Raymond Queneau, Oulipo, La littérature potentielle, 1973.*[29]
- *Yak Rivais, Les contes du miroir, 1988.*[30] Fábula redactada en *verlan*, sistema de lenguaje usado por los jóvenes franceses que consiste por lo general en invertir el orden de las sílabas.

Podemos observar, a través de estos ejemplos:

- que el conocimiento del fondo común de conocimientos intersemióticos, lingüísticos y culturales anclado en la memoria colectiva de cada país, de cada sociedad, que se va adquiriendo y completando cada día, es indispensable para poder comprender la globalidad del mensaje contenido en los canales acústicos y visuales en las producciones audiovisuales.
- También podemos deducir a la luz de los resultados de las tres encuestas realizadas para valorar el conocimiento fraseológico y de referencias intertextuales del alumnado que gran parte del contenido intersemiótico de los diálogos y de las imágenes no es descifrado por los usuarios-espectadores sin discapacidad o

---

29. La cimaise et la fraction
La cimaise ayant chaponné tout l'éternueur
se tuba fort dépurative quand la bixacée fut verdie:
pas un sexué pétrographique morio de mouffette ou de verrat.
Elle alla crocher frange
Chez la fraction sa volcanique
La processionnant de lui primer
Quelque gramen pour succomber
Jusqu'à la salanque nucléaire.
"Je vous peinerai, lui discorda-t-elle,
avant l'apanage, folâtrerie d'Annamite ! interlocutoire et priodonte."
La fraction n'est pas prévisible :
c'est là son moléculaire défi.
"Que ferriez-vous au tendon cher ?
discorda-t-elle à cette énarthrose.
- Nuncupation et joyau à tout vendeur,
Je chaponnais, ne vous déploie.
- Vous chaponniez ? J'en suis fort alarmante.
Eh bien ! débagoulez maintenant."

30. C'était verl'hi. Il avait génei et le vent flaitsouf. La tetipe legaci taitlotgre. Elle n'avait rien géman depuis deux jours. « Je vais aller voir ma nesivoi », se dit-elle. Elle frappa à la tepor de la nettesonmai. « Jourbon, medaMa la mifour", dit-elle. « Jourbon", répondit la mifour. « Pourriez-vous, damande la legaci, me terprê du grain ? » La mifour n'était pas seteuprê. Elle fit la cemagri. « Que faisiez-vous donc, l'été nierder, pendant que j'étais au vailtra ? » damande-t-elle d'un air chantmé. « Je taischan de jolies sonschan dans le gelafeuil des bresar », dit la legaci. « Vous tiezchan ? » fit la mifour. « Eh bien nanttemain, sezdan » ! Elle rentra dans sa nettesonmai et laissa la pauvre legaci horsde. C'est très tetris !

minusvalía cognitiva, auditiva o visual generando una gran pérdida en la comprensión del mensaje global que contienen las producciones audiovisuales.

- Al igual que en el caso de las Rintaud vistas en el apartado 2.2.2 *Corto para Sonia,* aparecen en las versiones originales de 3 de las 4 Referencias intertextuales utilizadas como ejemplos, una señal, alusión que a través del nombre del autor *(1. Racine, 2. Molière)* o a través de un comentario (3. au lieu d'essayer de faire de la littérature /en lugar de hacer literatura) intenta poner sobre aviso al espectador.

2.3 Accesibilidad audiovisual y referentes culturales

Ahora bien, ¿Qué recepción de esos fenómenos culturales, señalados y expuestos anteriormente, tienen las personas con algún tipo de discapacidad o minusvalía auditiva o visual? ¿Qué tratamiento deberían tener estas referencias culturales en la accesibilidad audiovisual?

Es decir:

- ¿los espectadores ciegos, con baja visión, con discapacidad audiovisual, disponen de más información y/o más precisa sobre referentes culturales mostrados en un filme que los espectadores normo videntes?
- ¿Las personas con algún tipo de discapacidad o minusvalía auditiva o visual, tienen problemas de cara a captar la información cultural presente en la mayoría de las producciones audiovisuales bien a través del texto, bien a través del sonido?

En traducción audiovisual accesible existen normativas de cara a facilitar principalmente que las personas con discapacidad visual y auditiva puedan comprender lo que sucede en la pantalla de la forma más parecida a los espectadores normovidentes. Las dos modalidades más usadas en accesibilidad audiovisual serían la audiodescripción para personas con discapacidad visual, (AD) y el subtitulado para personas con discapacidad auditiva (SPS).[31] De hecho, son las dos modalidades que están recogidas en las normativas de obligado cumplimiento en los Estados miembros de la Unión Europea: la subtitulación y la audiodescripción.[32]

---

31. Según Díaz-Cintas (2010), existe un consenso en la TAV sobre cuáles son las modalidades más utilizadas de accesibilidad: la subtitulación para personas sordas y con discapacidad auditiva (SPS), la audiodescripción para personas ciegas y con discapacidad visual (AD) y la interpretación en lengua de signos (ILS).

32. https://www.edf-feph.org/content/uploads/2021/05/Toolkit-Ley-Europea-de-Accesibilidad .pdf, https://ec.europa.eu/social/main.jsp?catId=1137&langId=es

Así, la norma UNE 153020 de Audiodescripción para personas con discapacidad visual, publicada en España el año 2005, define la Audiodescripción (AD) como:

> Servicio de apoyo a la comunicación que consiste en el conjunto de técnicas y habilidades aplicadas, con objeto de compensar la carencia de captación de la parte visual contenida en cualquier tipo de mensaje, suministrando una adecuada información sonora que la traduce o explica, de manera que el posible receptor discapacitado visual perciba dicho mensaje como un todo armónico y de la forma más parecida a como lo percibe una persona que ve.

Su finalidad es proporcionar oralmente, aprovechando los huecos de silencio en la banda sonora, información sobre la situación espacial, gestos, actitudes, contextos, paisajes, vestuario, etc. para poder tener una visión más global del contenido intersemiótico de la producción audiovisual.

Por su parte la norma UNE 153010 Subtitulado para sordos (SPS) publicada el año 2012[33] intenta eliminar parte de las barreras que dificultan el acceso a comunicación y a la información de la comunidad con discapacidad auditiva, fruto del consenso entre usuarios, personas con discapacidad auditiva y profesionales del sector de la comunicación audiovisual, etc. Jáudenes Casaubón y Gómez Nieto[34] (2006: 3 cit. por Díaz Cintas 2010: 160) comentan:

> Curiosamente, y a pesar de contener una sección 2 denominada «Términos y definiciones», la norma UNE olvida ofrecer una definición de lo que es el SpS". Para efectos de este artículo, y siguiendo la definición consensuada en el Foro de la TV Digital y que se espera sea adoptada en la futura Ley General Audiovisual, el SpS se puede definir como un "servicio de apoyo a la comunicación que muestra en pantalla, mediante texto y gráficos, los discursos orales, la información suprasegmental y los efectos sonoros que se producen en cualquier obra audiovisual.

La tercera modalidad que está realizando avances en el campo de la accesibilidad sería la lectura fácil. Se trata de la Norma española Experimental UNE 153101; 2018.[35] Ej.:

---

33. https://www.une.org/encuentra-tu-norma/busca-tu-norma/norma?c=N0049426

34. En ese mismo artículo, pág 160–161 el autor hace una breve exposición del SPS.

35. https://www.une.org/encuentra-tu-norma/busca-tu-norma/norma/?c=N0060036
No trataremos aquí sin embargo la lectura fácil o el lenguaje simplificado, debido a que la exigencia de simplificación elimina en gran parte los contenidos culturales tan importantes que estamos comentando. La norma UNE de LF sobre las expresiones dice: "Se debería evitar el uso de enunciados con sentido figurado (frases hechas o refranes, ironías, metáforas o semejantes). En caso de que su inclusión sea necesaria para mantener la viveza del texto o enriquecerlo se

La Lectura Fácil se dirige a un grupo de destinatarios muy amplio, generalmente personas que por diferentes causas presentan dificultades en la comprensión lectora, y entre ellas se encuentran colectivos de personas con discapacidad. Así, la Lectura Fácil, como elemento facilitador de esta comprensión, permite garantizar el ejercicio de derechos recogidos en la Convención sobre los Derechos de las Personas con Discapacidad que fue ratificada por España en 2008.

Existen múltiples trabajos de investigaciones que tratan la AD en personas ciegas o con baja visión y la SPS:[36] *Subtitulado para personas sordas a través del teletexto* (Moreno Latorre, 2003)*; El subtitulado para sordos, estado de la cuestión* (Pereira Rodríguez, 2005); *Traducción y accesibilidad. Subtitulación para sordos y audiodescripción para ciegos: nuevas modalidades de traducción audiovisual* (Jiménez Hurtado, 2007); *La subtitulación para Sordos, panorama global y prenormativo en el marco ibérico* (Neves & Lorenzo García, 2007); La accesibilidad a los medios de comunicación audiovisual a través del subtitulado y de la audiodescripción (Díaz Cintas, 2010); *Estudios que contemplan la necesidad de introducir audio introducciones* (Romero Fresco & Frier, 2013); *gestos y expresiones faciales* (Mazur I, 2014); *(re)construcción de los personajes fílmicos* (Fresno, 2014); *Norma española de subtitulado para sordos,* (Arnáiz Uzquiza, 2014); *Efectos especiales* (Matamala & Remael, 2015); *Parámetros de velocidad, entonación y explicitación de la AD en la comprensión fílmica* (Cabeza-Cáceres, 2013); *Impacto emocional de la AD en la percepción del asco, miedo y tristeza* (Ramos Caro, 2013); *Imagen que se hacen los espectadores ciegos de los personajes a partir de la AD* (Fresno, 2014, Sanz Moreno, 2017, b); *Censura en la audiodescripción de contenidos sexuales* (Sanz Moreno, 2017, b); *audiodescripción en la ópera* (Cabeza-Cáceres, 2010, Cabéza-Cáceres y Matamala, 2008); *Descripción musical* (Igareda, P, 2012); *descripción de las expresiones faciales* (Vercauteren, & Orero 2013); *Títulos de créditos y logotipos* (Matamala & Orero, 2011, Matamala, 2014); *Preferencias de voces humanas o sintéticas* (Fernández-Torné & Matamala, 2015), etc.

Conviene destacar asimismo que el creciente número de tesis doctorales recientes relacionadas con la accesibilidad y la TAV o la cinematografía es también

---

debe incluir una explicación con su significado. (Véase el apartado 7.3, complementos paratextuales)".

EJEMPLO:

(INCORRECTO) Ese libro cuesta un ojo de la cara.

(CORRECTO) Ese libro cuesta mucho dinero.

(CORRECTO) Ese libro es muy caro. Ver nota a pie de pág. n° 42 para un posible uso de las UF en lenguaje simplificado.

36. Ver Sanz-Moreno (2020). *Estudio cualitativo sobre preferencias de los usuarios en la audiodescripción de referentes culturales.*

un índice muy evidente del interés que despierta en la sociedad investigadora. Ej: *Subtitulació i referents culturals. La traducción com a mitjà d'adquisició de representacions mentals* (Santamaría Guinot, 2001); *El intertexto audiovisual y traducción: referencias cinematográficas paródicas en Family Guy* (Botella Tejera, 2010); *Audiodescripció i recepció. Efecte de la velocitat de narració, l'entonació y l'explicitació en la comprensió fílmica* (Cabeza-Cáceres, 2013); *El texto fílmico audiodescrito: mecanismos de cohesión intramodales e intermodales* (Rodríguez Posadas, 2013); *El impacto emocional de la audiodescripción* (Ramos Caro, 2014); *La (re)construcción de los personajes fílmicos en la audiodescripción Efectos de la cantidad de información y de su segmentación en el recuerdo de los receptores* (Fresno Cañada, 2014); *Audiodescripción de referentes culturales: estudio descriptivo-comparativo y de recepción* (Moreno Sanz, 2017); *Audiosubtitulado: estrategias de locución y su efecto en la actividad emocional* (Iturregui Gallardo, 2017); *Subtitulació en entorns immersius: un estudi centrat en l'usuari,* (Agulló García, 2020); *Transferencia de los referentes culturales en las películas de Shrek: un estudio de caso sobre las versiones subtituladas y dobladas del inglés al español, francés y árabe,* (Bouabdellah, 2020);[37] etc.

Sin embargo, hemos recopilado escasos estudios que traten de la traducción de unidades fraseológicas en el doblaje o el subtitulado y de la recepción de referentes culturales en personas normovidentes y personas con déficit visual así como de la recepción y comprensión de referentes intertextuales en producciones audiovisuales.

El doblaje y el subtítulo de la Unidad Fraseológica (Richart Marset 2007); *El intertexto audiovisual y traducción: referencias cinematográficas paródicas en Family Guy* (Botella Tejera 2010); *Imágenes en palabras. La audiodescripción como generadora de estrategias alternativas de traducción* (Sanderson, J. 2011); *Referencias intertextuales en películas francesas: Su traducción al español* (Mogorrón Huerta, 2012); *La intertextualidad fílmica en la audiodescripción* (Valero Gisbert 2012); *Intertextualidad* (Taylor 2014); *Recepción de la AD de referentes culturales en películas extranjeras,* (Maszerowska y Mangiron 2014); *Fraseología y oralidad prefabricada en la traducción de diálogos fílmicos* (Alessandro 2015); *La traducción de los elementos fraseológicos en el doblaje italiano y español de una serie policiaca norteamericana. estudio de caso: Ncis* (Tortato 2016); *Recepción de referentes culturales en personas sin problemas de visión y audición* (Sanz-Moreno 2018); *Recepción de referentes culturales en clips en personas con problemas de visión,* (Sanz-Moreno 2020); *La subtitulación, el doblaje y la localización a través*

---

37. En 2023 en la U. de Alicante, K. Harteel ha defendido una tesis que trata parte de estas problemáticas: *Estudio fraseotraductológico sobre la identificación, clasificación semántica y traducción de construcciones verbales fijas en doblaje y subtitulación.*

de las unidades fraseológicas y su traducción (Hartell 2020); *La audioescripción de la imagen a la palabra: Traducción intersemiótica de un texto multimodal* (Valero Gisbert 2021).

Estas publicaciones ponen el acento sobre la importancia de una buena recepción y comprensión de las UF y de las referencias literarias o cinematográficas intertextuales de cara a tener una buena comprensión. En efecto, al ser unos elementos eminentemente culturales, dirigidos e intencionales, cargados de significación polisistémica y semiótica, entender las Unidades fraseológicas y la intertextualidad en cualquier texto debería ser primordial. Entendemos que no se debería dejar libremente al espectador sin discapacidad y con mayor motivo con discapacidad visual o auditiva interpretar o no esta carga semántica. Riffaterre (1979) ya había subrayado la dicotomía hablando de *intertextualité aléatoire*[38] y de *intertextualité obligatoire*[39]. Otros autores (Jiménez Hurtado & Seibel 2008: 451-452) señalan:

> La existencia de una norma AENOR para el subtitulado y la audiodescripción en la que, además, han participado los distintos sectores implicados: asociaciones de usuarios, instituciones (ministerios y universidades) y profesionales del sector, parece ser la panacea y excusa para no seguir investigando en temas tan preocupantes y decisivos como el de la formación de los futuros formadores de un sector profesional, el de los audiodescriptores, subtituladores e intérpretes de lengua de signos cuyo perfil sigue sin definirse en materia de conocimientos, destrezas y competencias. [...] La subtitulación para sordos adolece de un criterio unánime de creación, resultados, éxito y expectativas entre las diferentes asociaciones de usuarios; la audiodescripción se viene practicando en España desde hace décadas sin que se hayan realizado ni informes particulares, ni valoraciones generales, basados en estudios científicamente fundados sobre la recepción entre usuarios. No es de extrañar, por tanto, que la mayoría de los sectores implicados en el proceso de creación de las audiodescripciones o de las subtitulaciones encuentren diferentes calidades entre los productos elaborados por la competencia.

Asimismo, la recepción, comprensión y traducción de las Unidades fraseológicas en las versiones dobladas y subtituladas de producciones cinematográficas deberían, al ser portadoras en numerosos casos de referencias culturales idiosincrásicas de un determinado país o cultura, ser fruto de más atención en las versiones dobladas o traducidas.

Es muy complejo a menudo detectar y comprender estas UF y encontrar equivalentes fraseológicos en diccionarios. Por otro lado, es también muy complejo realizar equivalencias fraseológicas en Traducción audiovisual (TAV), pues el tra-

---

38. Dependerá de la competencia del lector-espectador.

39. Dependerá de un reenvío esclarecedor.

ductor de doblaje tiene que realizar ajustes más complejos que los que tiene que realizar el traductor de una novela o de un artículo al sometido a las restricciones clásicas del doblaje, como las fonéticas, las temporales, las labiales y por última las visuales.

Por ello resulta interesante para resolver estas dificultades de comprensión y de traducción la investigación que el grupo de investigación Frasytram está elaborando (Mogorrón 2020). Se está elaborando una Base de Datos, en formato excel, de Construcciones verbales fijas[40] (Mogorrón 2015-2020) que contiene en la actualidad 40.400 entradas en lengua española (ver 2.1.5). Uno de los principales objetivos del proyecto es el de simplificar la tarea a los traductores ofreciéndoles listados de UF con fichas terminológicas y equivalentes en varios idiomas. Para ello, se han clasificado semánticamente las entradas de cara a poder seleccionar rápidamente todas las entradas que tienen un mismo significado, sus posibles variantes, así como indicaciones acerca de su frecuencia de uso, el nivel de lengua y el registro al que pertenecen. La clasificación y un riguroso tratamiento terminológico, permite seleccionar las CVF que tienen un mismo significado.

Este sistema de clasificación y de análisis ofrece varias ventajas en Traducción Audiovisual para cumplir con los requisitos técnicos tan rígidos que la limitación temporal y espacial exige.

– En doblaje, el hecho de disponer de varias UF donde elegir para hacer referencia a un mismo concepto permitiría al traductor escoger la expresión que mejor se adapte al movimiento de los labios del personaje al que está traduciendo, por lo tanto, estaría respetando la sincronía labial sin perder una parte del significado de la expresión o su condición de UF.

– En subtitulación, es de sobra conocido que las líneas del subtitulado no deben superar un cierto número de caracteres y, en varias ocasiones, en caso de encontrarnos con una UF en la película, realizar una traducción de una expresión por otra puede dar lugar a un número de caracteres que supera el límite establecido. Por ello, el hecho de poder consultar una base de datos con varias equivalencias en diferentes idiomas sobre un mismo concepto le permitiría al traductor escoger una expresión con el mismo significado que respetase el número de caracteres solicitados por el cliente.

Así en el caso de la expresión *estar en la luna*, se ha establecido que pertenece al campo semántico de Carácter-forma de ser/Comportamiento-actitud-conducta y al subcampo: distracción-descuido.

Se trata de una aplicación que incorpora en el caso del español las expresiones diatópicas del español de Hispanoamérica. Así en el caso de esta misma expresión,

---

40. Ver nota a pie de pág. n° 5.

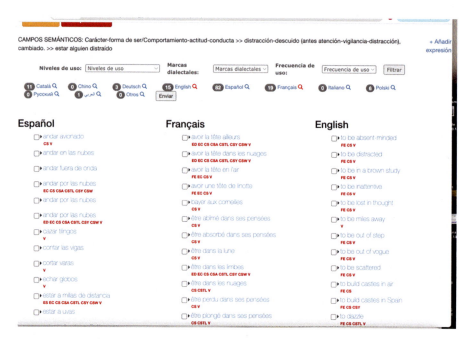

Imagen 3. Interfaz Frasytram. Muestra de campos semánticos carácter-forma de ser en español, francés e inglés

se han recopilado las siguientes CVF parasinónimas de estar distraído partiendo de la UF *estar en la luna*[41]:

- **en España:** *andar en las nubes* (RAE); *andar por las nubes* (DUE); *cazar tilingos* (RAE); *[contar, estar contando, ponerse a contar] las vigas* (RAE); *[estar, quedar] a uvas* (EPM); *estar en Babia* (DUE); *[estar, estar bailando] en Belén* (RAE); *estar con la torta* (DTDFH); *estar con los angelitos* (RAE); *estar en el limbo* (RAE); *estar en la higuera* (RAE); *estar en la luna* (DUE); *estar en la parra; estar en las Batuecas* (DUE); *estar en las nubes* (DUE); *estar pensando en la mona de Pascua* (DTDFH); *ir a por uvas* (Akal); *[mirar a, pensar en] las musarañas* (RAE); *mirar las telarañas* (LARBI); *tener la cabeza a las once* (RAE); *tener la cabeza a pájaros* (RAE); *tener la cabeza en el aire* (VV) *tener*

---

41. Nótese que en el caso del lenguaje simplificado, este tipo de clasificación semántica, puede también ser utilizado en el caso de varias UF parasinonímicas. Se puede reemplazar una UF en desuso, opaca, diatópica por otra muy usual y transparente. Siempre será más fácil utilizar en ese caso UF como *estar en la luna, estar en las nubes*, que otras mucho más opacas como estar en las Batuecas, *estar a las once, tocar el violón, estar en la luna de Paita, pensar en los huevos del gallo, cortar varas*, etc. (ver nota a pie de pág. n° 36).

la cabeza en la luna (VV); *tener la cabeza en las nubes* (RAE); *tocar el violón* (RAE); *tocar el violón a dos manos* (DTDFH); *vivir en las nubes* (DUE); etc.

- **en Hispanoamérica:** [*andar, vivir, pasársela*] *en la luna* (DEUEM, Mx, Ch); [*andar, estar*] *fuera de onda* (DTDFH, Mx); *cortar varas* (DdAm, Gu, Ho, Nicaragua); *estar* (alguien) *en el aire* (RAE; Cu); *estar en la estratosfera* (DFHA, Ar); *estar en otra* (DFHA, Ar); *estar papando moscas* (GDLA, Ar); *estar en la luna de Paita* (Bo, Ec, Pe); *estar en la luna de Paita y el sol de Colán* (, DdAm, Pe); *estar en las nebulosas (RAE, Ve); estar pensando en los pajaritos de colores* (DdAm, Ar); *pensar en la inmortalidad del cangrejo* (DdAm, Mx, Gu, Ho, ES, Ni, Py, Cu, RD, Ve, Ec, Bo, Ur); *pensar en la inmortalidad del mosquito* (DdAm, Pe); *pensar en las muelas del gallo* (DdAm, Gu); *pensar en los anteojos del gallo* (DdAm, Gu); *pensar en los huevos del gallo* (DdAm, CR); [*ser, tener*] *cabeza de novia* (GDLA, Ar); *tener la cabeza en los pies* (DEUEM, Mx); *vivir en el limbo* (GDLA, Ar); etc.

Cómo se puede apreciar, otra gran ventaja es también la posibilidad de trabajar con las variantes diatópicas debido a la gran cantidad de variantes diatópicas existentes en el caso de lenguas como el español, el inglés, el francés, el árabe, utilizadas como lenguas oficiales en numerosos países.

3. Conclusión

Numerosos tipos de referentes culturales específicos están siendo desde hace tiempo la piedra angular de complejos debates traductológicos cuyas soluciones pasan por regla general, entre la extranjerización, la naturalización y la omisión. En el caso de los RC presentes en las producciones audiovisuales, las limitaciones temporales y espaciales complican la recepción, la comprensión y la búsqueda de la equivalencia. El análisis y el tratamiento de los numerosos tipos de referencias culturales, podría facilitar extraer conclusiones acerca de qué posibles soluciones, tratamientos, adaptaciones, se deberían desplegar de cara a facilitar la comprensión intersemiótica de todas esas RC presentes en las producciones audiovisuales en sus versiones traducidas no accesibles intralingüísticas, interlingüísticas e incluso en sus versiones accesibles. Estas RC deberían ser reconocidas por el traductor o serle indicadas en los guiones de cara a que el traductor y el director de doblaje puedan decidir en función de sus características si reproducirlas, adaptarlas, formular reenvíos que permitan al amplio abanico de espectadores reconocerlas.

La recepción de las Rintaud, clase de RC mucho más compleja si cabe de localizar, podría también necesitar medidas de apoyo. Así, por ejemplo, se puede observar que en numerosas películas se está optando por incluir algún tipo de reenvío, referencia que adelante la especificidad. Las soluciones para espectadores accesibles, alejados de las características del lector intralingüístico y extralingüísticos, cambian radicalmente las condiciones del juego intertextual creado por el guionista y el director. Una lectura o exposición accesible, va a exigir, siempre, una descodificación, una descontextualización y una posterior recodificación, para que el espectador accesible pueda tener una recepción si no satisfactoria, al menos compensatoria, de ese fenómeno. La recepción de las Rintaud por espectadores accesibles, alejados de las características del lector intralingüístico y extralingüístico va a cambiar radicalmente las condiciones del juego intertextual creado por el guionista y el autor, etc.

Información sobre financiación

El presente trabajo se enmarca en el seno del Proyecto I+D "Accesibilidad en las aulas virtuales: Recomendaciones para una enseñanza accesible" financiado por el Vicerrectorado de Calidad e Innovación Educativa de la Universidad de Alicante en 2020.

Webgrafía

AENOR. (2012). *UNE 153010 Subtitulado para personas sordas y personas con discapacidad auditiva*. Madrid: AENOR.

AENOR. (2003). *UNE 153010: 2003. Subtitulado para personas sordas y personas con discapacidad auditiva*. MADRID: AENOR.

AENOR. (2005, UNE 153020: 2005:4). *Audiodescripción para personas con discapacidad visual. Requisitos para la audiodescripción y elaboración de audioguias*. Madrid: AENOR. http://www.aenor.es/aenor/normas/normas/fichanorma.asp?tipo=N&codigo=N0032787&PDF=Si

Bibliografía

Cabeza-Cáceres, Cristóbal. 2010. "Opera Audio Description at Barcelona's Liceu Theatre." En *New insights into Audiovisual Translation and Media Accessibility*, ed. por Jorge Díaz Cintas, Anna Matamala y Joselia Neves, 227–237. Amsterdam: Rodopi.

Cabeza-Cáceres, Cristóbal y Anna Matamala. 2008. "La audiodescripción de ópera: La nueva apuesta del Liceo." En *Ulises y la Comunidad Sorda*, ed. por Álvaro Pérez-Ugena y Ricardo Vizcaíno-Laorga, 195–198. Madrid: Observatorio de las Realidades Sociales y de la Comunicación.

Cervantes Saavedra, Miguel. 1946. *Adjunta al Parnaso, en Obras completas*. Madrid: Aguilar.

Nuevos retos (de recepción y comprensión intersemióticos) para la accesibilidad

Chareaudeau, Patrick. 2001. "Langue, discours et identité culturelle.", *Revue de didactologie des langues-cultures* 2001/3–4 123: 341–348.

Díaz Cintas, Jorge. 2010. "La accesibilidad a los medios de comunicación audiovisual a través del subtitulado y de la audiodescripción." En *El español, lengua de traducción para la cooperación y el desarrollo. Esletra*, ed. por Luis González y Pollux Hernúñez, 157–182. Madrid: Esletra.

Gracían, Baltasar. 2020. *El criticón*. Madrid: Verbum.

Harteel, Kendall. 2020. "La subtitulación, el doblaje y la localización a través de las unidades fraseológicas y su traducción." En *De la hipótesis a la tesis en Traducción e Interpretación*, ed. por Antonio Bueno García, Jana Králová y Pedro Mogorrón Huerta, 127–135. Granada: Comares.

Hatim, Basil & Mason, Ian. 1995. *Teoría de la traducción. Una aproximación al discurso*. Londres: Ariel.

Igareda, Paula. 2012. "Lyrics against Images: Music and Audio Description." *MonTI. Monografías de Traducción e Interpretación* (4), 233–254.

Jakobson, Roman. 1959. "On Linguistic Aspects of Translation." En *On Translation*, ed. por Reuben A. Brower, 232–239. Cambridge Mass, Harvard University Press.

Jáudenes Casaubón, Carmen y Begoña Gómez Nieto. 2006. *Observaciones de FIAPAS al informe realizado por el Dr. Jorge Díaz Cintas "Competencias profesionales del subtitulador y el audiodescriptor."* Madrid: FIAPAS.

Jímenez Hurtado, Catalina. 2007. "Una gramática local del guión audiodescrito. Desde la semántica a la pragmática de un nuevo tipo de traducción." En *Traducción y accesibilidad. Subtitulación para sordos y audiodescripción para ciegos: nuevas modalidades de Traducción Audiovisual*, ed. por Catalina Jiménez Hurtado, 55–80. Frankfurt: Peter Lang.

Jímenez Hurtado, Catalina y Claudia Seibel. 2008. "Traducción accesible: narratología y semántica de la audiodescripción." En *El español, lengua de traducción para la cooperación y el diálogo*, ed. por Luís González y Pollux Hernúñez, 451–468. Madrid: Esletra.

Kristeva, Julia. 1967. "Bakhtine, le mot, le dialogue et le roman." *Critique*: 440–441.

Pereira Rodríguez, Ana y Lourdes Lorenzo García. 2005. "Evaluamos la norma UNE 153010: Subtitulado para personas sordas y personas con discapacidad auditiva. Subtitulado a través del teletexto." *Puentes*: 621–26

Perroti, Antonio. 1994. *Plaidoyer pour l'interculturel*. Strasbourg : Le Conseil de l'Europe.

Queneau, Raymond. 1973. *La littérature potentielle (Créations Re-créations Récréations)*. Gallimard: Collection Idées.

Richart Marset, Mabel. 2012. *Ideología y Traducción. Por un análisis genético del doblaje*. Madrid: Biblioteca Nueva.

Riffaterre, Michael. 1979. "Sémiotique intertextuelle : l'interprétant." *Revue d'esthétique* 1–2: 131.

Sanderson, John. 2011. "Imágenes en palabras. La audiodescripción como generadora de estrategias alternativas de traducción." *Puntoycoma. Boletín de los traductores españoles de las instituciones de la Unión Europea* 123: 25–35.

Sanz Moreno, Raquel. 2017. *La audiodescripción de referentes culturales: estudio descriptivo-comparativo y de recepción*. Tesis doctoral. Universidad de València. https://roderic.uv.es /handle/10550/61021

Sanz Moreno, Raquel. 2017. "La (auto)censura en audiodescripción. El sexo silenciado." *Parallèles-numéro* 29 (2): 46–63.

Sanz-Moreno, Raquel. 2020. "Estudio cualitativo sobre preferencias de los usuarios en la audiodescripción de referentes culturales". *Sendebar* 31: 437–459.

Tortato, Martina. 2016. "La traducción de los elementos fraseológicos en el doblaje italiano y español de una serie policíaca norteamericana. Estudio de caso: Ncis". En *Entreculturas* 7–8, 817–832.

Valero Gisbert, María. 2012. "La intertextualidad fílmica en la audiodescripción." *Intralínea* 14.

Valero Gisbert, María. 2021. *La audiodescripción de la imagen a la palabra. Traducción intersemiótica de un texto multimodal.* Blogna: Clueb.

Venutti, Lorenzo. 2006. "Traduction, intertextualité, interprétation." *Palimpsestes* 18: 17–42.

Vercauteren Gert y Pilar Orero. 2013. "Describing Facial Expressions: much more than meets the eye". *Quaderns. Revista de Traducció* 20: 187–199.

Diccionarios

AoMex =	Diccionario breve de mexicanismos. http://www.academia.org.mx/diccionarios/DICAZ/inicio.htm
DDAM =	*Diccionario de Americanismos.* Madrid: Santillana. (2010)
DEREC =	Diccionario de expresiones y registros del español de Canarias (2000) Ed del Cabildo de Gran Canaria. Las Palmas de Gran Canarias.
DFDEA =	*Diccionario fraseológico documentado del español actual.* Madrid: Aguilar. (2004)
DFDHA =	*Diccionario fraseológico del habla argentina.* (2010). María Gabriela Pauer, M., & Barcia, P. L.
DUE =	Moliner, María. (*Diccionario de uso del español.* Madrid: Gredos. 1999 [1977])
LIBSA =	Jergas, Argot y Modismos. Lengua Española. José Calles Veles y Belén Bermejo Meléndez. Madrid: LIBSA (2001)
RAE.	(1992) *Diccionario de la Real Academia Española* (21a ed.). Madrid: Espasa-Calpe.

La accesibilidad en el cine de animación infantil y juvenil
Retos lingüísticos y traductológicos (español-alemán)

Carmen Cuéllar Lázaro
Universidad de Valladolid

This study deals with animated films aimed at children and youth with a dual objective: first, from an intralinguistic point of view, to understand the use of subtitling to make Spanish produced animated films accessible to Spanish audiences with impaired hearing; second, from a interlinguistic perspective, to understand the linguistic and translatological challenges of transferring this audiovisual product to German-speaking viewers. A review of the parameters governing subtitling for the deaf shows that, in general, the normative guidelines have been followed. Moreover, the interlinguistic analysis shows that the translation into German was made using the English version of the film which may present consequences for German speakers given the cultural context of the adaptation.

Keywords: cultural references, phraseologisms, German language, accessibility, subtitling for the deaf

1. Introducción. La accesibilidad en traducción audiovisual

Una sociedad inclusiva debe abogar por superar las barreras existentes en la comunicación para personas con discapacidad. En referencia a la discapacidad auditiva, el subtitulado específico en los productos audiovisuales, adaptado a sus necesidades, les permite tener acceso a la información y poder disfrutar del ocio y la cultura. A nivel normativo, España es uno de los países con una mayor sensibilización hacia la necesidad de una subtitulación dirigida a este colectivo (Cuéllar Lázaro 2016a: 145-149 e *idem* 2020: 146-150).[1]

---

1. Cfr. la legislación española sobre accesibilidad en general y en concreto sobre la inclusión de personas con discapacidad sensorial en el ámbito de la cultura y la televisión, en la página web del *Centro Español de Subtitulado y Audiodescripción* (CESyA) https://www.cesya.es/recursos /legislacion

https://doi.org/10.1075/ivitra.41.02cue
© 2024 John Benjamins Publishing Company

Desde una visión global del proceso cinematográfico, el cine accesible implica integrar la traducción audiovisual y la accesibilidad en el proceso de realización de un producto cinematográfico, es decir, que el subtitulado para sordos y personas con discapacidad auditiva (SPS) y la audiodescripción para ciegos (AD) se incluyan en ese proceso de realización. Esto conlleva que los cineastas amplíen su enfoque más allá de la versión original de sus películas (Romero-Fresco 2015 e *idem* 2020), de tal manera que la accesibilidad y la traducción se incluyan en el presupuesto de producción cinematográfica. Para ello será fundamental incentivar a productores y cineastas con ayudas que fomenten esta visión global del producto audiovisual. En este sentido, en España ya se establece la obligatoriedad de que las obras cinematográficas incluyan como medidas de accesibilidad universal el subtitulado especial y la audiodescripción para poder acceder a ayudas estatales tanto para la producción cinematográfica (*Orden CUD/582/2020, de 26 de junio*),[2] como también para su distribución (*Orden CUD/508/2021, de 25 de mayo*).[3]

En este estudio nos referimos al concepto "accesibilidad" desde una doble perspectiva, por un lado, el hecho de hacer accesible un producto audiovisual a un colectivo con una discapacidad, en este caso, las personas con discapacidad auditiva y, por otro, el reto de acercar ese producto audiovisual a los espectadores de otra lengua y, por lo tanto, distinta cultura. En líneas generales, traducir es un acto de comunicación intercultural que lleva implícito el hecho de hacer accesible un texto para un público en otro contexto lingüístico y cultural.

2. El auge del cine de animación infantil y juvenil y su traducción

El éxito de los productos audiovisuales de animación está estrechamente ligado al auge de los videojuegos e internet.[4] Este éxito se refleja en los siguientes datos

---

2. Cfr. *Orden CUD/582/2020, de 26 de junio, por la que se establecen las bases reguladoras de las ayudas estatales para la producción de largometrajes y de cortometrajes y regula la estructura del Registro Administrativo de Empresas Cinematográficas y Audiovisuales.* https://www.boe.es/boe /dias/2020/06/30/pdfs/BOE-A-2020-6921.pdf

3. Cfr. *Orden CUD/508/2021, de 25 de mayo, por la que se establecen las bases reguladoras de las ayudas a la distribución de películas previstas en el artículo 28 de la Ley 55/2007, de 28 de diciembre, del Cine.* https://www.boe.es/buscar/act.php?id=BOE-A-2021-8863

4. Sobre el desarrollo de la accesibilidad en el ámbito de los videojuegos cfr. el proyecto que desarrolla la Fundación ONCE (Organización Nacional de Ciegos de España) desde 2019 en: https://www.fundaciononce.es/gl/node/6756 . Cfr asimismo, el trabajo que se realiza desde el CESyA para lograr la inclusión de las personas con discapacidad sensorial, en relación con la accesibilidad audiovisual en los ámbitos de cultura y televisión en: https://www.cesya.es /articulos/la-industria-del-videojuego-seguir%C3%A1-aumentando-con-una-gran-cantidad-de -t%C3%ADtulos-accesibles

de taquilla: de los cien largometrajes con mayor recaudación en el periodo 2010-2018, un total de 23, casi una cuarta parte, son películas de animación (Viñolo Locubiche 2019: 152), y entre las primeros se encuentran *Frozen* (Chris Buck, Jennifer Lee, 2013, puesto 11), *Los increíbles 2* (Brad Bird, 2018, puesto 13) y *Minions* (Pierre Coffin, Kyle Balda, 2015, puesto 16). En el imaginario colectivo, la animación está asociada a un público infantil y a lo largo del siglo XX las producciones de *Walt Disney* marcaron la infancia de generaciones; en la actualidad, junto a este gran estudio de animación, son *Pixar* (subsidiaria de *Walt Disney* desde 2006), *DreamWorks* y *Sony Pictures*, los que llegan con sus películas a los más jóvenes. No obstante, aunque la animación se asocia a una categoría dirigida al público infantil y juvenil, cada vez hay más títulos cuyos destinatarios engloban tanto a una audiencia adulta como infantil y la mayoría de los festivales comienzan a considerar la animación como una categoría de igual importancia que el resto. En este sentido, un punto de inflexión se marcó en 2001, año en el que la Academia de las Artes y las Ciencias Cinematográficas de Hollywood instauró el *Premio a la mejor película de animación*, otorgado al largometraje *Shrek* (Andrew Adamson y Vicky Jenson, 2001). En 2020, el Premio Oscar en esta categoría recayó en el filme *Soul* (Kemp Powers, 2020).[5] Sin lugar a duda, la animación es una industria en alza, capaz de generar marcas en forma de propiedad intelectual y con ello aunar otros negocios afines como la publicidad, la producción editorial y la del sector de juguetes.[6] Según el Observatorio Europeo Audiovisual, entre 2015 y 2019, Europa ha producido cada año unas 55 películas de animación y 830 horas de contenidos televisivos de animación. En esta estadística, España y Alemania ocupan el tercer lugar en volumen de producción (7% cada uno), por debajo de Francia (35%) y Reino Unido (26%), que son los dos principales productores de animación.[7]

Por otra parte, las tecnologías alcanzan cada vez un mayor protagonismo, tanto en el terreno profesional como a nivel personal, y cabe preguntarse si el medio audiovisual, como canal de contenidos en la educación y el ocio de niños

---

5. No obstante, ya con anterioridad a 2001, largometrajes de animación habían sido nominados a *Mejor Película*, como fue el caso de *La Bella y la Bestia* en 1992 o habían obtenido premios en otras categorías (*Mejores efectos visuales, Mejor banda sonora*, etc.). En relación con los Premios Goya, se otorga esta categoría ya desde 1989, pero tras quedar desierta varios años, es en realidad a partir de la primera década del siglo XXI cuando adquiere relevancia (cfr. https://www .premiosgoya.com/).

6. Viñolo Locubiche 2019 hace un repaso por la situación actual de la industria española de la animación, augurando un futuro muy halagüeño (pp. 154–180).

7. Italia representa el 6% y la suma de otros países el restante 19% (cfr. https://www.obs.coe.int /en/web/observatoire/home).

y jóvenes,[8] constituye un elemento tan relevante en la formación y el entretenimiento de este grupo etario, como es el caso del soporte escrito (Hurtado Malillos/Cuéllar Lázaro 2018: 124). En este contexto, el cine dirigido a los niños se convierte en un auténtico vehículo de la literatura infantil, combinando lo más tradicional de esta modalidad de literatura: la historia que cuenta y la ilustración que le acompaña (Cano 1993: 54, Oittinen 2000: 100-103 y O'Connell 2003: 222-223). Asimismo, se plantea la dicotomía del estatus del cine de animación, ya sea como un lenguaje cinematográfico específico, o bien como un género con categoría propia (Costa 2011: 15 y Moine 2008: 22).

Como en cualquier otro producto audiovisual, la internacionalización del cine de animación infantil y juvenil implica un proceso de traducción para llegar a la audiencia en otras lenguas. En los últimos veinte años se ha producido un creciente interés por el estudio de este tipo de cine desde una perspectiva traductológica, analizando sus particularidades bajo distintos enfoques: la traducción de elementos culturales para llegar al público meta (Lorenzo García y Pereira Rodríguez 1999, Lorenzo García 2008, Ariza 2013, *idem* 2014, Fuentes-Luque y López-González 2020), el tratamiento de los nombres propios (Borràs y Matamala 2008) la recepción del mensaje (Zabalbeascoa 2000, De los Reyes, 2015), la traducción del humor en distintos contextos culturales (Hernández Bartolomé y Mendiluce Cabrera 2004), la traducción del multilingüismo (Hurtado Malillos/ Cuéllar Lázaro 2018, *idem* 2019), así como estudios que abarcan este tipo de producción cinematográfica desde una perspectiva de género (Marrero, 2011, Pascua Febles [coord.] 2019), entre otros.

3. La película: *Las aventuras de Tadeo Jones*

En 2012 se estrena *Las aventuras de Tadeo Jones*, una obra cinematográfica de animación de producción española.[9] Su director, Enrique Gato, presenta este largometraje, tras el éxito de dos cortometrajes anteriores sobre este personaje, ganadores de un Premio Goya en la categoría de cine de animación en 2006 y 2008. La trama nos descubre a un albañil que vive en Chicago, Tadeo Jones, fascinado por

---

8. Para conocer la situación de los niños y jóvenes con discapacidad auditiva a lo largo de su proceso educativo cfr. el estudio sociológico de FIAPAS 2017/2018 (*Confederación Española de Familias de Personas Sordas*) en Jáudenes Casaubón (2020).

9. La película fue producida por *Telecinco Cinema* junto a *El Toro Pictures*, *Lightbox Entertainment*, *Ikiru Films* y *Telefónica Producciones* y distribuida por la compañía *Paramount Pictures*. Los datos sobre la dirección del doblaje, ajuste y las voces de los actores dobladores en https://www.eldoblaje.com/datos/FichaPelicula.asp?id=28321

la arqueología y que sueña desde pequeño con encontrar un importante tesoro. Su espíritu aventurero le llevará a Perú, haciéndose pasar por arqueólogo, con la misión de evitar que una organización de ladrones de tesoros, Oddyseus, saquee una ciudad mítica Inca, Paititi. A Tadeo le acompaña su perro Jeff y en su aventura conoce a Sara, la hija de un famoso arqueólogo, el profesor Lavrof, secuestrado por los cazatesoros y de quien se enamora nada más conocerla; ella está comprometida con Max Mordon, un arqueólogo mediático que colabora con los cazatesoros en secreto. Asimismo, los acompañan un loro mudo, Belzoni, y Freddy, un vendedor peruano que hace de guía y aprovecha cualquier ocasión para hacer una venta. Las peripecias que vive Tadeo en sus aventuras, su carácter soñador y su gran corazón, hacen de este personaje un héroe que entusiasta a los niños.[10]

Esta obra cinematográfica fue galardonada con tres Premios Goya en 2013, en las categorías *Mejor película de animación, Mejor dirección* y *Mejor guion adaptado*.[11] La excelente acogida se refleja asimismo en taquilla, apareciendo en primer lugar en el ranking de las 10 mejores películas españolas de animación por número de entradas vendidas entre 2010 y 2014 (Tabla 1, Jiménez Pumares *et al.* 2015a: 39).

Este éxito se mantiene incluso en la comparativa con producciones extranjeras proyectadas en España, de tal manera que *Las aventuras de Tadeo Jones* ocupa el segundo lugar en el ranking de los 10 mejores filmes de animación con mayor taquilla en España en ese mismo espacio temporal (Tabla 2, Jiménez Pumares *et al.* 2015a: 39).

Asimismo, esta producción cinematográfica alcanzó reconocimiento a nivel internacional, ocupando el puesto décimo entre las 30 primeras películas europeas de animación por entradas vendidas en Europa (3.837.677) y el noveno en el ranking de las 20 mejores películas de animación europeas en el extranjero (4.477.980) (Jiménez Pumares *et al.* 2015b: 14-15).[12]

Como se ha comentado anteriormente, en este estudio se analiza este filme teniendo en cuenta un doble enfoque: por un lado, desde un punto de vista intralingüístico, observar cómo se ha llevado a cabo el subtitulado para sordos en lengua española con el fin de hacerlo accesible al público con discapacidad auditiva

---

10. En 2017 se estrenó la segunda parte: *Tadeo Jones: El secreto del Rey Midas*, y en 2022 está previsto que llegue a las salas comerciales españolas la tercera entrega (cfr. esta noticia en el periódico *El Norte de Castilla*, 18 de agosto de 2021: https://www.elnortedecastilla.es/culturas /cine/tercera-entrega-tadeo-20210821124107-nt.html#:~:text=La%20tercera%20entrega%20de %20la,el%20inicio%20de%20su%20rodaje)

11. Cfr. la página web de los Premios Goya en el enlace: https://www.premiosgoya.com /pelicula/las-aventuras-de-tadeo-jones/

12. Cfr. la ficha técnica de esta película en la que se recoge la información sobre los actores de doblaje en lengua alemana en: https://www.synchronkartei.de/film/24407

Tabla 1. Ranking de películas españolas de animación por entradas en España entre 2010 y 2014

Rank	Title	Country of origin	Director	Distributor	Admissions	Year of production
1	Las aventuras de Tadeo Jones	ES	Enrique Gato	Paramount Spain	2 745 134	2012
2	Mortadelo y Filemón c. Jimmy el Cachondo	ES	Javier Fesser	Warner Bros, Ent. España	694 256	2014
3	Justin and the Knights of Valour	ES	Manuel Sicilia	Sony Pictures Releasing España	407 315	2013
4	Floquet de Neu	ES	Andrés G. Schaer	Barton Films	249 985	2011
5	Planet 51	ES/GB	Javier Abad, Jorge Blanco	DeAPlaneta	221 580	2009
6	Chico & Rita	ES/GB	Javier Mariscal, Fernando Trueba	The Walt Disney Co. Iberia	156 532	2010
7	El tesoro del rey midas	ES	Maite Ruiz de Austri	Extra Extremadura de Audiovisuales	69 514	2010
8	El extraordinario viaje de Lucius Dumb	ES	Maite Ruiz de Austri	Barton Films	47 126	2013
9	La tropa de trapo en el pais donde brilla el sol	ES	Alex Colls	Alta Classics	41 756	2010
10	Olentzero eta Iratxoen Jauntxoa	ES	Gorka Vázquez	Barton Films	30 409	2011

y, por otro, a través de una perspectiva interlingüística, descubrir los retos a los que se ha enfrentado el traductor para trasladar esta película a la lengua alemana y las soluciones adoptadas en la modalidad de subtitulado.

La accesibilidad en el cine de animación infantil y juvenil   49

Tabla 2. Ranking de películas de animación por entradas en España entre 2010 y 2014

Rank	Title	Country of origin	Director	Distributor	Admissions	Year of production
1	Toy Story 3	US	Lee Unkrich	The Walt Disney Co. Iberia	3 609 222	2010
2	Las aventuras de Tadeo Jones	ES	Enrique Gato	Paramount Spain	2 745 134	2012
3	Frozen	US	Chris Buck, Jennifer Lee	The Walt Disney Co. Iberia	2 712 226	2013
4	The Adventures of Tintin	US/NZ	Steven Spielberg	Sony Pictures Releasing España	2 478 457	2011
5	Puss in Boots	US	Chris Miller	Paramount Spain	2 460 266	2011
6	Ice Age: Continental Drift	US	Steve Martino, Mike Thurmeier	Hispano Foxfilms	2 426 221	2012
7	Brave	US	S. Pureell, M. Andrew, B. Chapman	The Walt Disney Co. Iberia	2 381 328	2012
8	Shrek ForeverAfter	US	Mike Mitchell	Paramount Spain	2 321 716	2010
9	Despicable Me 2	US	Pierre Coffin, Chris Renaud	Universal Pictures International Spain	2 190 423	2013
10	The Smurfs	US	Raja Gosnell	Sony Pictures Releasing España	2 147 288	2011

Para el análisis interlingüístico se ha abordado el tratamiento dado a los elementos culturales en el proceso traslativo, en especial a los nombres propios, la especificidad de las expresiones idiomáticas que puedan aparecer en el texto audiovisual, así como otros aspectos de interculturalidad.

3.1   Análisis intralingüístico del SPS

La película se estrena en agosto de 2012 y en mayo de este año se publica en España la norma que regula el SPS, *UNE 153010:2012. Subtitulado para personas sordas y personas con discapacidad auditiva*, que anula y sustituye la norma anterior de 2003, *UNE 153010:2003 Subtitulado para personas sordas y personas con discapacidad auditiva. Subtitulado a través del teletexto*. El objetivo de estas normas es establecer unos requisitos mínimos de calidad y homogeneidad en el subtitulado para personas sordas y personas con discapacidad auditiva.[13] Dado el escaso margen temporal entre la publicación de la nueva norma y el estreno del largometraje en los cines, en el análisis se hará mención a ambas normativas. La institución encargada de acercar esta producción cinematográfica al colectivo de los discapacitados sensoriales es Fundación Orange, tal y como se indica en un subtítulo al comienzo de la obra: "FUNDACIÓN ORANGE/ te ofrece la accesibilidad de esta película."[14]

En el análisis intralingüístico se emplea un modelo descriptivo centrado en las soluciones que se articulan a nivel de la macroestructura, teniendo en cuenta los parámetros que caracterizan el SPS. Para ello, este estudio se basa en la ficha modelo elaborada en Cuéllar Lázaro 2020:157, que nos permite presentar dichos parámetros, estructurados en cuatro apartados (Tabla 3).[15] En primer lugar, se tendrá en cuenta la presentación del subtítulo, es decir, la posición en la pantalla, el número de líneas que ocupa y el máximo de caracteres por línea. Después se analizará la manera de identificar a los personajes, ya sea a través de los colores, etiquetas o guiones, así como la forma de marcar la voz en *off*. En tercer lugar, se comprobará cómo se transcriben otros sonidos, como son los efectos sonoros, la música y las canciones. Finalmente, se prestará atención a la información contextual que aporte el subtítulo, así como la referencia a otras lenguas que puedan aparecer en el filme.

En relación con la posición de los subtítulos, estos aparecen centrados en la parte inferior de la pantalla a lo largo de toda la película, también en el caso de los efectos sonoros [Imagen 3], pese a que en ambas normas se especifica que los efectos sonoros deben ubicarse en la parte superior derecha (UNE 153010:2003:8 y 13, UNE 153010:2012:8).

En referencia al parámetro relacionado con el número de líneas de texto, se respeta el máximo de dos líneas por subtítulo y, en términos generales, el límite de 37 caracteres por línea que marca la norma (UNE 153010:2012:9 y UNE

---

13. Cfr. un estudio comparado entre la norma de 2012 y la anterior de 2003, en Cuéllar Lázaro 2018.

14. Tal y como se especifica en su página web, la Fundación Orange, constituida como Fundación Retevisión en 1998, está comprometida con la tarea de acercar la cultura y el ocio a las personas con discapacidad auditiva o visual, a través de los programas *Cine Accesible* y *Museos Accesibles* https://www.fundacionorange.es/cine-accesible/ (8 enero 2022). /

15. La técnica empleada para la traducción intralingüística de esta película en la modalidad de subtitulado es la traducción literal, es decir, prácticamente consiste en la transcripción *verbatim* de los diálogos de los personajes en el doblaje.

Tabla 3. Ficha modelo para el análisis (Cuéllar Lázaro 2020: 157)

	Película, año	
Presentación del subtítulo	Posición de los subtítulos	
	Posición de los efectos sonoros	
	Número de líneas de texto	
	Número de caracteres por línea	
Identificación del personaje	Color	
	Etiquetas	
	Guiones	
	Voz en *off*	
Otros sonidos	Efectos sonoros	
	Música	
	Canciones	
Otra información	Información contextual	
	Otras lenguas	

153010:2003:5), aunque con alguna excepción, lo que podría suponer una dificultad para la comprensión lectora de las personas sordas [Imagen 1] (Cambra *et al.* 2013: 105-106 y FIAPAS 2013: 22-24).

Imagen 1. Parámetro Número de caracteres por línea. *Lightbox Entertainment* ©

En lo que respecta a la identificación de los personajes, se lleva a cabo mediante un código de colores, tal y como se indica en ambas normas (UNE 153010:2003:6, UNE 153010:2012:10ss.), de tal manera que el protagonista, Tadeo, se identifica con el amarillo, el verde corresponde al vendedor peruano, Freddy, el color magenta diferencia a Sara, el cian hace referencia a Max Mordon y el blanco se emplea para el resto de los personajes, así como otros sonidos e información contextual que se facilite.

Para el último parámetro dedicado a la presentación del subtítulo, la voz fuera de escena, o voz en *off*, se hace uso de etiquetas que se colocan delante del texto entre paréntesis, con el objetivo de introducir la intervención y se indica quién habla o a través de qué medio se emite el sonido, por ejemplo, (Off TV), (Off walkie-talkie), (Off enfermera) [Imagen 2].

Imagen 2. Parámetro *Voz en off*. Lightbox Entertainment ©

En relación con los parámetros que se recogen en la ficha de trabajo bajo el epígrafe *Otros sonidos*, analizamos sonidos que aparecen en la obra audiovisual, generalmente fuera del diálogo: los efectos sonoros, la música y las canciones. El parámetro *efecto sonoro* se define como un sonido no vocal y vocal (exceptuando el habla) que aporta información relevante para el seguimiento de la trama, pero que no puede ser atribuido a un personaje concreto (*UNE 153010:2012:13*). En cuanto a su posición en la pantalla, aunque la norma indique que deben ir en la parte superior derecha, el texto se visualiza centrado en la parte inferior de la pantalla, al igual que el resto de los subtítulos, pero entre paréntesis y en color blanco, a no ser que se trate de un sonido emitido por uno de los personajes cuyo diálogo se atribuye a un color, en ese caso, el efecto sonoro conserva el color del personaje.[16] De esta manera, se encuentra en amarillo el texto (Quejidos de fondo) de Tadeo Jones cuando le secuestran [Imagen 3] o (Toca el claxon) en verde, para atribuir la acción de ese sonido al guía peruano, por ejemplo.

Imagen 3. Parámetros *Efectos sonoros* y *Color. Lightbox Entertainment* ©

La norma prioriza la descripción del sonido antes que la onomatopeya (*UNE 153010:2003*:13) y la sustantivación de los efectos sonoros, siempre que sea posible (*UNE 153010:2012*:14). En este sentido, encontramos estas indicaciones: (Ladridos), (Pitidos intermitentes), (Toque de trompeta), (Quejidos de Jeff de fondo), (Pitido del tren), (Sonido láser), (Sonido derrumbe), o se especifica qué emite el sonido para ambientar el ruido en la selva: (Animales de fondo). No obstante, también hallamos verbos expresando acción, como: (Ladra), (Gruñe), (Toca el claxon), (Teclea) y (Le rugen las tripas).

En cuanto a los parámetros *música* y *canciones*, deben subtitularse la música y la letra de las canciones si son importantes para ayudar al espectador a comprender la trama, utilizando uno o más de estos tres contenidos: tipo de música, sensación que transmite e identificación de la pieza (título, autores, etc.). En referencia a la música, debería seguir el formato de un efecto sonoro, es decir, en la parte superior derecha, entre paréntesis, la primera letra en mayúsculas y el resto del texto iría en minúsculas. En este filme no se subtitula la letra de las canciones, pero sí se aporta información sobre la misma, como se ve en la Imagen 4:

---

16. En Cuéllar Lázaro 2020 se analizan un total de 19 películas en su modalidad de subtitulado para personas con discapacidad auditiva y se constata la falta de unanimidad a la hora de presentar los efectos sonoros (164–165).

Imagen 4. Parámetro *Canción. Lightbox Entertainment* ©

Por otra parte, la música ocupa un lugar importante en esta obra cinematográfica para ambientar la situación de la trama y así encontramos, por ejemplo, la indicación (Música solemne) en el momento en el que el protagonista toma la decisión de hacerse pasar por el profesor y utilizar su billete de vuelo rumbo a Perú [Imagen 5], o bien la referencia (Música sugerente) cuando ve a Sara por primera vez y se enamora de ella. En definitiva, con subtítulos como (Música de tensión), (Música de persecución), (Música estilo militar), (Música taurina) se va ilustrando a lo largo de la película el tipo de música y con ello se ambienta la acción y se facilita la recepción del filme por parte del público con discapacidad auditiva.

Imagen 5. Parámetro *Música. Lightbox Entertainment* ©

En relación con el parámetro *Información contextual*, se hace referencia a una serie de elementos suprasegmentales, sonidos vocales (exceptuando el habla) e indicadores de forma o cantidad que se añaden al texto y proporcionan detalles sobre cómo comunican los hablantes (*UNE 153010:2012*:6). Según la norma, la especificación de estos elementos (entonación, ritmo y prosodia) debe aparecer justo delante del texto al que se aplica y tener el mismo color del personaje al que se refiere. En cuanto a su formato ha de presentarse en mayúsculas y entre paréntesis (*UNE 153010:2003*:14 y *UNE 153010:2012*:14). En la película analizada se informa sobre las condiciones de las locuciones de los personajes, de tal manera que el espectador con problemas de audición puede obtener así la información pertinente para seguir la trama con mayores garantías. Se cumple esta directriz, excepto en el formato, dado que solo se escribe en mayúscula la primera letra, y el resto se indica en minúscula, como los efectos sonoros, especificando el estado de ánimo (Eufórico), (Adormecido), (Atontado), (Atemorizado), (Admirado). En algunos casos se concentra en un mismo enunciado la acción y a su vez el modo de comunicar del hablante (Tararea una canción, mofándose) [Imagen 6].

Imagen 6. Parámetros *Efectos sonoros e Información contextual*. Lightbox Entertainment ©

Respecto al último parámetro de la ficha, referido a la presencia de otras lenguas, en la película solo se habla en español, pero se hace mención a ellas en la prosodia de los personajes, ya sea en una lengua extranjera, como el acento ruso de los ladrones que quieren hacerse con el tesoro de la Ciudad de Oro de Paititi [Imagen 7], o bien para marcar una diferencia diatópica del español; esto último sucede con Freddy, el peruano que acompaña a Tadeo como guía e imita el acento venezolano al referirse a una telenovela de este país: "(Imitando el acento venezolano)/ ¡La oculta pasión de Esmeralda!". La norma española no establece una pauta concreta a la hora de señalizar el uso de una lengua extranjera en la modalidad de subtitulado para sordos, pero suele ir entre paréntesis y antes de la intervención del personaje, como vemos en la Imagen 7:[17]

Imagen 7. Parámetro *Otras lenguas. Lightbox Entertainment* ©

El resultado del estudio de los parámetros analizados nos permite llevar a cabo una valoración cualitativa del SPS de esta película, y concluir que el espectador con discapacidad auditiva puede acceder a este producto audiovisual con garantías de calidad, teniendo en cuenta que, en líneas generales, cumple con el estándar de la normativa.[18]

3.2 Análisis interlingüístico español-alemán

En esta parte del estudio nos acercamos al texto audiovisual desde una perspectiva interlingüística, con el objetivo de conocer los desafíos a los que se ha enfrentado el traductor para trasladar esta película de producción española a los hablantes de lengua alemana, y las soluciones adoptadas en la modalidad de subtitulado convencional (no se ofrece en alemán la versión de subtitulado para personas con deficiencia auditiva).[19]

---

[17]. Otros ejemplos de cómo se marca el multilingüismo en largometrajes con subtitulado para sordos en español, así como en un contexto de lengua alemana, cfr. Cuéllar Lázaro 2020: 171–172.

[18]. Dado el carácter heterogéneo del colectivo de personas sordas y con pérdida auditiva, esta norma reconoce que no define criterios de calidad para elaborar subtítulos adaptados, enfocados a personas con bajo nivel lector, sino únicamente los dirigidos a un máximo de la población (UNE 153010:2012:4).

En este análisis interlingüístico se emplea un modelo descriptivo, aplicado a la subtitulación (Díaz Cintas 2003: 321-323) y centrado en las soluciones que se articulan a nivel de la microestructura, poniendo de relieve en el plano textual algunos fragmentos de especial relevancia, como son el tratamiento que reciben en el proceso traslativo los elementos culturales, en general, y los nombres propios, en particular,[20] las expresiones idiomáticas que puedan aparecer en el texto audiovisual, así como otros aspectos de interculturalidad.

A través del análisis se observará, si las soluciones empleadas por el traductor para trasladar el texto al alemán tienden a evitar el extrañamiento, acercando el texto en español a los espectadores en lengua alemana o, por el contrario, son los receptores los que se dirigen al universo cultural del texto original. Ya en el siglo XIX, Schleiermacher planteaba esta dicotomía en la actuación del traductor: familiarizar, es decir, "*läßt den Leser möglichst in Ruhe, und bewegt den Schriftsteller ihm entgegen.*" o bien, extranjerizar, "*läßt den Schriftsteller möglichst in Ruhe und bewegt den Leser ihm entgegen.*" (Schleiermacher 1818, en Störig 1963: 47). Esta dualidad se conoce con los términos en inglés *domestication* y *foreignization* (Venuti 1995: 19-20).

3.2.1 *Tadeo Jones vs. Tad Stones: El tratamiento de los nombres propios*

En relación con el estudio de los nombres propios,[21] en concreto, la antroponimia, a lo largo del análisis se observa que se han mantenido la mayoría de los antropónimos de la versión original, de tal manera que, aunque la película es de producción española, el universo cultural al que nos traslada tiene pinceladas del contexto de habla inglesa: Tadeo es español, pero vive en Chicago, y este carácter internacional se mantiene en la versión en lengua alemana: Prof. Lavrot, Prof. Humbert, Freddy, Jeff. Esta estrategia puede deberse a una razón de mercadotecnia, con el fin de que el producto se consuma como estadounidense en el espectro internacional.

---

19. Para el análisis interlingüístico nos hemos centrado en el subtitulado con el fin de continuar con la misma modalidad que en el análisis intralingüístico, aunque fuera en la variante de subtitulado convencional. Por otra parte, hemos constatado que las escasas variantes que hay entre la versión doblada y la subtitulada no son de interés para los aspectos analizados en este estudio. La película se estrenó en la gran pantalla en 40 países en 2013, pero en el caso de los países de lengua alemana, Alemania y Austria, no se estrenó en las salas de cine, sólo fue editada en DVD y Blu-Ray 2D/3D por Atlas Film (2013).

20. Para profundizar en el concepto y la terminología relacionada con los elementos culturales en el medio audiovisual cfr. Nedergaard-Larsen 1993: 211ss., Pedersen 2005, Katan 2010: 15–16 y Cuéllar Lázaro 2013: 135–136.

21. Sobre las estrategias de traducción del nombre propio en el contexto audiovisual cfr. Mayoral 2000, Borràs y Matamala 2009 y Cuéllar Lázaro 2016b.

En relación con el nombre del protagonista en la versión original, Tadeo Jones, este evoca al conocido personaje Indiana Jones, un arqueólogo aventurero, protagonista de la franquicia del mismo nombre, producida por los directores cinematográficos George Lucas y Steven Spielberg.[22] El título de la obra: *Las aventuras de Tadeo Jones*, se convierte en la versión alemana en *Tad Stones, ¡der verlorene Jäger des Schatzes!* Este es el nombre del protagonista también para la versión en inglés, aunque en el título de la película solo se menciona la primera parte: *Tad, the Lost Explorer*.

Esta estrategia de adaptación al contexto de lengua inglesa es recurrente en la traducción al alemán. Al comienzo del análisis se observó que una famosa cita de Albert Einstein que dice el profesor Humbert para animar a Tadeo, decepcionado por no encontrar tesoros, se convertía en la versión en alemán, paradójicamente, en una referencia a Thomas Jefferson, presidente de los Estados Unidos entre 1801 y 1809 (ejemplo 1). Esta adaptación cultural al ámbito estadounidense hizo que consultáramos la versión inglesa de la película y se comprobó la coincidencia:

(1) TO[23] Humbert: No te preocupes. Como dijo Albert Einstein:/ "El tiempo cambia la percepción de las cosas".
TMDt: *Sei nicht traurig. Wie Thomas Jefferson/ sagte: „In tausend Jahren wird das// ein wertvoller,/ archäologischer Fund sein."*
TMEng: *Don't feel bad. As Thomas Jefferson said: "In thousand years this will be a valuable archaeological find".*

En esta misma línea, a continuación, se hace referencia a la letra de una conocida canción del artista latino Ricky Martin y en la versión en alemán (y en inglés) se adapta haciendo referencia a un cantante de habla inglesa, Bob Dylan, y su conocida canción *Like a Rolling Stone* (ejemplo 2). Esa comparación refleja el carácter persistente y tenaz del protagonista, aprendiz de arqueólogo, "*immer weiter wie ein rollender Stein*", sin dejar de soñar con la meta. Connotación que se traslada al apellido del protagonista.

(2) TO Humbert: Ya sabes cómo funciona…/ Un pasito "p'adelante", un pasito "p'atrás"…
TO Tadeo: Eso también/ es de Albert Einstein, ¿no?

---

22. Indiana Jones es nombrado una vez en esta película, en concreto, en un momento de la trama en la que el profesor Humbert regala a Tadeo un sombrero que pertenecía a Indiana Jones. Sorprendentemente para el espectador, Tadeo dice desconocer al personaje, pese a ser un apasionado de la arqueología.

23. Se hace uso de las siguientes abreviaturas: TO (texto original en español), TMDt (texto meta en alemán) y TMEng (texto meta en inglés). En el caso de la versión en inglés de esta película de 2012, solo se ha comercializado la versión doblada.

TO Humbert: No, es de Ricky Martin,/ pero viene al pelo, ¿eh?

TMDt Humbert: *Hör nur nicht auf zu träumen. Nur/ immer weiter wie ein rollender Stein.*

TMDt Tad: *Hat das auch Thomas Jefferson gesagt?*

TMDt: Humbert: *Nein, Bob Dylan. Aber/ es passt perfekt, oder?*

TMEng Humbert: *Don't ever stop dreaming. Keep moving on like a rolling stone.*

TMEng Tad: *Is that fromThomas Jefferson, too?*

TMEng Humbert: *No, it's from Bob Dylan, but it's perfect, huh?*

También se ha adaptado con una naturalización el nombre propio del personaje de la telenovela favorita de Freddy, *"La oculta pasión de Esmeralda"*: la protagonista se someterá a un trasplante de cerebro para olvidar a su enamorado, César Gabriel,[24] que en la versión en alemán (y en inglés) se convierte en Peter.

Por otra parte, el nombre propio sirve en la película para crear situaciones humorísticas y que son todo un desafío para el traductor: el vanidoso Max Mordón se dirige a Tadeo, pero confunde su nombre y le llama "Talerdo", con tono despectivo: "Déjalo ya, 'Talerdo'". En la versión en alemán se emplea la palabra inglesa *Toad* (detestable), conservando así esa connotación peyorativa: *"Das reicht jetzt, Toad"*, coincidiendo con la versión en inglés: *"That's enough... Toad"*. Incluso, en un momento de la trama, desaparece el nombre propio y directamente se dirige a él con un insulto, de tal forma que la expresión "¡Bien hecho, "Talerdo"!", en alemán se convierte en *"Gut gemacht, Trottel"*, siguiendo la estrategia de la versión inglesa: *"Well done, monkey"*.

Otro ejemplo de creatividad lo encontramos en un momento de la trama, en el que Tadeo se burla de Max Mordon, llamándole Max "Morro", en el sentido de "caradura", y que en alemán se recrea como Max *Blödian*, a partir del adjetivo *blöd*, probablemente influenciado por la versión inglesa que opta por Max *Moron*, con el sentido de "tarado". En la misma línea, en otra escena de la versión original, Sara compara de manera irónica a Tadeo con "Rambo", el protagonista de una popular saga de películas de acción; en inglés se traduce como *G.I. Joe*, que es el personaje principal de una serie animada de televisión estadounidense, basada en figuras de acción (*Joe: A Real American Hero*, Perlmutter 2018:243-245). Dada la opacidad de esta referencia cultural, en alemán se neutraliza, omitiéndose este nombre propio y dejando la caracterización del héroe como un hombre de acción, *Action-Held*.

---

24. Con este nombre propio compuesto, los guionistas quisieron hacer un pequeño homenaje a dos productores de la película de la empresa Telefónica, cfr. https://lboxacademy.es/blog /curiosidades-no-sabias-tadeo-jones/

Por otra parte, se ha observado también la adaptación cultural en casos de nombres de marcas, como la que hace referencia a una empresa de paquetería muy conocida para el público español, Seur, pionera del transporte urgente en España. El profesor Humbort tiene que viajar a Perú a llevar la media llave con la que poder entrar en la ciudad de Paititi (ejemplo 3). En inglés se traduce con una adaptación al contexto cultural estadounidense, mediante el nombre de una compañía de logística de origen en Estados Unidos: *Fed-Ex*. En la traducción al alemán sufre una neutralización: *Post*.

(3) TO Tadeo: ¿No sería más barato/ enviarla por Seur?
   TMDt: *Wäre es nicht billiger,/ es mit der Post zu senden?*
   TMEng: *Wouldn't it be cheaper just to Fed-Ex it?*

Del mismo modo, se contextualiza en la cultura española la marca Nocilla, una popular crema de cacao para untar. Freddy intenta convencer a Tadeo con una venta y en su mensaje publicitario inextricable, le ofrece este producto (ejemplo 4). En la versión en alemán se omite, adaptando y reduciendo el mensaje publicitario a la compra de dos productos por el precio de uno (en la misma línea que la versión en inglés).

(4) TO Freddy: (*Off*) "Y ahora, si compra este hiper-reductor/ anticelulítico en los próximos dos minutos..."// ... se llevará gratuitamente una docena/ de donuts de chocolate, un kilo de Nocilla...// ... y tres paquetes de laxante/ tamaño familiar.
   TMDt: *Und jetzt aufgepasst! Wenn/ Sie diesen Bauchtrainer// innerhalb der nächsten zwei Minuten/ kaufen, kriegen Sie einen gratis dazu,// ohne Versand- und Übergabekosten,/ nur eine kleine Bearbeitungsgebühr,// es fallen keine weiteren Kosten an!*
   TMEng: *And now if you buy a set Centre Crunch 3000 in the next two minutes, you'll get a second one, shipping and handling absolutely free, terms and conditions apply. The cost of the Centre Crunch Three thousand [...]*

Como se evidencia a lo largo del análisis, la traducción al alemán del texto audiovisual se ha realizado a través de la versión en lengua inglesa, lo que repercute directamente en el valor diegético de los diálogos.

3.2.2 *Échame un capote vs. Hilf mir rauf! Fraseología en contraste*

El traductor se enfrenta asimismo a desafíos que tienen que ver con la traslación de frases hechas, modismos, paremias, unidades fraseológicas, en definitiva, combinaciones fijas de palabras que pueden presentar distintos grados de idiomaticidad. La fijación, es decir, la repetición sin alterar la forma de la expresión, constituye un rasgo definitorio de las unidades fraseológicas (Zuluaga Ospina

1992: 125 y Ruiz Gurillo 1997: 86ss.). Otro rasgo característico de algunos fraseologismos es el de la idiomaticidad, que consiste en la peculiaridad semántica de algunas unidades fraseológicas, cuyo sentido no puede establecerse a partir de los significados de sus elementos componentes ni tampoco del de su combinación. Esta idiomaticidad puede ser parcial o total y, en este caso, se reconoce por la ausencia de contenido semántico de los componentes del fraseologismo (Zuluaga Ospina 1992: 127). El tercer rasgo definitorio es a lo que se denomina reproducción, es decir, aquellos que se reproducen como unidades lingüísticas ya hechas (Kühn 1994: 74).

En este estudio, nos vamos a referir tanto a los fraseologismos *stricto sensu*, es decir, los que cumplen estas tres características mencionadas y, por lo tanto, están en el *"Zentrum des phraseologischen Bestandes"* (Fleischer 1982b: 72), denominados, entre otros términos, *expresión idiomática o idiomatismo.* como también a aquellos en los que falta alguna de estas propiedades, los que se hallan en la periferia (Wotjak 1983: 59). En el proceso traslatorio se pueden encontrar las siguientes soluciones traductológicas:[25]

1. Traducción literal mediante un fraseologismo idéntico en el TM, es decir, que coinciden totalmente, tanto desde una óptica semántica como formal (Holzinger 1993:160)[26]
2. Traducción mediante un fraseologismo equivalente en el TM.
3. Traducción literal del fraseologismo, con resultado de no-fraseologismo en el TM.
4. Traducción libre, con resultado de no-fraseologismo en el TM.
5. Omisión del texto que forma el fraseologismo.

Comenzamos el análisis por este conocido fraseologismo: "¡El que la sigue la consigue, amigo!" que dice Freddy a al final del filme, para celebrar que Tadeo haya conseguido conquistar a Sara, y que tiene el equivalente en alemán: *"Wer aushält, wird gekrönt"*;[27] sin embargo, se traduce como *"durch dick und dünn, Kumpel!"*,

---

25. Para el estudio de la fraseología desde una perspectiva lingüístico-contrastiva y traductológica cfr., entre otros, Corpas Pastor 2003, González Royo y Mogorrón Huerta (eds.) 2011, Mogorrón Huerta *et al.* (eds.) 2013, Mogorrón Huerta y Albadalejo-Martínez (eds.) 2018. Sobre fraseología contrastiva del alemán y el español cfr. Larreta Zulategui 2001, López Roig 2002, Mellado Blanco *et al.* (eds.) 2017, entre otros.

26. Entendemos como fraseologismos idénticos aquellos que coinciden totalmente tanto desde una óptica semántica como formal (cfr. Holzinger 1993:160), por ejemplo: *"sich die Hände reiben"*/ "frotarse las manos". En el caso de fraseologismos como: *"Geld wie Heu haben"*/ "tener dinero a montones (a porrillo)", los consideramos equivalentes.

27. Cfr. una selección de paremias multilingües que recoge el *Centro Virtual Cervantes* en el siguiente catálogo: https://cvc.cervantes.es/lengua/refranero/

con un significado distinto: "contra viento y marea", coincidiendo con el texto de la versión inglesa de esta película *"Through thick and thin, huh buddy"*.

En otra escena, Tadeo emplea un fraseologismo del ámbito taurino para pedir ayuda a Freddy (que está a salvo encima de un árbol), ante el peligro de que le ataque un tigre: "¡Freddy, échame un capote!", y se acompaña de una imagen en la que Freddy le ofrece realmente el capote que le pide. La solución adoptada es la traducción libre, neutralizando la referencia cultural al ámbito taurino en el sistema lingüístico alemán con el texto: *"Freddy! Hilf mir rauf!"*, con el resultado de un no-fraseologismo.[28] Continúa el diálogo con una voz en *off* de Freddy: "Solo es un lindo gatito. ¡Está 'chupao'!". Para el público español, este texto evoca la conocida expresión del personaje de Piolín, "lindo gatito", un tierno canario, que se dirigía con ese apelativo al gato Sylvestre, de la serie de dibujos animados de la compañía *Warner Bros, Looney Tunes*. Al ser una voz en *off* y no necesitar sincronización, en la traducción al alemán (y al inglés), se omite este comentario. De esta manera, la omisión de la expresión "Está chupao" es un ejemplo de otro aspecto que hemos advertido en el análisis contrastivo: el texto original utiliza un registro más coloquial que la versión traducida.

Incidiendo en esta idea, Tadeo se expresa en estos términos cuando se refiere a la compra del kit de arqueólogo de Max Mordon: "He leído que vale un pastón", que en alemán se traduce como *"Die sollen ein Vermögen wert sein"*. Se trata de expresiones del discurso oral espontáneo que encontramos en el análisis de la variación diamésica. Igualmente ilustrativo es el fraseologismo empleado por Tadeo cuando se dirige a su perro diciéndole "¡Al loro, Jeff! ¡El desierto de Nazca!", que se convierte en alemán en: *"Sieh Dir das an, Jeff. Die Nazca-Wüste!"*, con el resultado de pérdida del fraseologismo.

Asimismo, a través del análisis se observa que el traductor hace uso de los equivalentes funcionales en el texto meta a nivel de la lengua hablada, de tal manera que la expresión española "hacer papilla a alguien", se traduce en alemán con otra referencia gastronómica, la misma que en inglés, *Chop Suey*, un plato de origen chino-estadounidense, que consiste en trozos mezclados de carne y verdura (ejemplo 5).

(5) TO Prof. Lavrot: Creo que se refiere a ti. Más te vale ir/ antes de que te haga papilla.
TMDt: *Ich glaube, er meint Sie. Gehen Sie lieber,/ bevor er Sie zu Chop Suey verarbeitet.*
TMEng: *I think he means you. Better go before he turns you into Chop Suey.*

---

28. Wotjak emplea el término de *modulaciones desfraseologizadoras* para designar una técnica de traducción que consiste en traducir el fraseologismo del TO por una combinación libre, no fraseológica del TM (cfr. Wotjak 1983:78).

Otra imagen metafórica en la misma línea que la anterior, aunque en esta ocasión se trataría de un somatismo, al introducir un lexema referido a una parte de la anatomía humana (Mellado Blanco 2004: 11): "convertir su cara en picadillo" (ejemplo 6), se sustituye por un producto gastronómico, ahora referido al universo cultural en lengua alemana: *Apfelmus* (en inglés, se opta por un acrónimo contextualizado en la cultura angloparlante: *Frappuccino*).

(6) TO Tadeo: ¡Espere! ¡Antes de convertir mi cara/ en picadillo, compruebe mi pasaporte!
TMDt: *Halt! Bevor Sie mein Gesicht/ zu Apfelmus verarbeiten,// schauen Sie in meinen Reisepass.*
TMEng: *Wait! Before you turn my face into a Frappuccino check out my passport."*

En el análisis observamos otras escenas en las que el traductor hace uso de equivalentes funcionales en el texto meta, manteniendo la unidad fraseológica en el sistema lingüístico alemán: "No dejes que caiga en malas manos", se convierte en *"Lass es bloß nicht in falsche Hände geraten"*; ¡Cierra el pico! se traduce como *"Halt das Maul!"*; la expresión "¡A cenar!", con la equivalente desde el punto de vista comunicativo: *"Essen ist fertig!"*; el deseo de la abuela de Tadeo para que duerma bien "¡Dulces sueños!, se traslada como *"Träum was Schönes!"*; y la expresión fija que se repite varias veces a lo largo de la película con distintos sujetos: "¡Tadeo Jones en acción!" y ¡Max Mordon en acción! pasan a la equivalente: *"Tad Stones, stets zur Stelle!"* y *"Max Mordon, stets zur Stelle!"*. En el caso de la expresión "No hay monstruos en la costa." que le dice la abuela a Tadeo a la hora de acostarse y tras comprobar que no hay monstruos en el armario, se lleva a cabo una traducción libre con un equivalente funcional y con pérdida de la imagen metafórica: *"Keine da!"*.[29]

3.2.3 *Otros aspectos de interculturalidad*

Continuando con la microestructura, a lo largo del largometraje se observan otras escenas contextualizadas en el universo cultural español, como es la referencia a la lotería de Navidad (ejemplo 7). En el guion original se menciona que el perro de Tadeo, Jeff, es famoso por haber protagonizado anuncios de lotería de Navidad; para el público alemán se adapta el diálogo y se indica que el perro se llama así en honor a Thomas Jefferson, el fundador de la arqueología americana, siguiendo, una vez más, la estrategia de la versión en inglés.

---

29. Sobre el concepto de "oralidad prefabricada" en el discurso oral de los personajes de pantalla, cfr. Chaume 2004: 168–186.

(7)   TO Tadeo: Oiga... no subestime/ a mi perro.// Jeff es un crack. Ha protagoni-
zado/ cuatro anuncios de la lotería de Navidad.// ¡Es una estrella!/ Un dato
asombroso... ¿No cree?

TM Jefe: ¡Ag! Pues otro dato para ti y el lotero:/ ¡Estáis despedidos!

TMDt *Tad: Jeff ist kein räudiger Mops! Jeff/ ist nach Thomas Jefferson
benannt,// der immerhin als Begründer der/ amerikanischen Archäologie gilt.//
Hast Du sicher nicht gewusst, oder?*

TMDt *Chef: Dafür weiß ich etwas anderes/ todsicher: Du bist gefeuert!*

TMEng *Tad: And he's not a mangy mutt. Jeff was named after Thomas Jefferson, who is considered the forefather of American Archaeology. Interesting fac-
toid, right?*

TMEng *Boss: Don't you think? Here's another interesting fact Tad: You're fired!*

Otra dificultad a la que se enfrenta el traductor es el traslado de esta conocida frase
para el público español: "¡Ahora vas y lo cascas!", del humorista José Mota (quien
pone voz al personaje de Tadeo, como actor de doblaje), y que se convierte en la
versión en alemán (y en inglés) en "Hasta la vista, *Baby!*", célebre frase que hizo
popular el actor de personajes de acción, Arnold Schwarzenegger en el filme *The
Terminator*.

Como ya se ha comentado, la versión original emplea un registro más coloquial que la traducción, de esta manera, se observa en el personaje Tadeo Jones
que emplea una variedad lingüística funcional, más neutra en alemán, tal y como
se ilustra en estos ejemplos: "El profesor Humbert dirá lo que quiera, pero Max
Mordon mola mogollón." Que se convierte en: "*Professor Humbert kann sagen,
was/ er will, aber Max Mordon ist genial.*" o "¡Eh! ¡Me molaban esas pinzas!", traducido por "*Ich mag diese Greifzange!*". En otro momento de la película, le despi-
den del trabajo y los compañeros le reprochan que es la séptima vez que le ocurre
en ese año, a lo que él contesta: "Y qué más da. Tal como está el patio...", que se
traduce con un registro más neutro como: "*Na ja, irgendwann finde ich/ schon den
richtigen Job.*".

Asimismo, se advierte esta variedad diafásica entre el texto original y el traducido en el personaje Freddy, por ejemplo, cuando se dirige a Tadeo y le pide
que le compre algo: "Vamos, jefe, hágalo por los "churumbeles"., traducido como:
"*Kommen Sie, Boss, ich/ muss eine Familie ernähren!*" (del inglés: "*Come on,
boss. I've got a family to feed.*"). En otra escena posterior, muestra una foto para
enseñar a sus supuestos hijos, pero se equivoca, apareciendo en ella junto a una
mujer, y se justifica diciendo: "Bueno, es mi prima, "la fresca"., que se traduce
como: *Sie gehört auch zur Familie* (siguiendo la traducción en inglés: "*Well, she's
family, too*").

En la misma línea, se emplea un lenguaje más coloquial en el discurso de
Freddy, en este diálogo de las últimas escenas: "¿Cómo? ¿Que el pollo langostino/

La accesibilidad en el cine de animación infantil y juvenil **65**

me ha "birlao" los cuartos? ¡No puede ser!// ¡Maldita mi suerte!/ ¡¡Estoy "arruinao"!!", que se traduce como "*Ein stummer Papagei, der/ auch noch ein Betrüger ist?// Ich muss verflucht sein! Jetzt/ hab' ich nichts mehr! Gar nichts!*" (coincidiendo con la version en inglés: "*A mute parrot who's also a card shark? I must be cursed. Now I have nothing, nothing!*").

Finalmente, señalamos otro aspecto que pone de relieve la diferencia del uso de la lengua en función de la situación comunicativa, como es el caso de las fórmulas de tratamiento. En el texto original español, Sara y Tadeo se tutean, sin embargo, en la versión en alemán, el traductor ha adaptado la forma al patrón del universo cultural meta, dado que en el contexto alemán se emplea el tratamiento de usted entre personas adultas que no se conocen. Así, Sara se dirige a Tadeo con esta unidad fraseológica: "No tienes pinta de profesor/ en absoluto." Que se convierte en: "*Sie sehen überhaupt nicht/ wie ein Professor aus*". A lo largo de la película, sin embargo, tras pasar varias peripecias juntos, comienzan a tratarse de tú, como ilustra este ejemplo, al dirigirse Tadeo a Sara: "Espera... ¡Este es Max Mordon!/ ¿Conoces a Max Mordon?", que se traduce en alemán, manteniendo el tuteo: "*Wahnsinn! Das ist Max Mordon!/ Du hast Max Mordon getroffen?*".

Concluimos este apartado, con dos ejemplos de modificaciones (8 y 9) que se realizan en el texto y que corroboran nuestra hipótesis de que la versión alemana se ha realizado a través del texto anteriormente traducido en inglés. De esta forma, una espina y una gominola se convierten en alemán (y en inglés) en un cacahuete y una bola de pelo.

(8) TO Tadeo: ¡Se ha tragado un hueso de pollo!/ ¡Una espina! ¡Una gominola!
TMDt: *Erstickt an einem Hühnchenknochen,/ einer Erdnuss, einem Haarknäuel!*
TMEng: *He choked on a chicken bone, a peanut, a hairball.*

En una de las últimas escenas, al intentar huir de la cueva que se está hundiendo, Freddy consulta un libro con los pasos que hay que seguir para salir de una situación difícil, y el paso "cien" en el texto original se convierte en el paso "cinco" en alemán (y en inglés).

(9) TO Freddy: Vale, "paso cien: si logras escapar,/ no seas tonto y vete a casa".
TMDt: *Okay, Schritt fünf://* War die Flucht erfolgreich, drehen/ Sie sich um und gehen Sie nach Hause."
TMEng: *Ok step five, if escape is successful turn around and go home.*

4. Consideraciones finales

Una sociedad inclusiva debe abogar por fomentar que las personas con discapacidad puedan tener acceso al ocio y la cultura con plenos derechos. En este sentido, en el ámbito de la accesibilidad en el cine de animación infantil y juvenil para el colectivo de personas con discapacidad auditiva, desde un punto de vista cuantitativo, aún queda mucho por hacer. De manera ilustrativa, sirva como referencia este dato: de las más de 600 obras cinematográficas registradas en la categoría de cine de animación infantil y juvenil en el catálogo de la Red de Bibliotecas de Castilla y León (667), tan solo 24 de ellas incluyen la modalidad de SPS en español, lo que representa un escaso 3% de la oferta de películas (2,8%).[30]

Desde una perspectiva cualitativa, sin embargo, en el caso concreto de esta producción cinematográfica, el análisis nos permite concluir que el espectador con discapacidad auditiva puede consumir este producto audiovisual con garantía de calidad, dado que, exceptuando el parámetro relacionado con la posición de los efectos sonoros, se cumple la normativa para este tipo de subtitulado (cfr. en Cuéllar Lázaro 2020 un estudio diacrónico sobre la evolución del SPS en España y Alemania, en el que se advierte una evolución positiva en la mejora de la calidad).[31]

En referencia al análisis interlingüístico, se advierte en el texto alemán, soluciones lingüísticas y traductológicas adaptadas a la cultura en lengua inglesa, más concretamente, a un contexto estadounidense, lo que pone de manifiesto que la traducción al alemán se ha realizado a través de la versión en inglés, y no directamente desde el texto original. Este hecho repercute en el valor diegético de los diálogos y, con ello, en la recepción de este producto cinematográfico por parte del público de lengua alemana. En este sentido, se producen situaciones paradójicas, como la manipulación textual que se realiza para hacer referencia al presidente de los Estados Unidos, John Jefferson, sustituyendo al físico alemán Albert Einstein, que aparecía en el texto original y que, en el contexto cultural alemán al que va dirigido, debería haberse mantenido.

Por todo ello, se destaca la importancia de traducir un producto audiovisual visionando el producto y teniendo como texto de partida la versión original. El resultado de realizar una traducción tomando como base otro texto ya traducido,

---

30. Cfr. el catálogo de la Red de Biblioteca de Castilla y León en el siguiente enlace: https://bibliotecas.jcyl.es/web/jcyl/Bibliotecas/es/Plantilla100/1284320122646/_/_/_

31. Para seguir avanzando en la integración de este colectivo será fundamental la búsqueda de consenso entre los distintos agentes implicados en el desarrollo de la normativa, no solo de las empresas de producción y difusión de los servicios de subtitulado, profesionales del sector y centros de investigación, sino, sobre todo, de los usuarios, con el fin de conocer su opinión y sus necesidades.

TM1, puede suponer que la estrategia de adaptación cultural que activó el primer traductor para resolver una situación de extrañamiento ante ese público del TM1 al que iba dirigido, no cumpla con la situación comunicativa para el público del TM2. Además, como hemos observado, en ese segundo proceso traductor se pueden repetir errores o malas interpretaciones, desde el TM1 al TM2, que desvirtúen el mensaje original de la trama.

En esta misma línea, la variedad diafásica observada en el diálogo de los personajes, con el empleo de una lengua más normalizada en la versión traducida al alemán (así como al inglés), repercute en la caracterización de los personajes, en concreto, Tadeo y Freddy, que emplean un registro más coloquial en la versión original. Este hecho se produce fundamentalmente en expresiones del discurso oral espontáneo, fruto de la variación diamésica.

Por otra parte, se observa a lo largo del análisis, que se buscan soluciones en las que se prioriza acercar el contenido de carácter cultural a la audiencia infantil y juvenil, para facilitar el valor diegético de los diálogos, aunque eso implique una neutralización de este. No obstante, conviene tener presente que este tipo de cine de animación tiene como receptor también al público adulto, que visualiza el producto junto con los niños y jóvenes, por lo que esta doble recepción, la doble aceptación por ambos grupos etarios debe tenerse en cuenta igualmente en el proceso de traducción.

En último lugar, relacionado asimismo con el proceso traslativo, y dada la especificidad del texto audiovisual, hay que considerar que en el resultado final que aquí se analiza, además de la figura del traductor, pueden haber intervenido distintos profesionales, como son ajustadores, técnicos, directores y actores de doblaje, especialistas de mercadotecnia, con o sin conocimientos de la lengua original del producto.

Bibliografía

Ariza, Mercedes. 2013. "Consideraciones acerca de la traducción de los elementos culturales en el doblaje de los dibujos animados." En *Actualizaciones en comunicación social, Vol. I.* ed. por L. Ruiz Miyares, et al., 240–244. Santiago de Cuba: Centro de Lingüística Aplicada.

Ariza, Mercedes. 2014. *Estudio descriptivo de las traducciones para doblaje en gallego, catalán, inglés e italiano de la película Donkey Xote (José Pozo, 2007) y propuesta preliminar teórico-metodológica para el análisis de la traducción de los textos audiovisuales de doble receptor.* Tesis Doctoral. Vigo: Universidade de Vigo.

Borrà, Elisenda y Anna Matamala Ripoll. 2009. "La traducció del noms propis en pellícules d'animació infantils." *Quaderns. Revista de Traducció* 16: 283–294.

Cambra, Cristina; Nuria Silvestre y Aurora Leal. 2013. "La interpretación de los adolescentes sordos y oyentes de un documental audiovisual: importancia del subtitulado." *Revista de Logopedia, Foniatría y Audiología* 33: 99–108.

Cano Calderón, Amelia. 1993. "El cine para niños, un capítulo de la literatura infantil." *Revista Interuniversitaria de Formación del Profesorado* 18: 53–57.

Chaume Varela, Frederic. 2004. *Cine y traducción*. Madrid: Cátedra.

Corpas Pastor, Gloria. 2003. *Diez años de investigación en fraseología: análisis sintáctico-semánticos, contrastivos y traductológicos*. Madrid: Vervuert.

Costa, Jordi. 2011. *Películas clave del cine de animación*. Madrid: Robinbook Ediciones.

Cuéllar Lázaro, Carmen. 2013. "Kulturspezifische Elemente und ihre Problematik bei der Filmsynchronisierung." *Journal of Arts & Humanities* 2 (6): 134–146.

Cuéllar Lázaro, Carmen. 2016a. "El subtitulado para sordos en España y Alemania estudio comparado de los marcos normativos y la formación universitaria." *Revista Española de Discapacidad (REDIS)* 4 (2): 143–162.

Cuéllar Lázaro, Carmen. 2016b. "Proper Names in Audiovisual Translation. Dubbing vs. Subtitling. / Eigennamen in audiovisueller Übersetzung. Synchronisation vs. Untertitelung." *Journal of Onomastics* 107/108: 117–134.

Cuéllar Lázaro, Carmen. 2018. "Traducción accesible: Avances de la Norma española UNE 153010:2012." *Revista Ibero-Americana Pragensia* XLVI:1: 51–65.

Cuéllar Lázaro, Carmen. (2020). "*Untertitel für Gehörlose* vs. subtitulado para sordos: el reto de hacer visible lo inaudible." *En Traducción y Accesibilidad en los medios de comunicación: de la teoría a la práctica / Translation and Media Accessibility: from Theory to Practice*, ed. por Mabel Richart-Marset y Francesca Calamita. *MonTI* 12: 144–179.

De los Reyes Lozano, Julio. 2015. *La traducción del cine para niños. Un estudio sobre recepción*. Tesis Doctoral. Castellón. Universitat Jaume I.

Díaz Cintas, Jorge. 2003. *Teoría y práctica de la subtitulación Inglés-Español*. Barcelona: Ariel.

Jáudenes Casaubón, Carmen (dir). 2020. *Estudio sociológico FIAPAS: Situación socioeducativa de las personas con sordera en España (2017/2018)* 11.

FIAPAS. 2013. *Investigación: Observatorio 'Universidad y Discapacidad'*. Fundación Universia y CERMI (Comité Español de Representantes de Personas con Discapacidad). FIAPAS 146: 22–23.

Fleischer, Wolfgang. 1982. *Phraseologie der deutschen Gegenwartssprache*. Leipzig: VEB Bibliographisches Institut Leipzig.

Fuentes-Luque, Adrián y Rebeca López González. 2020. "Cine de animación *made in Spain*: doblaje y subtitulación de elementos culturales." *Íkala, Revista de Lenguaje y Cultura*, 25 (2): 495–511.

González Royo, Carmen y Pedro Mogorrón Huerta (coord.). 2011. *Fraseología contrastiva. Lexicografía, traducción y análisis de corpus*. Alicante: Universitat d´Alacant / Universidad de Alicante, Servicio de Publicaciones.

Hernández Bartolomé, Ana Isabel y Gustavo Mendiluce Cabrera. 2004. "Este traductor no es una gallina: el trasvase del humor audiovisual en *Chicken Run*." *Linguax, Revista de Lenguas Aplicadas*. https://revistas.uax.es/index.php/linguax/article/view/489/445.

La accesibilidad en el cine de animación infantil y juvenil **69**

Hurtado Malillos, Lorena y Carmen Cuéllar Lázaro. 2018. "El tratamiento del multilingüismo en traducción audiovisual: el caso del cine de animación infantil y juvenil." *Skopos* 9: 123–152.

Hurtado Malillos, Lorena y Carmen Cuéllar Lázaro 2019. "¡Eh, tú! ¿Por qué me traduces con eco? La traducción del multilingüismo para el soporte unimodal y multimodal de la obra "Coco"." *Cuadernos de Investigación Filológica* 46: 149–179.

Jiménez Pumares, Marta et al., 2015a. *Mapping the Animation Industry in Europe. European Audiovisual Observatory* (Council of Europe), Strasbourg.

Jiménez Pumares, Marta et al., 2015b. *Focus on Animation. European Audiovisual Observatory* (Council of Europe), Strasbourg.

Katan, David. 2010. "Il doppiaggio del cartone animato tra impossibilità e successo." En *Dubbing cartoonia: mediazione interculturale e funzione didattica nel processo di traduzione dei cartoni animati*, ed. por Gian Luigi De Rosa, 11–28. Casoria (NA): Loffredo University Press.

Kühn, Ingrid. 1994. *Lexikologie. Eine Einführung. Germanistische Arbeitshefte*, 35. Tübingen: Niemeyer.

Larreta Zulategui, Juan Pablo (2001). *Fraseología contrastiva del alemán y el español. Teoría y práctica a partir de un corpus bilingüe de somatismos. Linguistics. Series: Studien zur romanischen Sprachwissenschaft und interkulturellen Kommunikation*, Vol. 4. Frankfurt am Main: Peter Lang.

López Roig, Cecilia. 2002. *Aspectos de fraseología contrastiva (alemán-español) en el sistema y en el texto*. Frankfurt am Main: Peter Lang.

Lorenzo García, Lourdes. 2008. "Estudio del doblaje al español peninsular de *Pocahontas*." En *Diálogos intertextuales*, ed. por Velkjka Ruzicka, 89–106. Frankfurt am Main: Peter Lang.

Lorenzo García, Lourdes y Ana María Pereira Rodríguez. 1999. "Blancanieves y los siete enanitos, radiografía de una traducción audiovisual: la versión cinematográfica de Disney en inglés y en español." En *El cine: otra dimensión del discurso artístico*, vol. I. ed. por J.L. Caramés Lage et al., 469–483. Oviedo: Universidad de Oviedo.

Marrero, Adriana. 2011. "Cambios y continuidades en los estereotipos de género en el cine dirigido al público infantil: Shrek." En *Didàctica de la pantalla. Per a una pedagogia de la ficció audiovisual*, ed. por Xavier Garcí-Raffi, et al., 149–164. Alzira: Germania.

Mayoral Asensio, Roberto. 2000. "La traducción audiovisual y los nombres propios." En *Traducción subordinada I. El doblaje (inglés-español/gallego)*, ed. por Lourdes Lorenzo García y Ana María Pereira Rodríguez, 103–114. Vigo: Universidade de Vigo.

Mellado Blanco, Carmen. 2004. *Fraseologismos somáticos del alemán. (col. Studien zur romanischen Sprachwissenschaft und interkulturelen Kommunikation* 13). Frankfurt am Main: Peter Lang.

Mellado Blanco, Carmen, Katrin Berty e Inés Olza (eds.). 2017. *Discurso repetido y fraseología textual (español y español-alemán)*. Madrid/Frankfurt am Main: Iberoamericana/Vervuert.

Mogorrón Huerta, Pedro, Daniel Gallego Hernández, Paola Masseau y Miguel Tolosa Igualada (eds.). 2013. *Fraseologia, Opacidad y Traducción. (col. Studien zur romanischen Sprachwissenschaft und interkulturelen Kommunikation*, 86). Frankfurt am Main: Peter Lang.

Mogorrón Huerta, Pedro y Antonio Albadalejo-Martínez (eds). 2018. *Fraseología, diatopía y traducción/Phraseology, Diatopic Variation and Translation*. Amsterdam/Philadelphia: John Benjamins.

Moine, Raphaëlle. 2008. *Les genres du cinéma*. Lassay-les-Châteaux: Armand Colin.

Nedergaard-Larsen, Birgit. 1993. "Culture-bound problems in subtitling." *Perspectives: Studies in Translatology* 2: 207–242.

O'Connell, Eithne 2003. "What Dubbers of Children's Television Programmes Can Learn from Translators of Children's Books?" *Meta*, 48(1–2), 222–232.

Oittinen, Riitta. 2000. *Translating for Children*. New York: Garland Publishing.

Pascua Febles, Isabel (coord.). 2019. *Traducción y género en el cine de animación. Un diálogo alrededor del mundo*. Las Palmas de Gran Canaria: Servicio de Publicaciones y Difusión Científica de la Universidad de Las Palmas de Gran Canaria.

Pedersen, Jan. 2005. "How is culture rendered in subtitles." En *Challenges of Multidimensional Translation, Proceedings of the MuTra Conference in Saarbrücken, Germany, 2–6 May 2005*, ed. por H. Gerzymisch Arbogast y S. Nauert, 113–129. Disponible online en: https://www.euroconferences.info/proceedings/2005_Proceedings/2005_Pedersen_Jan.pdf

Perlmutter, David. 2018. *The Encyclopedia of American Animated Television Shows*. 243–245. Lanham: Rowman & Littlefield.

Romero-Fresco, Pablo. 2015. "Cine accesible: uniendo los puntos entre la traducción audiovisual y la realización cinematográfica." *Prosopopeya: revista de crítica contemporánea* I (9): 163–191.

Romero Fresco, Pablo. 2020. "The accessible filmmaker and the global film." En *Traducción y Accesibilidad en los medios de comunicación: de la teoría a la práctica/Translation and Media Accessibility: from Theory to Practice*. Richart-ed. por Mabel Richart-Marset y Francesca Calamita. *MonTI* 12: 381–417

Ruiz Gurillo, Leonor. 1997. *Aspectos de fraseología teórica española*. (Cuadernos de Filología, Anejo XXIV).Valencia: Universitat de València.

Schleiermacher, Friedrich. 1818/1963. "Über die verschiedenen Methoden des Übersetzens." En *Das Problem des Übersetzens*, ed. por Hans Joachim Störig, 38–70. Darmstadt: Wissenschaftliche Buchgesellschaft.

Venuti, Lawrence. 1995. *The Translator's Invisibility: A History of Translation*. London. New York: Routledge.

Viñolo Locubiche, Samuel. 2019. "El cine de animación. Una industria de alcance global." En *Industria del cine y el audiovisual en España: Estado de la cuestión, 2015-2018*, ed. por Carlos F. Heredero y *Caimán Cuadernos de Cine*, 151–180. Jaén: Gráficas La Paz.

Wotjak, Gerd. 1983. "En torno a la traducción de unidades fraseológicas (con ejemplos tomados del español y del alemán)." *Linguistische Arbeitsberichte* 40: 56–80.

Zabalbeascoa Terran, Patrick. 2000. "Contenidos para adultos en el género infantil: el caso del doblaje de Walt Disney." En *Literatura infantil y juvenil: tendencias actuales en investigación*, ed. por Velkjka Ruzicka, 19–30. Vigo: Servicio de Publicacións. Universidade de Vigo.

Zuluaga Ospina, Alberto. 1992. "Spanisch: Phraseologie." En *Lexikon der Romanischen Linguistik*, vols. VI, ed. por Günter Holtus, Michael Metzeltin y Christian Schmitt, 125–131. Tübingen: Niemeyer.

Los problemas de traducción de textos turísticos a Lectura Fácil

Analía Cuadrado-Rey
Universidad de Alicante

Accessible tourism aims to eliminate barriers that hinder tourism for people with disabilities. However, in recent years this concept has evolved into the concept of *Tourism for all* which is not limited to the elimination of physical barriers but to ensure that tourist environments can be enjoyed by any person. From the point of view of translation, cross-linguistic and intralinguistic Easy Reading makes it possible to offer a tourist text with the required information in an understandable way. This task can be carried out based on the translator's professional profile. Within the framework of our work, we intend to: (1) analyse the inter- and intralinguistic translation of tourist texts into Easy Reading, (2) identify the problems involved in the translation into Easy Reading of this type of text.

Keywords: easy-to-read, interlinguistic translation, intralinguistic translation, touristic translation, cognitive accessibility

1. Introducción: Turismo, accesibilidad y Traducción

El turismo es reconocido como un importante motor del crecimiento económico y del desarrollo. Si bien el turismo en España es uno de los principales pilares de la economía que representa un 12,4% del PIB del país en 2019 (INE 2020), la actividad ha experimentado un notable descenso en el último año debido a la pandemia. En este contexto, tanto la búsqueda de nuevos nichos de mercado como la implantación progresiva de la accesibilidad en el sector turístico puede verse como una oportunidad de ampliación de la oferta y de la reconversión del sector.

La Declaración de Turismo Mundial en la Asamblea General de la Organización Mundial del Turismo (OMT) de 1980 en Manila vincula por primera vez de modo claro el turismo y la accesibilidad ya que representa el primer documento en recomendar políticas destinadas a la mejora del acceso y disfrute de la actividad turística sin discriminación. De este modo surge el turismo accesible

https://doi.org/10.1075/ivitra.41.03cua
© 2024 John Benjamins Publishing Company

para todos que, según la OMT ((1992, 2005)), alude a la adecuación de un destino turístico capaz de facilitar a las personas con necesidades diferentes de acceso tanto en lo motriz, visión, audición y cognición, actuar de manera independiente con igualdad y dignidad a los demás, gracias a la planificación, diseño y oferta de productos y servicios turísticos diseñados de manera universal. Estos diseños requieren un enfoque desde el inicio centrado en el usuario. Fernández (2009) identifica cinco ventajas que genera la práctica del turismo accesible tanto para el usuario como para el sector. Por un lado, la disminución o eliminación, de las desigualdades en el acceso al turismo, permitiendo a las personas discapacitadas y con movilidad reducida el disfrute y acceso a los servicios turísticos, lo que supondría un incremento en la calidad de vida de estas personas, quienes tendrían que realizar un esfuerzo menor para realizar sus actividades de traslado, hospedaje, restauración y ocio en el destino turístico elegido. Además, la expansión de penetración en el mercado, nicho de discapacitados. Sin olvidar que generalmente las personas discapacitadas pueden en su mayoría, identificarse como multi clientes, debido a que casi siempre suelen ir acompañado de una persona cercana. Por último, la disminución en el efecto de estacionalidad turística, debido a que las personas discapacitadas suelen realizar sus viajes en las épocas de menos afluencia turística, la presencia de los turistas discapacitados en un destino turístico contribuiría a reducir el efecto de la estacionalidad del mismo.

Desde la perspectiva legislativa, podemos afirmar que, a lo largo de los años, el marco normativo sobre la discapacidad se ha ido perfilando más allá de la discapacidad física y ha ido poniendo el foco en la discapacidad cognitiva. Un ejemplo claro de ello lo representa la Convención Internacional sobre los derechos de las personas con discapacidad, aprobada el 13 de diciembre de 2006 por la Asamblea General de las Naciones Unidas (ONU), ratificada por España el 3 de diciembre de 2007 y que entró en vigor el 3 de mayo de 2008, que establece en su artículo 9 que es «obligación de los Estados Partes adoptar las medidas pertinentes para asegurar el acceso de las personas con discapacidad, en igualdad de condiciones con las demás, […] a la información y a las comunicaciones, incluidos los sistemas y las tecnologías de la información y las comunicaciones». Estas medidas se aplicarán, entre otras cosas, a «dotar a los edificios y otras instalaciones abiertas al público de señalización en formatos de fácil lectura y comprensión». Igualmente, establece la «obligación de promover otras formas adecuadas de asistencia y apoyo a las personas con discapacidad para asegurar su acceso a la información». Asimismo, «la información y la comunicación deben estar disponibles en formatos fáciles de leer y modos y métodos aumentativos y alternativos para las personas con discapacidad que utilizan esos formatos, modos y métodos». Además, el Tratado internacional dispone que «a los efectos de la presente Convención […], "la comunicación incluirá el lenguaje sencillo", terminología que equivale a la consolidada en lengua española de "Lectura Fácil"». Este concepto que se ha ido estableciendo desde la perspectiva de la accesibilidad cognitiva, engloba el «método que aplica un conjunto de pautas y recomendaciones relativas a la redacción de textos, al diseño y maquetación de documentos, y a la validación de la comprensibilidad de estos, destinado a hacer accesible la información a las personas con dificultades de comprensión lectora». De este modo, podemos entender la Lectura Fácil (LF) como parte de la accesibilidad cognitiva, que se puede definir como «la característica de los entornos, procesos, actividades, bienes, productos, servicios, objetos o instrumentos, herramientas y dispositivos que permiten la fácil comprensión y la comunicación».

El desarrollo de la Lectura Fácil ha ido avanzado en los últimos años y, ha sido impuldado también gracias a la red internacional *Easy To Read* que agrupa varias organizaciones creadas para trabajar en esta temática y que ofrecen servicios de asesoramiento y formación en accesibilidad cognitiva. Se trata de asociaciones de ámbito europeo (Inclusion Europe Bélgica,[1] UNAPEI Francia,[2] Büro für Leichte Sprache de Lebenshilfe Bremen Alemania[3]); de ámbito nacional (Plena Inclusión España[4]) como de ámbito regional (Associació Lectura Fàcil de Cataluña[5]), entre otras.

En España contamos desde el año 2018 con una norma técnica, UNE 153101: 2018 EX (AENOR, 2018), que detalla las pautas y recomendaciones tanto para la redacción como para el diseño de un documento en Lectura Fácil. El objetivo de esta norma es garantizar la calidad de los documentos creados o adaptados en Lectura Fácil. Este proceso abarca tanto la redacción del texto como el diseño y maquetación posterior y se aplica a todos los géneros textuales, sean especializados o no.

Entendemos que la aplicación de la normativa en determinados sectores como el del turismo y vista desde el prisma de la traducción genera la necesidad de realizar también adaptaciones a LF tanto interlingüísticas como intralingüísticas con el fin de facilitar la accesibilidad cognitiva y conseguir, de este modo, que el texto ofrezca la información necesaria de una manera comprensible para aquellas personas que necesitan este apoyo. Así pues, encontramos traducciones a Lectura Fácil de una infinidad de tipos de textos, textos informativos de carácter general, pero también de textos literarios, jurídicos o técnicos.

---

1. https://www.inclusion-europe.eu/
2. https://www.unapei.org/actions/falc-quest-ce-que-cest/
3. https://lebenshilfe-bremen.de/angebote/buero-fuer-leichte-sprache/
4. https://www.plenainclusion.org/
5. http://diadeladiversitat.cat/es/?team=associacio-lectura-facil

Los objetivos principales de nuestro trabajo es identificar las dificultades de este tipo de traducción que tiene como finalidad facilitar la accesibilidad cognitiva de textos turísticos aplicando la traducción a Lectura Fácil.

2. Traducción de textos turísticos a Lectura Fácil

El acceso universal al patrimonio a través de la traducción a Lectura Fácil incluye traducir la información presente en elementos, eventos o centros turísticos para todos, así como en todo el material promocional de los destinos turísticos. A los efectos de nuestro trabajo y desde una perspectiva comunicativa, consideramos que el texto turístico es un tipo de texto multifuncional en el que se pueden identificar claramente dos tipos básicos de funciones: la informativa y la persuasiva. Para Kelly (1997), estas funciones se alternan en distintos grados según los diferentes textos. La diferencia principal estriba en los destinatarios, su experiencia y su conocimiento del mundo. Los destinatarios potenciales de los textos redactas en LF podrían dividirse en tres grandes grupos: (1) aquellos cuya lengua y cultura coinciden con la del texto original. En este caso, hablamos de traducción intralingüística e intracultural; (2) aquellos conocedores, en mayor o menor grado, de la lengua original pero pertenecientes a una cultura distinta. En este supuesto, la traducción es intralingüística e intercultural y (3) los destinatarios cuya lengua y cultura no coinciden con la del texto original. La traducción es aquí interlingüística e intercultural (Navarro-Brotons y Cuadrado-Rey, 2022).

Desde la traductología se sitúa al texto turístico muy próximo al texto publicitaria (Cómitre Narváez, 2004; Nobs, 2006) al establecer la operatividad del texto turístico ya que persiguen seducir y causar un efecto en el lector que le lleve a visitar el destino turístico promocionado. Otra de las características fundamentales del texto turístico es su multitematicidad. Toda vez que el traductor ha determinado la funcionalidad del texto turístico, se encuentra con una amplia variedad temática que incluye disciplinas tales como la historia, la geografía, la gastronomía o el folclore, entre otras que reflejan la cultura en la que se inserta el texto y que deberá trasvasarse a la cultura meta. Como señala Fuentes Luque (2005), la dificultas que la transmisión de la cultura entraña, obliga al traductor no solo a ser competente trasvasando de un idioma a otro y de una cultura a otra para lo que no basta con ser conscientes de las diferencias culturales, sino también de cómo se ven las culturas origen y término. Para que el traductor tenga estas herramientas debe contar con una competencia intercultural global. Si tomamos en consideración el componente de la accesibilidad cognitiva, debemos añadir a las competencia mencionadas y requeridas para desempeñar la labor traductora, una nueva competencia que supone la necesaria sensibilidad y formación en temas como la Lectura Fácil o la audiodescripción entre otros.

En cuanto al proceso de adaptación de un documento a LF podemos identificar, a grandes rasgos, dos fases de trabajo. Por un lado, la fase de adaptación y, por el otro, la de validación. La norma UNE (AENOR, 2018) (2018: 8) señala las cinco figuras que intervienen en el proceso de adaptación de un documento a LF: adaptador, diseñador, maquetador, dinamizador y validadores. En la primera fase interviene el adaptador, el diseñador y el maquetador. En la segunda, el dinamizador y los validadores.

En un trabajo anterior (Navarro-Brotons & Cuadrado-Rey, 2022) pudimos contrastar el paralelismo existente entre las tareas descritas en la norma UNE 153101:2018 EX (UNE, 2018) para el adaptador, diseñador y maquetador y con las tareas que se desempeñan durante el proceso traductor según el Libro blanco del Título de Grado en Traducción e Interpretación (ANECA, 2004) lo que permitiría ampliar el perfil profesional del traductor.

En cuanto a las normas que se deben seguir al redactar textos en LF, la Federación Internacional de Asociaciones de Bibliotecarios y Bibliotecas (IFLA) publicó en 1997 y revisó en 2010 las directrices para la etapa de adaptación del texto a LF. En español contamos con los manuales de referencia redactados por García Muñoz (2012 y 2014) y que constituye un catálogo de 120 recomendaciones que el traductor tendrá que tener en cuenta a la hora de redactar el texto final. En cuanto a lenguaje y contenido se ofrecen las siguientes recomendaciones:

a. Escriba de forma concreta. Evite el lenguaje abstracto.
b. Sea lógico. La acción debería seguir un único hilo con una continuidad lógica.
c. La acción debería ser directa y simple, sin una introducción larga y sin implicar a demasiados personajes.
d. Utilice el lenguaje simbólico (metáforas) de forma moderada. Algunos lectores podrían no comprenderlo.
e. Sea conciso. Evite varias acciones en una única oración. Organice las palabras en una oración simple dentro de una línea, si es posible.
f. Evite palabras difíciles, pero use un lenguaje que sea adulto y dignificante. Las palabras poco comunes deberían explicarse a través de pistas contextuales.
g. Explique o describa relaciones complicadas en una forma concreta y lógica, donde los eventos tengan lugar en un marco lógico y cronológico.
h. Anime a los escritores e ilustradores a conocer su público objetivo y que se informen sobre lo que significa tener dificultades lectoras. Permítales encontrarse con sus lectores y escucharlos sobre sus experiencias y vida diaria.
i. Evalúe el material con grupos objetivos reales antes de enviarlo a imprenta.

Esta última recomendación, está estrechamente ligada a la fase de validación ya que para saber si un texto en LF transmite la información necesaria y los receptores comprenden el mensaje del texto se realizaron estudios de evaluación con grupos de usuarios que tenían algún tipo de dificultad en comprensión lectora.

Para que el texto en LF responda a las expectativas del destinatario del texto en LF, las palabras deben ser «sencillas, cortas, fáciles de pronunciar y de uso cotidiano para su reconocimiento inmediato» (García Muñoz, 2014, p. 18).

El vocabulario nuevo se debe explicar con la ayuda de estrategias de traducción, como por ejemplo el uso de imágenes, contexto o una definición a modo de glosario en la misma página. Se recomienda renunciar al uso de verbos nominalizados y, en vez de recurrir al uso de sinónimos, mantener una misma denominación para un único concepto. Igualmente se deben evitar abreviaturas, acrónimos y siglas, a menos que sean «muy conocidas o necesarias»; el uso de metáforas y abstracciones, la complejidad léxica, así como la información irrelevante y los detalles superfluos (García Muñoz, 2014, pp. 19–20).

3. Problemas y dificultades de la traducción del texto turístico a LF

Autores como Hurtado (2001) o Nord (1991) entienden los problemas y las dificultades de traducción como elementos que aparecen en cualquier tipo de texto y que todo traductor debe resolver en un encargo de traducción concreto. Sin embargo, marcan una diferencia entre ambos. Por un lado, el problema de traducción se refiere a "an objective problem which every translator (irrespective of his level of competence and of technical conditions of his work) has to solve during a particular translation task" (Nord 1991: 151). Por otro lado, la dificultad es un fenómeno subjetivo que depende de las habilidades y conocimientos del traductor y que, por tanto, tendrá una tendencia decreciente a medida que el traductor haya adquirido dichas habilidades y conocimientos.

En las últimas décadas son varios los autores que tratan los problemas, dificultades y técnicas de traducción en relación con la especificidad de los textos turísticos (Durand Guiziou 2003; Borrueco 2005, Bugnot 2005; Lorenzi Zanoletti 2005; Martín Sánchez 2011; Durán Muñoz 2012; Solís-Becerra 2013; González Pastor y Cuadrado-Rey 2014; López Santiago 2014; Barranca 2018; González Pastor 2018; Soto-Almela 2019; Piccioni y Pontrandolfo 2019; Álvarez Jurado 2020; Luque Janodet 2020; Mogorrón 2020; Policastro Ponce 2020; Vaupot 2020; entre otros). Sin embargo, en España la accesibilidad cognitiva es tan reciente que en el ámbito de la traducción en general, y en el de la traducción turística en particular, no existe todavía una clasificación de problemas y dificultades realizada desde esta perspectiva. Por este motivo, proponemos la siguiente clasificación de problemas y dificultades adaptada al ámbito de la traducción turística desde el prisma de la LF que enumeramos y describimos a continuación: (1) Imágenes, dibujos y pictogramas; (2) información implícita; (3) variación diatópica; (4) culturemas; (5) lenguaje figurado; (6) fraseología; (7) nombres propios, de instituciones y topónimos; (8) traducción inversa, (9) neologismos y (10) lenguaje ambiguo o confuso de TO.

1. Imágenes, dibujos y pictogramas.

La traducción del texto turístico se considera traducción subordinada debido a la conjugación de imágenes, iconos y texto como un todo indisoluble (Fuentes Luque 2005: 88). Este hecho supone un esfuerzo añadido a la tarea traductora en general y supone un obstáculo mayor en el escenario de la traducción turística a LF. La ubicación de estas imágenes sigue un patrón concreto en los textos a LF, pues deben aparecer alineadas a la izquierda o a la derecha, cerca del texto que da información sobre ellas y deben ser imágenes, dibujos o pictogramas que ofrezcan una asociación de ideas más fácil de comprender al contenido del texto meta, lo que supondrá en algunas ocasiones un cambio de imagen con respecto al texto original. Además, la limitación del espacio para ajustarse a un formato concreto supone también un problema en tanto en cuanto es sabido que los textos en LF ocupan un mayor tamaño debido a su disposición funcional.

A continuación, presentamos un ejemplo de la guía de turismo de la Junta de Castilla y León (imagen de la izquierda) y su versión en LF (imagen de la derecha). En este ejemplo se observa claramente la redistribución de las imágenes, así como la disposición del texto.

2. Información implícita.

El proceso de traducción se constituye básicamente a partir de dos fases bien diferenciadas: la descodificación del mensaje original y su recodificación para los lectores meta. En este sentido, uno de los aspectos que el traductor debe tener en cuenta es la interpretación "no sólo lo que se expresa de forma explícita, por qué se expresa así y con qué fines, sino también lo que está implícito" (Álvarez Calleja 1994: 206). Desde el prisma de la LF, la información implícita se entiende desde una perspectiva más amplia. Puede considerarse información implícita, por ejemplo, el uso de un hipónimo que puede ser desconocidos por el potencial lector meta. Este hipónimo lleva implícita una información que no llegará al lector a menos que el traductor la explicite generalizándola mediante el uso de un hiperónimo que sea más fácil de comprender. A continuación, presentamos un ejemplo extraído del portal oficial de turismo de España en el que se hace referencia al aroma a jazmín. El hipónimo jazmín, podría generalizarse con el hiperónimo flores para hacerlo más comprensible. En estos casos, el traductor está a caballo

Imagen 1. Redistribución del texto y las imágenes. Ejemplo extraído del portal oficial de turismo de la Junta de Castilla y León.[6]

---

6. https://www.turismocastillayleon.com/es/servicios/recursos-turisticos-accesibles

entre usar la generalización o el glosario. El traductor debe generalizar siempre y cuando no se trate de un término clave que haya que mantener a todas luces. En este último caso, tendría que recurrir al glosario y dar la información conveniente para facilitar la comprensión al lector.

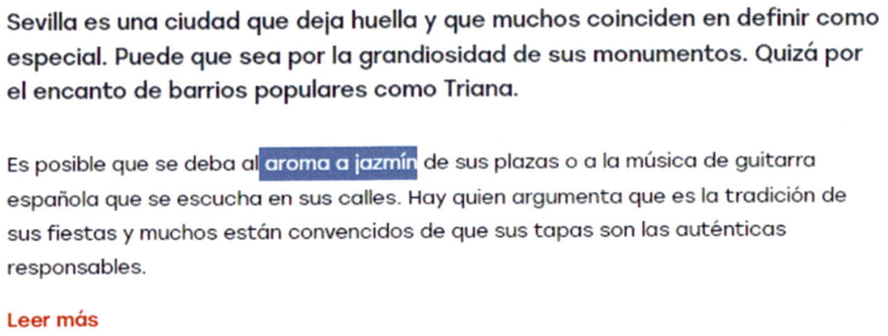

> **Sevilla es una ciudad que deja huella y que muchos coinciden en definir como especial. Puede que sea por la grandiosidad de sus monumentos. Quizá por el encanto de barrios populares como Triana.**
>
> Es posible que se deba al aroma a jazmín de sus plazas o a la música de guitarra española que se escucha en sus calles. Hay quien argumenta que es la tradición de sus fiestas y muchos están convencidos de que sus tapas son las auténticas responsables.
>
> **Leer más**

Imagen 2. Información implícita. Ejemplo extraído del portal oficial de turismo de España.[7]

3. Variación diatópica

La problemática que supone la variación diatópica en el ámbito de la traducción es un tema de actualidad. En el texto turístico y su traducción, marcados por un fuerte componente local, la variación diatópica juega un papel fundamental. El traductor debe conocer estas variaciones con el fin de ser capaz de realizar modificaciones o adaptaciones en el original para crear un producto o servicio que pueda comercializarse en el mercado al que se pretende llegar. A modo de ejemplo, Mogorrón (2020) analiza las denominaciones de los términos turísticos en España, Argentina, Colombia, México y Perú y constata a través de la lingüística de corpus la diversidad terminológica en este ámbito. Así, señala que se utiliza la forma *turismo city-break* en España y en Argentina, mientras que Colombia, México y Perú emplean la denominación *fenómeno, tendencias city-break* (Mogorrón 2020: 170). Ante esta profusión terminológica, es de suma importancia que el traductor a LF conozca sea capaz de documentarse adecuadamente sobre la terminología propia del lector meta ya que si utiliza la terminología de otra región/país puede añadir una dificultad de comprensión a los lectores potenciales de dicho texto.

Vemos a continuación un ejemplo extraído de un blog de turismo de México en el que se observa la denominación de *turismo incluyente* para lo que en España conocemos como *turismo inclusivo*.

---

7. https://www.spain.info/es/

El turismo incluyente es el futuro. El hecho de que esté tomando fuerza en México es una buena noticia para la industria turística del país. Pero ¿qué es el turismo incluyente? El término se refiere a las adecuaciones a la infraestructura turística orientadas a las necesidades de personas discapacitadas.

Algunos ejemplos son: Rampas para sillas de ruedas en todos los accesos. Elevadores funcionales en edificios con más de una planta. Menús y otros materiales gráficos y escritos impresos en braille. Intérprete de lenguaje de señas. Personal capacitado para atender a turistas con discapacidad.

Imagen 3. Variación diatópica. Ejemplo extraído de un blog de turismo de México.[8]

4. Culturemas

Los culturemas, por su parte, son considerados uno de los problemas clave de la traducción del texto turístico ya que en muchas ocasiones expresan realidades que no existen en la cultura meta. Si bien las técnicas de traducción como la explicitación o descripción para resolver los problemas culturales persiguen una función explicativa y se utilizan constantemente en la traducción de textos turísticos, en la traducción a LF estas técnicas no benefician la simplificación y comprensión del texto meta. Dependiendo de la proximidad y uso/conocimiento de un culturema por el destinatario meta se emplearán técnicas de traducción diferentes. En este sentido, el traductor a LF debe subrayar el culturema la primera vez que aparece y recurrir a la creación de material de apoyo con la inclusión de un glosario o explicación al margen.

El ejemplo que presentamos a continuación muestra la inclusión en el glosario del culturema *hammam* en la guía en LF de la Alhambra de Granada:

Los baños

Yusuf I (primero) hizo los baños para su palacio de Comares.
Cada palacio de la Alhambra disponía de su propio hammam.

El hammam del palacio de Comares tiene
una sala de reposo, una sala fría, una sala templada
y una sala caliente. Además tiene horno, leñera
y una caldera de agua. La luz entra
por unos lucernarios con forma de estrella.

Hammam: baño de vapor.
Lucernarios: huecos en el techo.

Imagen 4. Culturemas. Ejemplo extraído de web Alhambra Patronato.[9]

---

8. https://www.cityexpress.com/blog/turismo-incluyente-en-mexico
9. https://www.alhambra-patronato.es/

5. Lenguaje figurado

Otro de los elementos que dificulta la traducción de textos turísticos es el lenguaje figurado, ya sea el lenguaje poético, utilizado principalmente para atraer la atención del lector mediante un discurso optimista; ya sea el uso de frases ambiguas o de doble sentido. El lenguaje poético, por su parte, como indica Durán Muñoz (2012: 108) "[...] se consigue con el uso de sustantivos cargados de un alto grado de subjetividad y atractivo [...] términos específicos del ámbito turístico [...] y con extranjerismos". El traductor a LF debe respetar en la medida de lo posible los rasgos léxicos y semánticos, pero estos no deben anteponerse al cometido principal de la traducción a LF donde prima una sintaxis y léxico sencillos. El equilibrio entre uno y otro punto complica en gran medida la traducción del texto turístico a LF. Para la traducción, el uso de frases ambiguas o dobles sentidos en el texto original supone en muchos casos la pérdida del sentido del texto original. En la traducción a LF, además, el traductor tiene que respetar la máxima de que el texto debe redactarse de forma directa, con frases sencillas, evitando un lenguaje complejo y ambiguo. En el ejemplo extraído del portal oficial de turismo de la Junta de Castilla y León se observa el eslogan "Vive Castilla y León" que recurre al lenguaje figurado. Por su parte, la versión en LF omite el eslogan y redacta el título de la guía de forma literal.

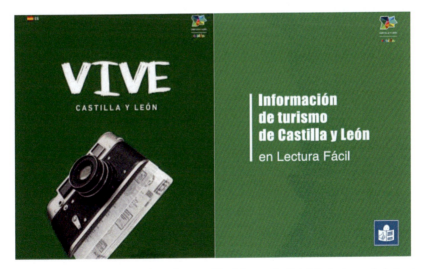

Imagen 5. Lenguaje figurado. Ejemplo extraído del portal oficial de turismo de la Junta de Castilla y León.[10]

---

10. https://www.turismocastillayleon.com/es/servicios/recursos-turisticos-accesibles

6. Fraseología

Las unidades fraseológicas (UF) son combinaciones fijas de palabras que van desde las dos palabras hasta la oración compuesta, algunas de las cuales se caracterizan por su idiomaticidad. Por su idiosincrasia, las UF idiomáticas se consideran productos de cada cultura y, en cierta medida, podemos ver reflejadas en ellas las costumbres y tradiciones de una determinada cultura. Como lo indica Corpas (1998:172) las UF "[...] constituyen enunciados y actos de habla por sí mismos, además de estar fijados en el habla y formar parte del acervo sociocultural de la comunidad hablante" (Corpas 1998:172). La tendencia en la traducción de UF idiomáticas es mantener, en la medida de lo posible, la idiomaticidad en el texto meta. Sin embargo, la traducción de UF idiomáticas desde la perspectiva de la LF debe emplear otras técnicas de traducción como la omisión, la paráfrasis o la neutralización para asegurar la comprensión del mensaje por parte de las personas con dificultades. En la traducción a LF del ejemplo que mostramos a continuación se recurriría a la omisión de la UF "a la vuelta de la esquina" puesto que en la misma frase ya se indica la idea de "por todas partes" cuando se dice "en cada rincón".

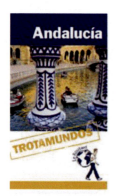

Imagen 6. Fraseología. Ejemplo extraído de Trotamundos Routard.[11]

7. Nombres propios, nombre de instituciones y topónimos

El uso de nombres propios de personas, instituciones y topónimos, entre otros, es también un elemento característico de los textos turísticos. La problemática que ofrecen los nombres propios reside en el hecho de determinar si se deben traducir o no, en función de las reglas de cada lengua. En el caso de la traducción turística a LF debe valorarse el hecho de añadir estos elementos al material de apoyo en el

---

11. https://www.guiasdeviajeanaya.es/guia/trotamundos-routard/andalucia/

que se ofrezca información extra al lector sin sobrecargar el texto meta. Además, el uso del subrayado puede ser muy útil para destacar estos nombres de personas y lugares con el fin de facilitar la memorización y detección.

El ejemplo que presentamos a continuación muestra la inclusión en el glosario del nombre propio de Carlos V en la guía en LF de la Alhambra de Granada:

Imagen 7. Nombres propios. Ejemplo extraído de Alhambra Patronato.[12]

8. Traducción inversa

Otro aspecto a destacar en la traducción turística es la traducción inversa que supone un reto añadido para el traductor que no traduce hacia su lengua materna. En este sentido, el traductor de LF debe ser conocedor de las normas de LF del

---

12. https://www.alhambra-patronato.es/

idioma de llegada ya que cada uno tiene sus particularidades. Tal vez uno de los ejemplos más ilustrativos de esta necesidad de conocimiento de las normas de LF en la lengua extranjera sea el caso del alemán en el que la norma indica una ortografía, unas reglas gramaticales o un orden sintáctico concretos que son incorrectos si el texto está redactado en alemán sin contemplar la LF. Vemos a continuación un ejemplo extraído de una guía del Parque Natural del Brezal de Luneburgo. En dicho ejemplo se aprecia: (1) La escritura de los sustantivos compuestos acorde a las normas alemanas de la LF en las que se establece su escritura utilizando punto o guión para separar los diferentes elementos léxicos que los componen. Tal es el caso de *Naturschutz* (sustantivo compuesto en alemán) y *Natur-Schutz* (sustantivo compuesto en LF). (2) La posición de las imágenes en LF que varía de un idioma a otro. En el caso del alemán han de situarse a la izquierda del texto mientras que si hubiera pictogramas irían a la derecha.

Imagen 8. Texto en alemán en LF. Ejemplo extraído de la guía del Parque Natural del Brezal de Luneburgo.[13]

9. Neologismos

Otro fenómeno frecuente en los textos turísticos es el de los neologismos, entendidos como la utilización de unidades de nueva creación. Desde la perspectiva de la LF, el traductor debe tratar con especial cuidado este fenómeno que podría suponer un problema de comprensión en la lengua meta. Se deberá buscar el equilibrio

---

13. https://naturpark-lueneburger-heide.de/aktiv-in-der-heide/naturpark-barrierefrei

entre acomodar la traducción a las expectativas de los lectores meta de la manera más clara posible. Para ello, se puede recurrir a la inclusión del neologismo en un glosario como se hace con los culturemas o nombres propios. El ejemplo que se presenta a continuación contiene el neologismo *cerveturismo*. En este caso viene acompañado por una imagen que ayuda a su comprensión por lo que el glosario sería prescindible.

Imagen 9. Neologismo. Ejemplo extraído de la web turística de Alicante.[14]

10. Lenguaje confuso de TO

Por último, otro problema del texto turístico reside en el uso de lenguaje confuso. En ocasiones el traductor de textos turísticos a LF se enfrenta a un lenguaje confuso en el texto origen que viene dado por una redacción que contiene errores sintácticos, estilísticos, ortográficos, etc. En este sentido, el traductor debe reemplazar el texto confuso y ofrecer un texto de fácil comprensión que respete todos los aspectos de corrección.

4. Conclusiones

La aplicación de los principios de la Accesibilidad Universal en los destinos turísticos contribuye a la igualdad de oportunidades para todas las personas. La implantación progresiva de la accesibilidad cognitiva en el sector turístico a través de la Lectura Fácil (LF) interlingüística e intralingüística amplía todavía más el amplio abanico de los perfiles profesionales del traductor. Nuestro trabajo contextualiza el proceso de traducción a LF poniendo de relieve las diferentes

---

14. https://www.comunitatvalenciana.com/es/inspirate/cerveturismo-en-la-comunitat-valenciana

perspectivas y factores que deben conjugarse en ese trasvase, en general, y en particular en cuanto al texto turístico. En este último caso, se profundiza en los problemas y dificultades que conlleva la traducción a LF de este tipo de textos cuya finalidad es facilitar la accesibilidad cognitiva a los destinatarios. El análisis refleja la complejidad de este tipo de traducción intra e interlingüística y nos lleva a ofrecer una clasificación que refleja los diez principales retos a los que se enfrenta el traductor de un texto turística a LF. Estos son: (1) Imágenes, dibujos y pictogramas; (2) información implícita; (3) variación diatópica; (4) culturemas; (5) lenguaje figurado; (6) fraseología; (7) nombres propios, de instituciones y topónimos; (8) traducción inversa, (9) neologismos y (10) lenguaje ambiguo o confuso de TO.

Estos puntos muestran la importancia de estudiar con mayor profundidad el rol del traductor en la aplicación de la accesibilidad cognitiva por medio de la LF, en general, y en la adecuación de los destinos turísticos actuales, consolidados o en desarrollo, hacia el turismo accesible para todos.

Información sobre financiación

El presente trabajo se enmarca en el seno del Proyecto I+D "Accesibilidad en las aulas virtuales: Recomendaciones para una enseñanza accesible" financiado por el Vicerrectorado de Calidad e Innovación Educativa de la Universidad de Alicante en 2020.

Bibliografía

Álvarez Calleja, María Antonia. 1994. "Interpretación textual en el marco sistémico-funcional y su desplazamiento hacia una orientación cultural". *Estudios ingleses de la Universidad Complutense* 2: 205–220.

Álvarez Jurado, Manuela. 2020. "Adquisición y transmisión del conocimiento experto a través de la traducción de las guías turísticas de arquitectura." *Onomázein* Número especial VII:1–17.

ANECA. 2004: Libro blanco. *Título de grado en Traducción e interpretación*. Madrid: Agencia Nacional de Evaluación de la Calidad y Acreditación (ANECA).

Asociación Española de Normalización (AENOR). 2018. *Lectura Fácil. Pautas y recomendaciones para la elaboración de documentos UNE 153101:2018 EX*, Madrid, Aenor.

Barranca, Mariana. 2018. "La traducción hacia el inglés de las señales turísticas de Sevilla: problemas y consecuencias para el turismo". *Sendebar* 29:277–303.

Borrueco Rosa, María. 2005. "El discurso turístico: estudio lingüístico aplicado a la enseñanza de la traducción". *Hieronymus Complutensis* 12:69–78.

Bugnot-Tripoz, Marie Ange. 2005. *Texto turístico y traducción especializada. Estudio crítico de un corpus español-francés sobre la Costa del Sol (1960-2004)*, Málaga: Universidad de Málaga, Servicio de Publicaciones.

Corpas Pastor, Gloria. 1998. "El uso de paremias en un corpus del español peninsular actual." En *Estudios de fraseología y fraseografía del español actual*, Wotjak, Gerd (ed.). 365-390. Frankfurt am Main, Vervuert.

Durán Muñoz, Isabel. 2012. "Caracterización de la traducción turística: problemas, dificultades y posibles soluciones." *Revista de Lingüística y Lenguas Aplicadas* 7:103-113.

Durand Guiziou, Marie-Claire. 2003. "Tourisme et traduction : le cas des brochures." *Revista De Lenguas Para Fines Específicos*, 10 : 59-74.

Fernández Alles, María Teresa. 2009. "Turismo Accesible: importancia de la accesibilidad para el sector turístico." *Entelequia*, 9: 211-224.

Fuentes Luque, Adrián. 2005. "La traducción de promoción turística institucional: la proyección de la imagen de España." En *La traducción en el sector turístico*, Fuentes Luque, Adrián (ed.), 59-92. Granada: Atrio.

García Muñoz, Óscar. 2012. *Lectura fácil: métodos de redacción y evaluación*. Madrid: Real Patronato sobre Discapacidad.

García Muñoz, Óscar. 2014. *Lectura fácil: Col. Guías prácticas de orientaciones para la educación inclusiva*. Ministerio de Educación, Cultura y Deporte, Secretaría General Técnica de la Subdirección General de Documentación y Publicaciones.

González Pastor, Diana y Cuadrado-Rey, Analía. 2014. "El léxico en el ámbito de la gastronomía valenciana. Un estudio de las técnicas de traducción de los culturemas." En *TIC, trabajo colaborativo e interacción en Terminología y Traducción*, Vargas Sierra, Chelo (ed.), 345-357. Granada: Comares.

González Pastor, Diana. 2018. *¿Cómo se traducen los culturemas del ámbito turístico? Análisis de estrategias de traducción (español-inglés)*. Granada: Comares.

Hurtado Albir, Amparo. 2001. *Traducción y traductología: introducción a la traductología*, Madrid:Cátedra.

Instituto Nacional de Estadística. 2020.*Cuenta Satélite del Turismo de España (CSTE). Revisión estadística 2019 — Serie 2016 — 2019*. Madrid: INE.

International Federation of Library Associations and Institutions (IFLA) 2012. *Directrices para materiales de Lectura Fácil. IFLA Professional Reports* 120. Madrid: IFLA.

Kelly, Dorothy. 1997. "The Translation of Texts from the Tourist Sector: Textual Conventions, Cultural Distance and other Constraints." *TRANS* 2:33-42.

López Santiago, Mercedes. 2014. "Análisis de sitios web de turismo: terminología y traducción."En *TIC, trabajo colaborativo e interacción en Terminología y Traducción*, Vargas Sierra, Chelo (ed.), 259-272. Granada: Comares.

Lorenzi Zanoletty, René. 2005. "Del registro al género: problemas de traducción de expresiones coloquiales en textos específicos del sector turístico." *Quaderns de Filologia. Estudis Lingüístics*, X: 173-186.

Luque Janodet, Francisco. 2020. "Los textos necroturísticos: caracterización y desafíos para su traducción (francés-español)." *Onomázein*, Número especial VII:242-263.

Martín Sánchez, Teresa. 2011. "Dificultades de traducción en los textos turísticos." En: *Del texto a la lengua: la aplicación de los textos a la enseñanza-aprendizaje del español L2-LE*, Santiago-Guervós, Javier; Bongaerts, Hanne; Sánchez Iglesias, Jorge Juan y Seseña Gómez, Marta, 571–584. Madrid, ASELE.

Ministerio de Sanidad, Servicios Sociales e Igualdad. 2017. *Decálogo de apoyo a la Lectura Fácil*. Madrid: Ministerio de Sanidad, Servicios Sociales e Igualdad e Imserso.

Mogorrón Huerta, Pedro. 2020. "Tipos de turismo. Denominaciones y uso actual en España, Argentina, Colombia, México y Perú." *Onomázein,* Número especial VII:145–174.

Navarro-Brotons, Lucía; Cuadrado-Rey, Analía. 2022. "El nacimiento de un perfil profesional emergente en España: Traductor a lectura fácil intralingüística e interlingüística". En: *Translation, Mediation and Accessibility for Linguistic Minorities.*Castillo Bernal, María Pilar; Estévez Grossi, Marta (Eds.), 191–204. Berlin: Frank & Timme.

Nord, Christiane. 1991.*Text analysis in translation. Theory, methodology, and didactic application of a Model for Translation-Oriented Text Analysis*, Ámsterdam:Rodopi.

Organización Mundial del Turismo (OMT). 1980. *Declaración de Manila sobre el turismo mundial.* Madrid: OMT.

Organización Mundial del Turismo (OMT). 1992. *Para un Turismo Accesible a los minusválidos en los años 90*, Madrid: OMT.

Organización Mundial del Turismo (OMT). 2005. *Hacia un Turismo Accesible para Todos*, Madrid: OMT.

Organización de las Naciones Unidas. 2006. *Convención internacional de las personas con discapacidad, de 13 de diciembre de 2006.*

Piccioni, Sara y Pontrandolfo, Gianluca. 2019. "La construcción del espacio turístico a través de la fraseología metafórica." *Linguistik online* 94:1–19.

Policastro Ponce, Gisella. 2020. "La semiótica visual como estrategia de neuromarketing en textos digitales de promoción turística y su importancia para la traducción." *Onomázein,* Número especial VII:224–241.

Soto-Almela, Jorge. 2019. *La traducción de la cultura en el sector turístico: una cuestión de aceptabilidad.* Berlín: Peter Lang.

Vaupot, Sonia. 2020. "La traduction des sites web touristiques, vers la localisation ou la culturalisation." *DELTA* 36-2 : 1–27.

Aproximación a la traducción periodística en Lectura Fácil

Lucía Navarro-Brotons
Universidad de Alicante

Journalistic translation is a tool that serves as a channel for accessing information. In addition, access to information is a fundamental right for all citizens. From the translation sector, the implementation of Easy Reading as a global strategy to facilitate cognitive accessibility guarantees universal accessibility by ensuring that the text offers the necessary information in an understandable way for those who need this support. The objectives of this paper are: (1) to give an overview of the existing opportunity for the translator to specialize in the new profile of journalistic Easy Reading translator and (2) to describe the challenges of Easy Reading translation of journalistic texts.

Keywords: journalistic translation, easy reading, cognitive accessibility, accessibility, Spanish

1. Introducción

La traducción periodística puede ser considerada como un tipo de traducción especializada que se centra en la traducción de las tipologías textuales que aparecen en periódicos. Al igual que sucede con cualquier otra modalidad de traducción, la periodística se basa en las reglas propias de la teoría de la traducción, habida cuenta de que su principal misión es que los destinatarios meta puedan comprender un mensaje que inicialmente se había elaborado en una lengua diferente de la suya. Además, la traducción periodística tiene algunos puntos en contacto con la traducción literaria y con la científico-técnica puesto que su discurso incorpora algunos rasgos de estos lenguajes (García González 2004: 138).

El periodismo y, por ende, la traducción periodística, tienen como tarea "dar visibilidad y comprobar hechos de interés social" (Article 19 s.d.: 3). La traducción periodística es, por lo tanto, una herramienta que sirve como canal para acceder a la información. A su vez, el acceso a la información es un derecho fundamental

https://doi.org/10.1075/ivitra.41.04nav
© 2024 John Benjamins Publishing Company

para toda la ciudadanía. En este sentido, el concepto de accesibilidad universal, consagrado en la Convención Internacional sobre Derechos para las Personas con Discapacidad (ONU 2006) y entendido como un derecho fundamental que debe aplicarse a los espacios, a los productos, a la información, así como a cualquier servicio, es una garantía para el ejercicio del derecho de acceso a la información. Gracias a esta Convención se asiste a un cambio de paradigma en el ámbito de la accesibilidad ya que, hasta entonces las acciones y medidas que se habían venido desarrollando se centraban principalmente en visibilizar la discapacidad física y acabar con sus barreras. Es indiscutible que todas esas acciones y medidas han ido definiendo el camino en el ámbito de la accesibilidad hasta llegar a este concepto de accesibilidad universal que, como indica Pérez Bueno (2011: 236), parte de la premisa de que la discapacidad no reside en la persona sino en los obstáculos que presenta el medio.

En este sentido, el marco legislativo sobre la discapacidad ha ido ampliando su campo de actuación, incluyendo no solo la discapacidad física sino también la cognitiva. De hecho, a nivel europeo existen dos recientes directivas: (1) la Directiva Europea 2016/2102, sobre la accesibilidad de los sitios web y aplicaciones para dispositivos móviles de los organismos del sector público y (2) la Directiva Europea 2019/882, sobre los requisitos de accesibilidad de los productos y servicios, conocida como European Accessibility Act. A nivel nacional, ya se ha traspuesto la Directiva Europea 2016/2102 a la legislación española mediante el Real Decreto 1112/2018 y estaba prevista la trasposición de la Directiva Europea 2019/882 para el 28 de junio de 2022 que será de aplicación a partir del 28 de junio de 2025. Además, España cuenta también con la reciente publicación de la Norma UNE 153101:2018 EX *Lectura Fácil. Pautas y recomendaciones para la elaboración de documentos* (Asociación Española de Normalización [AENOR] 2018). Según la Federación Internacional de Asociaciones de Bibliotecarios (IFLA, por sus siglas en inglés), la Lectura Fácil (LF) es una forma de crear documentos con el fin de que sean más sencillos de leer y más fáciles de comprender con la atención puesta principalmente en personas que tienen dificultades de comprensión (Nomura, Skat and Tronbacke 2012). De acuerdo con la norma UNE 153101:2018 (AENOR 2018) en la LF intervienen diferentes actores: el adaptador, el diseñador, el maquetador, el dinamizador y el evaluador.

Poco a poco se va consolidando la sensibilización por la discapacidad cognitiva, en parte motivada por el desarrollo normativo descrito anteriormente que se materializa, por ejemplo, en la aplicación de la LF en diferentes ámbitos como el legislativo, el cultural, el periodístico, el social o el sanitario, entre otros. Igualmente, se empiezan a consolidar las organizaciones creadas con el fin de trabajar en esta dirección. Un ejemplo claro es la red internacional *Easy To Read* que agrupa asociaciones de ámbito europeo, nacional y regional promovidas para prestar servicios de accesibilidad cognitiva.

Además, la Directivas Europea 2019/882 así como la Norma UNE 153101:2018 (AENOR 2018) están en consonancia con el artículo 9 de la Convención Internacional sobre Derechos para las Personas con Discapacidad que aborda la accesibilidad e insta a los Estados a adoptar medidas pertinentes para asegurar el acceso de las personas con discapacidad al entorno físico, el transporte, la información y las comunicaciones, así como a otros servicios e instalaciones abiertos al público y de uso público en igualdad de condiciones con las demás personas. En relación al acceso a la información se destaca en este artículo el compromiso de "promover otras formas adecuadas de asistencia y apoyo a las personas con discapacidad para asegurar su acceso a la información".

En este contexto, los medios informativos juegan un rol de mediación esencial pues dan cobertura a acontecimientos que contribuyen a la construcción social de la realidad. En este sentido, el acceso a la información periodística resulta fundamental para el civismo participativo de todo individuo. Se debe considerar, por tanto, la información periodística como un servicio ciudadano esencial.

Huelga decir que la traducción desempeña un papel importante en los medios informativos, por tratarse del instrumento para trasladar los acontecimientos redactados inicialmente en otra lengua diferente. De hecho, existen estudios que tratan la traducción y el periodismo desde diferentes puntos de vista como, por ejemplo: (1) las estrategias de traducción periodística (Hernández Guerrero 1997, 2005a, 2005b y 2006a; Reque de Coulon 2002); (2) el desarrollo de la labor traductora en agencias de noticias (Bielsa 2007; Biensa y Basnett 2009) o (3) el trasvase cultural en la traducción periodística (Martínez 2001; Hernández Guerrero 2009 y 2010). Sin embargo, son prácticamente inexistentes los trabajos realizados desde la perspectiva de la traducción a Lectura Fácil (LF) intralingüística e interlingüística de textos periodísticos. Tal vez se deba a la incipiente llegada de la LF al ámbito periodístico en nuestro país. Recientemente Radio Nacional anunció la emisión del programa Planeta Fácil,[1] el primer informativo de radio fácil de entender que se ha comenzado a emitir en enero de 2022.

Desde el sector de la traducción, la implementación de la LF entendida como estrategia global para facilitar la accesibilidad cognitiva permite conseguir que el texto ofrezca la información necesaria de una manera comprensible para aquellas personas que necesitan este apoyo tanto de manera interlingüística como intralingüística (Cuadrado-Rey y Navarro-Brotons 2022). Dicha estrategia aplicada al sector periodístico ayuda a eliminar barreras de comprensión y a garantizar la accesibilidad universal, el diseño para todos, así como la igualdad

---

1. https://www.rtve.es/play/audios/mas-cerca/rne-abre-microfonos-planeta-facil-tv/6234769/

de oportunidades ya que el acceso a la información es un derecho fundamental del ciudadano.

2. Objetivos y metodología

Con el contexto presentado en la introducción a partir de la revisión de los estudios previos realizados sobre la traducción periodística tales como Hernández Guerrero (1997, 2004, 2005a, 2005b, 2006a, 2006b, 2008, 2009, 2010, 2012) y del contexto legislativo y social actual en materia de accesibilidad cognitiva (Directiva Europea 2016/2102, Directiva Europea 2019/882, Real Decreto 1112/2018 y Norma UNE 153101:2018 EX) se advierte la necesidad y pertinencia a corto plazo de redactar, adaptar y traducir textos periodísticos a LF en las modalidades interlingüísticas e intralingüísticas. Por ello, es de justicia apostar por la accesibilidad cognitiva en los textos periodísticos, así como por la especialización en el perfil profesional de adaptador/traductor a LF ante la inminente demanda de estos profesionales. En el marco de este trabajo, este contexto ayuda a definir los objetivos, así como la metodología para conseguirlos. Estos objetivos son:

1. dar cuenta de la oportunidad existente para el traductor de especializarse en el nuevo perfil de traductor periodístico a LF a partir de la comparación de los puntos convergentes entre el proceso de traducción periodística (Stinson de Quevedo 2007: 93); los factores y objetivos de la traducción periodística (Tapia 1992); las competencias del traductor periodístico (Martínez 2001) y el proceso de adaptación a LF así como las competencias del adaptador a LF descritas en la Norma UNE 153101:2018 EX (AENOR 2018);

2. describir los retos de la traducción a LF inter e intralingüística de textos periodísticos a partir de la recopilación de problemas y dificultades de esta modalidad de traducción que han sido extraídos de la literatura sobre la traducción periodística escrita por los siguientes autores: San Miguel & Valdrerrey (1998), Martínez (1998), García González (2004), Hernández Guerrero (2004, 2006b), Stinson de Quevedo (2007: 95-96) y García Suárez y Pérez Cañada (2017: 19-34); las pautas y directrices clave en español sobre LF recogidas por García Muñoz (2012, 2014) y la Norma UNE 153101:2018 EX (AENOR 2018). Este estudio descriptivo comparativo permitirá conseguir datos que servirán para perfilar estrategias o técnicas de traducción necesarias para abordar la traducción a LF de textos periodísticos.

3. El texto periodístico accesible a nivel cognitivo

En términos generales, los textos periodísticos nacen principalmente para informar. En términos específicos, dichos textos engloban un gran conjunto heterogéneo de tipologías textuales que han tratado de ser clasificadas por varios autores del ámbito del periodismo (Casasús y Núñez Ladevéze 1991, Martínez Albertos 1998 o Parratt 2008, entre otros). De entre las diferentes taxonomías citadas, destacamos la de Parratt (2008) que establece cinco categorías para clasificar los géneros periodísticos en prensa: (1) información, (2) reportaje y entrevista, (3) crónica, (4) géneros de opinión (el artículo, la columna, la crítica), (5) elementos complementarios (cartas al director, información de agenda e información gráfica –fotografías, infografía y humor gráfico). Estos géneros pueden agruparse todavía de manera más simplificada, como lo hace Casasús y Núñez Ladevéze (1991: 88), en informativos, interpretativos y argumentativos. Los informativos comprenden principalmente la noticia; los interpretativos, informe periodístico, el reportaje y la crónica y los argumentativos, el artículo de opinión, el editorial, la columna o las cartas al director (Hernández Guerrero 2004: 90-91). Es importante poner de relieve que existen convenciones textuales establecidas culturalmente para cada uno de estos géneros y que, además, dichas convenciones varían de una lengua a otra. A pesar de que la información puede ser transmitida con diferentes estilos o intenciones, los textos periodísticos deben contemplar las recomendaciones de claridad, concisión, precisión, fluidez y sencillez (Hernández Guerrero 2006b). Al respecto, se espera que el texto periodístico resulte fácilmente comprensible para el lector. Sin embargo, el estudio sobre el consumo de información entre personas con discapacidad intelectual llevado a cabo en 2020 por la Fundación *A la par*, en el que trataban de analizar qué saben de la actualidad mediática las personas con discapacidad intelectual y cómo se les puede ayudar para facilitar el acceso a una información veraz, relevante, plural, comprensible y útil, pone de manifiesto que el conocimiento de la actualidad mediática por parte de las personas con discapacidad es reducido y que uno de los motivos que lo genera es la limitación de acceso a los contenidos ofrecidos por los medios de comunicación tanto tradicionales como digitales (A la par 2020: 10). En este sentido, los entrevistados encuentran la redacción de las noticias "difíciles de entender" y califican la información periodística como "abrumadora", "compleja" y "confusa", entre otros (2020: 22). Estos aspectos, efectivamente, dificultan el consumo de información periodística a las personas con discapacidad intelectual puesto que deben realizar un esfuerzo importante de comprensión. Además, "el 75% de los entrevistados asegura no sentirse representado por el relato de la actualidad que encuentra actualmente en la prensa" (Asociación de la Prensa de Madrid [APM][2]). Por consiguiente, se asevera necesario dar cabida al texto periodístico accesible a nivel cognitivo y, por ende, inclusivo al responder a las necesidades de muchos usuarios.

La legislación, los movimientos sociales y la investigación en torno a la discapacidad y el diseño universal en los últimos años han promovido un cambio sustancial en la sociedad. Enmarcado por un contexto legislativo y social cada vez más comprometido con la inclusión y el diseño para todos, el texto periodístico se ve inmerso en un nuevo paradigma comunicativo de la información que le está empujando a la conversión hacia un texto informativo para la inclusión social. Si asumimos que en el nuevo paradigma la discapacidad ya no deriva de la persona, sino que la discapacidad es entendida como consecuencia de un diseño llevado a cabo sin tener en cuenta la diversidad humana (Barnes y Mercer 2010: 30), entendemos la necesidad de concebir el texto periodístico a partir del diseño universal. El texto periodístico accesible debe centrarse en la sociedad en su conjunto para lo que debe diseñar los contenidos arreglo a las necesidades de los usuarios. El objetivo del texto periodístico accesible a nivel cognitivo consiste, por tanto, en facilitar la comprensión a cualquier persona, especialmente a las personas con discapacidad cognitiva, para que tengan la posibilidad de disfrutar de su derecho a estar informadas. Con este fin, es fundamental la implementación paulatina en la prensa de herramientas como la LF que permitan el acceso a la información a personas con discapacidad cognitiva. Además, el texto periodístico en LF será útil no solo para personas con este tipo de discapacidad, sino también para personas que no conocen bien el idioma, personas de edad avanzada, personas con problemas de lectoescritura, personas con baja alfabetización, etc. A pesar de que se percibe una tendencia hacia el diseño universal, la realidad pone en evidencia que, en la actualidad, todavía son muy pocos los periódicos españoles accesibles a nivel cognitivo. Un ejemplo de periódico español que incluye una sección en LF es *EL Periódico de Aragón*,[3] premiado por la ONCE en 2018 por su página *Te lo contamos fácil*[4] en la que todos los domingos se publican noticias destinadas a personas con discapacidad intelectual para que puedan estar informados en un lenguaje asequible. Igualmente, asistimos al nacimiento de nuevas formas de periodismo escrito que apuestan por medios de comunicación plenamente accesibles. Este es el caso de GNDiario[5] que plantea una serie de formatos adaptados a diferentes

---

2. https://www.apmadrid.es/las-personas-con-discapacidad-intelectual-demandan-informa cion-mas-accesible-y-medios-que-los-representen/

3. https://www.elperiodicodearagon.com/

4. https://www.elperiodicodearagon.com/aragon/2018/06/02/seccion-contamos-facil-premia da-once-46777200.html

5. https://www.gndiario.com/lectura-facil-gndiario

lenguajes accesibles, entre ellos, la LF o la Lengua de Signos. En el ámbito de la accesibilidad de la información periodística en medios audiovisuales el proyecto EASIT[6] ha hecho un gran trabajo con una amplia sección de materiales.

4. Abordar la LF interlingüísítca e intralingüística de textos periodísticos desde el ámbito de la traducción

La importancia de la LF se resume el decálogo de apoyo a la LF que señala diez argumentos a favor de su implementación. En el marco del sector periodístico, ponemos de relieve el argumento dos en el que se especifica que "La información escrita que comprendemos, nos hace más fácil participar e influir en la sociedad" (Ministerio de Sanidad, Servicios Sociales e Igualdad 2017:7). Además, en este decálogo se especifica que la LF favorece: la igualdad de oportunidades para todos; la autonomía de todas las personas; el acceso para todos a la misma información y contenidos y la actuación participativa para las personas con dificultades de comprensión lectora. No se deber perder de vista tampoco que la LF ya se ha constituido como una herramienta sólida en países como Alemania (Bredel y Maaß 2016:108) y su esencia gira alrededor de la consecución de un texto adaptado que ofrezca la información necesaria de manera comprensible para aquellas personas que necesitan este apoyo (Ministerio de Educación, Cultura y Deporte 2014:47).

Por su parte, el mercado de la traducción periodística en España, de acuerdo con Hernández Guerrero (2008:359), advierte que el volumen de trabajo es elevado y que se presenta de manera diversa. Se pueden encontrar traducciones en ediciones electrónicas de medios de comunicación nacionales e internacionales; en versiones a otras lenguas de algunos medios escritos; en la publicación de suplementos en diarios españoles con textos de medios extranjeros o textos traducidos que se publican regularmente en los diarios españoles; entre otros. En un estudio anterior, Hernández Guerrero (2005a) concluye que los géneros más traducidos en periódicos de tirada nacional como *El País* o *El Mundo* son los artículos de opinión, los reportajes, las crónicas y las noticias. Concretamente, en el caso de periódicos como el *El País*, de acuerdo con la misma autora (2008:362) el 19% de sus artículos de opinión y el 27% de los textos bajo la rúbrica "Tribuna Libre" son traducciones. En el caso de *El Mundo*, lo son el 27% de los textos periodísticos bajo la rúbrica de "Tribuna Libre". En la traducción periodística, de acuerdo con López Guix (2005:106), "Las lenguas de partida más frecuentes son el inglés y luego el francés; en ocasiones, se publican también artículos procedentes del alemán o del italiano y, mucho más raramente, de otros idiomas como el árabe y el ruso".

---

6. https://transmediacatalonia.uab.cat/easit/

Además, como indica Hernández Guerrero (2005a) cada género periodístico se traduce de una manera diferente. De modo que no se traduce de igual forma un texto argumentativo como puede ser un artículo de opinión que uno informativo como la noticia. Este último tipo de texto sufre un proceso de transformación que surge como respuesta a su adecuación pensada en términos de audiencia del periódico receptor. Así, el traductor debe crear un nuevo texto que funcione como noticia para un público diferente sin perder de vista igualmente la línea editorial del periódico para el que traduce (Hernández Guerrero 2012:70). De acuerdo con Stinson de Quevedo (2007:93), "el proceso de traducción periodística se desarrolla en diferentes etapas, entre las que destacan: a) la lectura profunda para identificar el tipo textual [...], (2) la lectura profunda para identificar las características léxicas y sintácticas y la infografía, c) traducción para producir el borrador de la primera versión, d) corrección de errores tales como elecciones léxicas inapropiadas, falta de precisión o estructuras erradas entre otros, e) edición, para producir la versión final que se asemeje en estilo y formato al texto fuente tanto como sea posible. Sobre este particular, el traductor profesional, gracias a la adquisición durante su formación de las competencias traductora, lingüística, documental, cultural y tecnológica, está preparado para traducir este tipo de textos atendiendo a las características y necesidades del receptor meta. Además, en este punto se observa un gran paralelismo entre las etapas de la traducción periodística descritas por Stinson de Quevedo (2007) y las tareas del adaptador, diseñador y maquetador definidas por la Norma UNE (AENOR 2018). A este respecto, Navarro-Brotons y Cuadrado-Rey (2022) ya hallan un nuevo nicho de mercado en España para los traductores enfocado a la LF a partir de la convergencia de competencias de los perfiles[7] del adaptador, diseñador y maquetador descritos por la Norma UNE (2018:8) y de los perfiles y competencias descritos en el *Libro blanco del Título de Grado en Traducción e Interpretación* (Aneca 2004). En este sentido, las autoras ponen de manifiesto que:

> Tanto las tareas del traductor como del adaptador, comprendidas como mediación lingüística en sentido amplio, resultan clave para garantizar la inclusión de un público diverso a los contenidos. Desde el prisma de la traducción, consideramos que esta garantía pasa por realizar la tarea traductora entendida desde el punto de vista del funcionalismo, es decir, con la mirada puesta en el destinatario al que va dirigida la traducción. (Navarro-Brotons y Cuadrado-Rey 2022:197)

---

7. Actualmente, existen proyectos como *Easynews*, promovido por asociaciones europeas, por el Instituto Tecnológico del Producto Infantil y Ocio (AIJU) y co-financiado por la Comisión Europea, que trabajan en desarrollar una aplicación que permita transcribir textos en LF incentivando el interés por el periodismo a través de las TIC. <https://easynewserasmusproject.es/>

Además, la traducción de prensa escrita está condicionada por una serie de peculiaridades que giran tanto en torno a los elementos textuales como a factores extralingüísticos (García González 2004:137). Estas peculiaridades que determinan el quehacer del traductor han sido descritas por diferentes investigadores. En relación a los factores y objetivos del ámbito periodísticos que influyen en el trabajo del traductor de prensa, Tapia (1992) cita los cinco que exponemos a continuación y que contrastamos en la tabla que sigue con los propósitos y las características clave de la LF:

Tabla 1. Contraste entre factores y objetivos de la traducción periodística y los propósitos y características de la LF

Factores y objetivos de la traducción periodística (Tapia 1992)	Propósitos y características clave de la LF
1. El primer objetivo del traductor periodístico es transmitir información. Por tanto, es su obligación recurrir a todos los mecanismos capaces de brindar mayor claridad a la información que se está transmitiendo.	1. Transmisión de la información con la mayor claridad posible.
2. El traductor periodístico traduce para una audiencia masiva. En consecuencia, deberá usar un lenguaje claro y directo.	2. Uso de lenguaje claro y sencillo.
3. El traductor periodístico traduce para un ámbito geográfico, temporal y cultural específico. Su labor también estará condicionada por el medio para el cual trabaja.	3. Adaptación del contenido al potencial destinatario meta con discapacidad cognitiva.
4. El traductor periodístico está sometido a importantes limitaciones de tiempo y espacio.	4. Los textos en LF necesitan un mayor espacio.
5. El traductor periodístico suele ser también "retraductor" y corrector de estilo.	5. Importancia de revisión y la evaluación en la LF.

De los cinco factores y objetivos de la traducción periodística descritos por Tapia (1992) comprobamos que cuatro coinciden plenamente con los propósitos y las características de la LF. Únicamente el punto cuatro, centrado en las limitaciones espaciales no encaja en su totalidad con la LF que necesita mayor espacio. Sin embargo, el hecho de que el traductor periodístico esté acostumbrado a trabajar con las limitaciones de tiempo y espacio es, a su vez, una garantía de su capacidad de adaptabilidad que puede ser beneficiosa para la traducción periodística a LF.

Por su parte, Martínez 2001 enumera las siguientes competencias necesarias para abordar la traducción periodísticas: (1) la ductilidad, entendida como la versatilidad del traductor periodístico; (2) la capacidad de síntesis y (3) la capacidad de precisión, claridad, veracidad y rigurosidad. La traducción periodística es especialmente sensible con los aspectos lingüísticos y pragmáticos para garantizar el propósito comunicativo lo que exige "la intervención constante del traductor mediante el empleo de técnicas de traducción concretas, como la descripción o la adaptación" (González Salinas y Rodríguez Althon 2015: 317). En este sentido, al revisar dichas competencias que, de acuerdo con Martínez (2001), debe poseer el traductor de prensa, observamos que también son fácilmente transmisibles al traductor de prensa en LF.

Así las cosas, las competencias empleadas para la traducción periodística interlingüística son extensibles a la traducción periodística intralingüística. Además, las competencias documental, cultural y tecnológica propias del traductor profesional (Aneca 2004), permiten al traductor periodístico desarrollar las funciones de adaptador, diseñador y maquetador mencionadas en la norma UNE 2018 (AENOR 2018) como propias del proceso de adaptación a LF. En este sentido, teniendo en cuenta que actualmente, la oferta de formación en accesibilidad cognitiva y LF en España solo se encuentra en cursos impartidos por asociaciones como Plena Inclusión,[8] se plantea la posibilidad de implementación de la LF desde los estudios de Traducción e Interpretación, concretamente en el Grado de Traducción e Interpretación de la Universidad de Alicante. Esta implementación podría llevarse a cabo bien a partir de la inclusión de nuevas materias como lo plantean Carlucci y Seibel (2020: 267), bien como unidades dentro de alguna de las asignaturas de Traducción General que ya se contemplan en el plan de estudios y que abordan principalmente la traducción periodística. Ello supondría "un reto para la innovación en la teoría y la didáctica de la traducción profesional (Carlucci y Seibel 2020: 267).

5. Análisis de los principales retos (problemas y dificultades) de la traducción periodística desde el prisma de la LF

El discurso periodístico plasmado en la prensa escrita muestra determinadas características que hay que tener en cuenta antes de traducir, adaptar o crear textos a LF. Como indican Carlucci y Seible (2020: 269) la LF como modalidad de traducción accesible implica una mediación intralingüística e intracultural, o bien interlingüística e intercultural. Navarro-Brotons y Cuadrado-Rey (2022: 197-198), atendiendo a las variables que se pueden dar de acuerdo con los tipos de destinatarios, van más allá y añaden la mediación intralingüística e intercultural que se da en el caso en el que los destinatarios del texto en LF sean conocedores, en

---

8. https://www.plenainclusion.org/

mayor o menor grado, de la lengua del original, pero perteneciente a una cultura distinta.

De acuerdo con los siguientes autores San Miguel and Valdrerrey (1998), Martínez (1998), García González (2004), Hernández Guerrero (2004, 2006b), Stinson de Quevedo (2007: 95-96) y García Suárez and Pérez Cañada (2017: 19-34) hemos convenido una serie de retos propios de la traducción periodística que pasamos a analizar desde el prisma de la LF cuyas pautas y directrices han sido descritas por autores como García Muñoz (2012, 2014) o la propia Norma UNE 153101:2018 (AENOR 2018). Los retos recopilados son los siguientes: (1) eufemismos; (2) titulares; (3) referentes culturales; (4) información añadida; (5) espacio; (6) variedad de códigos paralingüísticos; (7) códigos icónicos; (8) estilo literario y la creatividad lingüística; (9) términos vagos; (10) neologismos; (11) influencia de otros idiomas; (12) lenguaje inclusivo; (13) nombres propios, instituciones y topónimos y (14) cifras.

A continuación, analizamos cada uno de los catorce retos recopilados.

5.1   Eufemismos

Los textos de carácter periodístico presentan "una tendencia a la moderación, a la neutralidad, en definitiva, a la atenuación en la expresión" (San Miguel and Valderrey 1998: 145). Esta tendencia persigue un cambio en la manera de expresarse cuya finalidad estriba en la transformación del uso y de los hábitos sociales. En este sentido, se considera que eliminar en primera instancia la desigualdad que se expresa mediante el lenguaje es fundamental para erradicar la discriminación social. De este modo, es fácil encontrar en la prensa expresiones del tipo *technicien de surface* (técnico de superficie) en francés para referirse a *homme ou femme de ménage* (señor o señora de la limpieza); *solicitantes de empleo* en español o *demandeurs d'emploi* en francés para referirse a *parados/chômeurs* respectivamente o *barrio sensible/quartier sensible* para *barrio conflictivo/conflictuel*. El problema que plantean los eufemismos en la traducción periodística es que consiguen diluir la rotundidad semántica de los términos. Además, esta ruptura en muchas ocasiones va ligada a movimientos ideológicos. Estudios recientes sobre el eufemismo en presa escrita (Trujillo 2018) apuntan al uso del mismo como instrumento de manipulación social en la línea de lo que ya indicaba Gallud (2005: 122) "Los eufemismos son nociones adulteradas que tienden a edulcorar la realidad y a favorecer a los más diversos intereses". El traductor periodístico está condicionado por la ideología del periódico para el que traduce que puede, o no, coincidir con la ideología del periódico de origen. En el caso de la LF, el eufemismo, más allá de edulcorar la realidad o de los motivos ideológicos, es un potencial motivo de opacidad en el texto. En este sentido, el traductor a LF tiene que tener en cuenta que el eufemismo en el ámbito de la LF es un accidente semántico que genera un problema léxico ya que resulta abstracto y opaco al potencial lector meta. Por este motivo, para su traducción debe seguir las pautas de "utilizar palabras con significado preciso", "evitar lenguaje figurado" y "evitar conceptos abstractos" (García Muñoz 2012: 70-71)

5.2 Titulares

Los titulares gozan de un estatuto especial en relación con otras partes del texto periodístico debido a la función especial que desempeñan en la comunicación de la noticia (Fernández Lagunilla y Pendones 1996: 80). Los titulares generalmente se caracterizan por la brevedad, el uso de juegos de palabras con sinónimos, homófonos, palabras de pronunciación similar o juegos con sonidos o con ritmo, entre otros. Si bien estos recursos son empleados en la prensa en general, cabe remarcar que son especialmente utilizados en la prensa deportiva. Valgan como ejemplo los siguientes titulares: "¡Hala Modric!", publicado en el periódico Marca el cinco de diciembre de dos mil doce para indicar, alterando el grito de guerra del equipo del Real Madrid "¡Hala Madrid!", que dicho equipo liderado en el terreno de juego por el centrocampista croata Luka Modric, goleó al Ajax (4-1) en la Liga de Campeones; o "Españaguay", publicado también en Marca el siete de febrero de dos mil trece para contar, a partir de un juego de palabras que mezcla España y Paraguay, que la selección española se impuso a la uruguaya (3-1) en un encuentro amistoso que sirvió de preludio al enfrentamiento que ambos equipos iban a protagonizar en la próxima Copa Confederaciones. Estas técnicas se utilizan principalmente para atraer la atención del lector. El traductor periodístico debe tener en cuenta que, a pesar de que muchos de los rasgos propios del titular en español pueden ser comunes a los de otros países, también existen diferencias. Por ejemplo, mientras que los titulares españoles son mucho más directos, los titulares de otros países vecinos como Francia lo son mucho menos. En este sentido, el traductor debe ser consciente de este hecho y adaptarlos a las convenciones de la lengua meta. Como indica Hernández Guerrero (2006), el traductor además de los patrones textuales debe ser conocedor de las convenciones propias del género que traduce. De acuerdo con algunos libros de estilo de prensa como, por ejemplo, el de *El País* se especifica que los titulares "han de ser inequívocos, concretos, asequibles para todo tipo de lectores y ajenos a cualquier clase de sensacionalismo." (*El País* s.d.: 35). Para que esta indicación esté en sintonía con las pautas de LF y el titular sea realmente asequible para todo tipo de lectores, el traductor a LF debe tener en cuenta algunas de las pautas de la norma UNE (AENOR 2018: 20) que indican evitar "el uso de enunciados con sentido figurado (frases hechas o refranes, ironías, metáforas o semejantes)". Además, en la traducción interlingüística a LF se debe tener en cuenta también que algunos idiomas como el francés tienen tendencia a expresar los titulares mediante frases nominales. Sin embargo, la adaptación al español no debe mantener esta nominalización ya que está desaconsejada por las pautas de la LF (AENOR 2018: 20).

5.3 Referentes culturales

La traducción periodística en sí misma produce un trasvase transcultural de información de manera continua. De acuerdo con Martínez (1998: 995), los referentes culturales que aparecen en el texto periodístico representan el acervo cultural de una comunidad y se pueden dividir en cultura material y cultura propiamente dicha. En este proceso de trasvase cultural, el traductor debe valorar si una información inferida a partir del uso de un referente cultural en el texto original es susceptible de suponer un problema de comprensión para los lectores del texto meta y si, por tanto, debe ser extendida en el texto meta.

En tal sentido, Hernández Guerrero (2008: 994) apunta que este la traducción periodística "implica en muchas ocasiones que se vaya más allá de la mera traducción y se adapte el mensaje al nuevo receptor" y que los géneros periodísticos rigen también la convención textual del texto meta en materia de explicación de los elementos culturales. La técnica traductológica que se suele utilizar para llevar a cabo estas transformaciones es la amplificación, lo que permite que el texto meta cumpla la función asignada y se adapte a las necesidades del nuevo destinatario.

Sin embargo, desde una perspectiva de traducción a LF, la amplificación tal y como la conocemos no beneficia la simplificación y comprensión del texto meta. Por este motivo, dentro del ámbito de la traducción periodística a LF el traductor, tras la valoración del referente cultural, decidirá si debe incluirlo en el texto meta, subrayarlo y crear un glosario como material de apoyo o si debe neutralizarlo y emplear un término cuya comprensibilidad tenga mayor alcance. Por ejemplo, en la traducción periodística usar *presidente/a del gobierno* para referirnos a la persona que representa al gobierno y que establece y determina las directrices de la política interior y exterior de España es correcto. Al igual que usar el término *canciller* si nos referimos a Alemania o de *primer/a ministro/a* para Francia. Sin embargo, en la traducción a LF es conveniente usar un término hiperónimo conocido sea cual sea el país sobre el que se habla. Si se decide mantener el referente es conveniente aplicar el glosario de apoyo del que se ha hablado.

5.4 Información añadida

Las convenciones que rigen la composición del texto periodístico vienen marcadas culturalmente. Se trata de principios que los periodistas conocen y aplican a nivel sintáctico, léxico, etc. Dentro de este abanico de convenciones encontramos el uso de información añadida que se justifica, de acuerdo con Hernández Guerrero (2006b:221) porque "Los textos van dirigidos a unos lectores heterogéneos y desconocidos a los que hay que proporcionar toda una serie de informaciones (referenciales contextuales y culturales) para que la comunicación funcione". El traductor periodístico debe tener en cuenta que estas convenciones pueden variar de una lengua a otra. En el caso del español, la mayoría de libros de estilo proporcionan orientaciones vagas sobre cómo abordar los añadidos necesarios lo que tiene como resultado gran variedad de soluciones (Hernández Guerrero 2006b:223). Dentro de este abanico de soluciones en español encontramos el uso de información añadida que se inserta en el texto mediante aposiciones explicativas entre comas, paréntesis, corchetes o guiones (Hernández Guerrero 2006:225-244).

Así las cosas, en relación con las aposiciones explicativas, el texto periodístico en español manifiesta un gran gusto por la acumulación de paráfrasis nominales que dan como resultado oraciones complejas y muy extensas como podemos ver en el siguiente fragmento:

> Una vez registrados en Waylet, la app gratuita de Repsol para realizar pagos desde el móvil, los usuarios recibirán un primer cupón de 30 céntimos de euro por litro, incluyendo la bonificación del Gobierno, que podrán utilizar en todos sus repostajes hasta el final de la campaña, sea cual sea el carburante que elijan, sin importe mínimo, ni limitación en la cantidad de litros. (*El Mundo* 11-04-2022)

Si bien este uso es un procedimiento ágil y funcional para el periodista y para el traductor periodístico, desde el punto de vista de la traducción a LF cabe tener presente que la norma UNE nos indica que "Se deberían evitar las explicaciones entre comas que supongan un inciso dentro de la frase" (AENOR 2018:24).

De igual modo los paréntesis que se usan generalmente "para interrumpir el sentido del discurso con un inciso aclaratorio y para intercalar datos [...] para precisar la localización geográfica [...] para indicar el equivalente de las monedas extranjeras [...] para indicar datos bibliográficos [...] con las siglas" (Hernández Guerrero 2006b:227-29) o los corchetes usados generalmente para "encerrar datos no recogidos por un corresponsal o enviado especial y que se añaden a una crónica, [...] para añadir un texto o una o varias palabras que no figuran en el original, pero que facilitan su comprensión" son recurrentes en el texto periodístico.

En el siguiente ejemplo vemos el uso del paréntesis para indicar la localización geográfica:

> Hubo un experimento similar en el Museo Mauritshuis de La Haya (Países Bajos) y otra propuesta en Roma ligada a la comida, según recuerda ...
>
> *(El País* 05-04-2022)

Sin embargo, desde el prisma de la LF, al igual que sucedía con los incisos, la norma UNE indica que "Se debería evitar el uso de paréntesis, corchetes y signos ortográficos poco habituales" (AENOR 2018: 18). De esta manera, el traductor periodístico a LF debe cambiar las convenciones tradicionales para asegurarse de generar un texto comprensible para todas las personas.

5.5 Espacio

Las peculiaridades de la traducción periodística van más allá de las meras transformaciones lingüísticas y culturales. Algunas de ellas vienen también determinadas por factores extralingüísticos como el tiempo y el espacio (García González 2004: 137) y por las necesidades concretas de cada medio, así como por la función que se les asigna a los textos en la situación comunicativa nueva (Hernández Guerrero 2008). De acuerdo con García González (2004: 140), la cuestión del espacio está determinada por la manera en la que se distribuye la página en el medio en que publica la traducción. Por este motivo, generalmente, el traductor dispone de libertad para llevar a cabo la supresión de la información que considere, así como la añadidura o separación de párrafos, siempre que ello no afecte a la claridad ni al contenido esencial del mensaje. Sin embargo, no es muy frecuente que los textos sufran mutilaciones por motivos de espacio y los mayores cambios vienen determinados por la adaptación al nuevo receptor (Hernández Guerrero 2008: 365).

Si partimos de la idea de una traducción periodística que responda a un diseño cognitivo para todas las personas, basado en la LF, el traductor debe conocer las características de la composición del texto. En este sentido, cada línea debe tener una sola oración, a lo sumo dos. Cada oración contendrá entre cinco y veinte palabras. Los párrafos deben alinearse a la izquierda y se deben ordenar en párrafos cortos. Además, no se deben partir las palabras a final de línea con guiones. La distribución del espacio es muy importante para lo que se aconseja el uso de márgenes amplios y líneas en blanco para distinguir los párrafos y separar ideas (cf. García Muñoz 2012: 76-77). Estas pautas provocan que la necesidad de espacio para la redacción o la traducción de un texto a LF sea mayor. Es algo que tanto el medio como el traductor deben saber y que es fácilmente realizable gracias a los medios de comunicación en formato digital.

A continuación, a modo de ejemplo, mostramos un fragmento de noticia en LF publicado en *Planeta fácil*:[9]

> Ecologistas en Acción
> es una organización
> de 300 grupos repartidos
> en ciudades y pueblos.
>
> Se dedica a la ecología social
> debido a que en el mundo
> la gente está contaminando más.

5.6 Variedad de códigos paralingüísticos

El lenguaje de los textos periodísticos se caracteriza por la heterogeneidad que se refleja principalmente en tres ámbitos. Uno de estos ámbitos de acuerdo con García González (2004:141) es la variedad de códigos paralingüísticos, es decir, la variedad de signos tipográficos que se utilizan en la edición del texto. Así, los textos periodísticos presentan diferentes tipos y tamaños de letras, por ejemplo, la cursiva, la redonda, versal, etc. Este aspecto, que podría parecer menor, es de vital importancia para la traducción periodística a LF. El traductor a LF debe tener en cuenta que en relación a la tipografía se aconseja utilizar como máximo dos tipos de letra: uno para el texto y otro para los títulos. El tamaño debe ser grande, entre doce y dieciséis puntos, generalmente se opta por catorce. La tipografía utilizada debe ser sin remate ya que es más clara para la lectura. No se aconseja utilizar cursivas ni mayúsculas. Además, la negrita se debe usar de manera moderada.

5.7 Códigos icónicos

Los códigos icónicos tienen una gran importancia en el texto periodístico ya que contribuyen a la organización de la página. Estos códigos engloban las imágenes, las fotografías, los espacios y recuadros para separar las distintas secciones, los pies de fotos, etc. (cf. García González 2004:141). Al igual que los códigos paralingüísticos, el traductor debe tener en cuenta los códigos icónicos cuando realiza la traducción para su publicación. El traductor periodístico a LF debe conocer las características de ubicación de los códigos icónicos que vienen marcadas por las pautas y recomendaciones ofrecidas por la norma UNE (AENOR 2018:29-31) y por García Muños (2012:75). Los puntos más relevantes sobre los códigos icónicos que debe conocer el traductor a LF son: (1) las imágenes deben ayudar a

---

9. Planeta Fácil (plenainclusion.org)

complementar la comprensión del texto; (2) debe situarse próxima al texto, preferiblemente a la izquierda o arriba del texto al que acompaña; (3) los pies de foto deben redactarse siguiendo las normas de LF y (4) no se debe saturar la página de imágenes.

5.8 Estilo literario y la creatividad lingüística

El estilo literario y la creatividad lingüística en el periodismo se suele apreciar especialmente en los géneros de opinión. Generalmente la traducción de este género se caracteriza por una elaboración estilística elaborada y cuidada que trata de mantener la esencia de estilo del autor original. Tanto el estilo literario como la creatividad lingüística se manifiestan mediante el uso de diferentes recursos estilísticos entre los que destacamos la metáfora, la personificación o la polisemia (García González 2004:142). En este sentido, estilísticamente hablando algunos textos periodísticos se asemejan a la traducción literaria (cf. Hernández Guerrero 2008). Sin embargo, el traductor a LF debe primar el mensaje que se canaliza respetando la forma y estilo propios de la LF. El hecho de respetar las pautas establecidas por las normas sobre LF eliminará todo tipo de recurso estilístico que pueda ser un motivo de opacidad. Recordemos que la norma UNE (AENOR 2018:20) aconseja "evitar el uso de enunciados con sentido figurado" entre las que indica metáforas e ironías.

5.9 Términos vagos

El uso de términos vagos, polisémicos o abstractos es una característica del texto periodístico que oscurece el mensaje (García González 2004:142). En muchas ocasiones, el uso habitual de ciertos términos polisémicos que reemplazan a otros de significado más preciso viene determinado por la redacción apresurada como resultado del escaso tiempo material para que una noticia o cualquier otro tipo de texto periodístico vea la luz. Como apuntan García Suarez y Pérez Cañada (2017:25) el problema del uso de palabras polisémicas en la traducción periodística estriba en la sensación de pobreza expresiva con la exclusión de palabras más precisas. Sin embargo, desde el prisma de la LF algunas de estas palabras pueden suponer un problema debido a su polisemia o su nivel de abstracción. En el caso de términos polisémicos, es recomendable evitarlos y utilizar términos precisos. Si el termino preciso es demasiado técnico se subrayará y se incluirá en forma de glosario en el margen para ayudar a la comprensión. En el caso de términos abstractos, se tratará de ilustrarlos con ejemplos concretos; si no es posible y se trata de un término abstracto de uso habitual se mantendrá incluyéndolo en una construcción semántica sencilla (García Muñoz 2012:71-72).

5.10 Neologismos

Otro fenómeno frecuente del plano léxico-semántico en los textos periodísticos es el de los neologismos, entendidos como la utilización de unidades de nueva creación. De acuerdo con García González (2004:143) la prensa tiene tendencia a acuñar neologismos, muchos de ellos por derivación, por ejemplo, *felipismo* o por composición *almuerzo coloquio*. Desde la perspectiva de la LF, el traductor debe tratar con especial cuidado este fenómeno que supone un potencial problema de comprensión en la lengua meta. En este sentido, el traductor a LF debe valorar la importancia del neologismo en el conjunto de la traducción. Si decide mantenerlo puede recurrir a la inclusión del neologismo en un glosario como se hace con los referentes culturales. El ejemplo que se presenta a continuación contiene el neologismo *ninini* que aparece en un titular del diario *La Vanguardia* (14-07-2018) "Un nuevo colectivo, los ninini". Este neologismo hace referencia a las personas que ni estudian, ni trabajan, ni les permiten hacerlo. Si se mantiene este neologismo en la traducción a LF, la definición debe aparecer en el glosario situado en el margen.

5.11 Influencia de otros idiomas

En el plano morfosintáctico y léxico el texto periodístico se caracteriza por la influencia de otros idiomas. Por ejemplo, "El uso del condicional para expresar posibilidad es un galicismo inadecuado en español pero muy frecuente en el registro periodístico" (García Suarez y Pérez Cañada 2017:24). En esta línea, es fácil encontrar condicionales como *considérerait* usado en el siguiente artículo del diario francés *La Tribune* (22-11-2007) "Cette idée est peut-être aussi le fruit d'une confusion car le gouvernement considérerait que l'application de la mesure des heures supplémentaires détaxées revient en fait à un treizième mois sans charge" traducidos por *consideraría*; aunque para alejarse del galicismo se debe traducir por *quizá considere* o *parece que considera*. De hecho, como mostramos a continuación, este uso se da en la propia redacción en español en la que directamente se aplica el galicismo sin necesidad de tener un texto original en francés: "¿Qué es una zona de exclusión aérea?: La petición de Ucrania a la OTAN que Rusia consideraría una declaración de guerra" (*El País* 06-03-2022). En la traducción a LF el traductor debe evitar el uso del condicional, no solo por tratarse de un galicismo, sino también porque es una recomendación expresa de la norma UNE (AENOR 2018:22) "Se deberían evitar los tiempos verbales compuestos o poco frecuentes y el uso de los condicionales y subjuntivos".

Igualmente, el lenguaje periodístico en español está influenciado por el inglés. Tanto el inglés como el francés hacen un uso más extendido de la voz pasiva que el español. En muchas ocasiones se calca la voz pasiva en el texto meta. Es el caso del siguiente ejemplo publicado en el diario *El País* a partir de una traducción del inglés: "Ha sido acusado de corrupción y está siendo investigado" (El País 17-01-1994). La potenciación de dichas construcciones en el modo de expresión periodístico tiene como objetivo "imprimir al contenido un tono más impersonal y solemne que le dé credibilidad" (García González 2004: 144). Sin embargo, como sucede con el uso del condicional, en la traducción a LF se debe evitar el uso de la voz pasiva (AENOR 2018: 22).

En el plano léxico la influencia de otras lenguas resulta más evidente. Existen multitud de ocasiones en las que el traductor requiere de un vocabulario que por el mero hecho de la actualidad del tema tratado le obliga a recurrir a vocablos de otro idioma. Para ello, el traductor periodístico puede emplear técnicas de traducción tales como el extranjerismo *zapping*, el préstamo *rol* o el calco *cazatalentos > headhunter* (cf. García González 2004: 145-146). En la traducción a LF se deben evitar estos términos procedentes de otros idiomas salvo si ya son muy habituales. En caso de no serlo, si el traductor tiene la necesidad de aplicarlos, hay que recurrir al glosario en el margen para asegurar la comprensión del potencial lector del texto meta.

5.12 Lenguaje inclusivo

La incorporación de la mujer al ámbito público ha supuesto un profundo cambio social. En este contexto, los medios de comunicación deben adaptar su principal herramienta de trabajo, el lenguaje, a esta realidad. No se debe perder de vista que el papel que juegan los medios de comunicación en la promoción de la igualdad de género es fundamental. Por este motivo, es imprescindible que tanto el periodista como el traductor periodístico aprendan a detectar usos sexistas del lenguaje en la prensa y a proponer alternativas mediante usos lingüísticos inclusivos. La LF está en consonancia con el lenguaje inclusivo por todos los motivos que hemos mencionado previamente pero también porque el lenguaje sexista puede hacer que el mensaje sea opaco para sus potenciales lectores. Como indican desde *Plena Inclusión* el siguiente cartel que usaron en un bar para solicitar camareros y camareras decía "Se buscan camareros" y solo recibieron candidaturas de hombres puesto que entendieron que la oferta era únicamente para género masculino (cf. Plena Inclusión 2020: 8). En este sentido, la norma UNE indica que "Al utilizar lenguaje no sexista, se debería recurrir a genéricos de uso frecuente y fáciles de entender, a desdoblar los nombres y adjetivos o a utilizar la palabra "persona" delante del adjetivo o nombre" (AENOR 2018: 27), es decir, es incorrecto decir "Los presidentes/as". Se debe decir "Las presidentas y los presidentes".

5.13 Nombres propios, de instituciones y topónimos

El uso de nombres propios, de instituciones y topónimos, entre otros, es también un elemento característico de los textos periodísticos. La problemática que ofrecen los nombres propios es el hecho de determinar si se deben traducir o no, en función de las reglas de cada lengua y, en el caso de la traducción periodística, en función de las convenciones editoriales marcadas por los manuales de estilo de cada diario. El diario español ABC, por ejemplo, especifica en su libro de estilo que los nombres propios originales en otras lenguas generalmente deben respetarse. Sin embargo, se usan traducidos en los casos de nombres propios de personajes históricos en los que existe una traducción extendida por el uso. En el caso de que los nombres propios o los topónimos procedan de lenguas con alfabeto no latino hay que adaptarlos a la grafía y fonética castellana (cf. ABC 2001: 13-14).

En el caso de la traducción periodística a LF debe valorarse el hecho de añadir estos elementos al material de apoyo en el que se ofrezca información extra al lector sin sobrecargar el texto meta. Contrariamente a lo que sucede en la traducción periodística en la que se aconseja no utilizar ningún tipo de resalte para los nombres propios, topónimos o instituciones (García Suarez and Pérez Cañada 2017: 20); en la traducción periodística a LF el uso del subrayado puede ser muy útil para destacarlos. La finalidad reside en facilitar la detección y la comprensión.

5.14 Cifras

El modo en que se han de escribir los números en el ámbito periodístico viene recogido en ciertas fuentes de autoridad como la *Ortografía de la lengua española* (OdLE) que sirven de referencia para redactores y traductores (cf. García Suárez y Pérez Cañada 2017: 22). Sin embargo, existen diferencias al respecto entre el uso de la letra o la cifra. De acuerdo con la OdLE (RAE 2010), se deben escribir en letra los números que se pueden expresar mediante una sola palabra, así como los números redondos que puedan expresarse con dos palabras y los inferiores a cien que se expresan con dos palabras unidas por la conjunción "y". Sin embargo, los libros de estilo de los principales diarios españoles como *ABC* o *El País* suelen ser más partidarios del uso de la cifra. En el caso de números compuestos por muchas cifras se aconseja escribirlos en cifra.

Desde el prisma de la LF el traductor debe conocer que la norma (García Muñoz 2012: 68) recomienda escribir siempre los números en cifra. A pesar de ello, las cifras que aludan a una cantidad grande pueden ser tratadas de dos modos: (1) Aplicar un redondeo. (2) Sustituir por conceptos como "muchos", "algunos", "varios", etc. Es importante destacar también que se aconseja escribir las fechas de forma completa, con el nombre del día incluido y también evitar los números romanos.

6. Conclusiones

Al iniciar este trabajo se han marcado dos objetivos; con el primero se pretendía dar cuenta de la oportunidad existente para el traductor de especializarse en el nuevo perfil de traductor periodístico a LF. Este objetivo se ha alcanzado a partir del análisis comparativo llevado a cabo sobre los puntos convergentes entre el proceso de traducción periodística; los factores y objetivos de la traducción periodística; las competencias del traductor periodístico; el proceso de adaptación a LF y las competencias del adaptador a LF descritas en la Norma UNE 153101:2018 EX. La convergencia existente tanto entre el proceso de traducción periodística y el proceso de adaptación a LF como entre las competencias del traductor periodístico y del adaptador a LF pone de manifiesto la posibilidad de especialización del traductor en este nuevo perfil profesional. Este hecho nos lleva a concluir la apertura hacia nuevos horizontes relacionados con la accesibilidad cognitiva para los estudios de Traducción e Interpretación.

Por último, el segundo objetivo, centrado en el análisis de los problemas de la traducción periodística desde el prisma de la LF, refleja la complejidad de esta modalidad de traducción, tanto intra como interlingüística y, arroja luz sobre la necesidad de establecer una clasificación propia de resolución de problemas y dificultades de la traducción periodística a LF. Todo ello, pone en evidencia la necesidad de formación en LF de los traductores, de acuerdo con las pautas de la Norma UNE 153101:2018 EX para España.

Información sobre financiación

El presente trabajo se enmarca en el seno del Proyecto I+D "Accesibilidad en las aulas virtuales: Recomendaciones para una enseñanza accesible" financiado por el Vicerrectorado de Calidad e Innovación Educativa de la Universidad de Alicante en 2020.

Bibliografía

ABC. 2001. *Libro de estilo de ABC*. Barcelona: Ariel.

A la par. 2020. *El consumo de información entre personas con discapacidad intelectual. IV Jornadas de Periodismo y Discapacidad.* https://alapar.ong/url_pdf /InformeAccesoALaInformacionDI.pdf

ANECA. 2004. *Libro blanco. Título de grado en Traducción e interpretación.* Madrid: Agencia Nacional de Evaluación de la Calidad y Acreditación (ANECA).

Article 19. s.d. *Guía de acceso a la información para periodistas.* http://omec.es/Documentos/ddhh_comunicacio/0160.pdf

Asociación Española de Normalización (AENOR). 2018. *Lectura Fácil. Pautas y recomendaciones para la elaboración de documentos UNE 153101:2018 EX.* Madrid: AENOR.

Barnes, Colin y Geof Mercer. 2010. *Exploring Disability.* Cambridge: PolityPress.

Bielsa, Esperança. 2007. "Translation in global news agencies." *Target* 19(1): 135–155.

Bielsa, Esperança y Susan Bassnett. 2009. *Translation in global news.* Londres: Routledge.

Bredel, Ursula y Christiane Maaß. 2016. *Leichte Sprache. Theoretische Grundlagen — Orientierung für die Praxis.* Berlin: Dudenredaktion.

Carlucci, Laura y Claudia Seibel. 2020. "El discurso especializado en el museo inclusivo: Lectura Fácil versus audiodescripción." *MonTI* 12: 262–294.

Casasús, Josep María y Luis Núñez Ladevéze. 1991. *Estilo y género periodístico.* Barcelona: Ariel.

Cuadrado-Rey, Analía y Lucía Navarro-Brotons. 2022. "Legislación inclusiva y lectura fácil: pertinencia de su implementación en la educación superior española." En *Investigaciones emergentes de nuevo cuño,* 197–208. Cizur Menor: Thomson Reuters-Aranzadi.

Directiva (UE) 2016/2102. *Sobre la accesibilidad de los sitios web y aplicaciones para dispositivos móviles para los organismos del sector público.* Bruselas: Diario Oficial de la Unión Europea 2016.

Directiva (UE) 2019/882. *Sobre los requisitos de accesibilidad de los productos y servicios (Texto pertinente a efectos del EEE).* Bruselas: Diario Oficial de la Unión Europea 2019.

El Mundo. 2022. *"Repsol ofrece descuentos en sus combustibles hasta el 30 de junio. ¿Cómo conseguirlos?."* https://www.elmundo.es/uestudio/2022/04/11/6253e70afdddff4e078b458f.html

El País. s.d. *Manual de estilo del diario "El País" de España.* www.parlament.cat/document/nom/manual-de-estilo-de-el-pais.pdf

El País. 2022. "¿A qué huele el Museo del Prado?". https://elpais.com/cultura/2022-04-05/a-que-huele-el-museo-del-prado.html

El País. 2022. "¿Qué es una zona de exclusión aérea? La petición de Ucrania a la OTAN que Rusia consideraría una declaración de guerra". https://elpais.com/internacional/2022-03-06/que-es-una-zona-de-exclusion-aerea-la-peticion-de-ucrania-a-la-otan-que-rusia-consideraria-una-declaracion-de-guerra.html

Fernández Lagunilla, Marina and Covadonga Pendones. 1996. "Discurso reproducido y juegos de palabras en los títulos de prensa." *Discurso*: 77–102.

Gallud, Enrique. 2005. "El eufemismo como instrumento de manipulación social." *Comunicación y hombre* 1: 120–129.

García González, José Enrique. 2004. "Palabras, espacio y tiempo." En *La Traducción periodística,* ed. por C. Cortés Zaborras y Mª José Hernández, 137–154. Toledo: Escuela de Traductores de Toledo.

García Muñoz, Óscar. 2012. *Lectura fácil: métodos de redacción y evaluación.* Madrid: Real Patronato sobre Discapacidad.

García Muñoz, Óscar. 2014. *Lectura fácil. Col. Guías prácticas de orientaciones para la educación inclusiva*. Ministerio de Educación, Cultura y Deporte, Secretaría General Técnica de la Subdirección General de Documentación y Publicaciones.

García Muñoz, Óscar. 2014. *Lectura Fácil. Colección Guías prácticas de orientaciones para la inclusión educativa*. Madrid: Ministerio de Educación, Cultura y Deporte. https://dilofacil.files.wordpress.com/2015/06/libro-final.pdf

García Suárez, Pablo y Luis M. Pérez Cañada. 2017. *Manual de traducción periodística árabe-español. Introducción teórica, textos y claves*. Toledo: Cuadernos Escuela de Traductores de Toledo.

González Salinas, Armando y Adriana E. Rodríguez Althon. 2015. "La atenuación en la traducción de textos periodísticos de publicación bilingüe." *Textos en proceso* 1:2, 311–331.

Hernández Guerrero, María José. 1997. "La traducción en la prensa: los artículos de opinión." En *El papel del traductor*, ed. por Esther Morillas y Juan Pablo Arias, 319–340. Salamanca: Colegio de España.

Hernández Guerrero, Mª José. 2004. "Prensa y traducción." En *La Traducción periodística* ed. por Cortés Zaborras, C. and Mª José Hernández Guerrero, 155–174. Toledo: Escuela de Traductores de Toledo.

Hernández Guerrero, María José. 2005a. "La traducción de los géneros periodísticos." En *La traducción periodística*, ed. por Carmen Cortés Zaborras y María José Hernández Guerrero, 89–135. Cuenca: Universidad de Castilla-La Mancha.

Hernández Guerrero, María José. 2005b. "Prensa y traducción." In *La traducción periodística*, ed. por Carmen Cortés Zaborras y María José Hernández Guerrero, 157–175. Cuenca: Universidad de Castilla-La Mancha.

Hernández Guerrero, María José. 2006a. "Técnicas específicas de la traducción periodística." *Quaderns: Revista de Traducció* 13: 125–139. https://www.raco.cat/index.php/QuadernsTraduc-cio/article/view/51667/55312

Hernández Guerrero, María José. 2006b. "La información añadida en las traducciones periodísticas: convenciones textuales." En *Traducción y Cultura. Convenciones textuales y estrategia translativa* ed. por Leandro Félix Fernández y Carmen Mata Pastor, 221–248. Málaga: Libros ENCASA Ediciones y Publicaciones.

Hernández Guerrero, María José. 2008. "La traducción periodística en los diarios españoles de información general." En *Actas del III Congreso Internacional de la Asociación Ibérica de Estudios de Traducción e Interpretación: La traducción del futuro: mediación lingüística y cultural en el siglo XXI vol. 2*, ed. por Luis Pegenaute, Janet Ann De Cesaris, Mercedes Tricás Preckler y Elisenda Bernal, 359–368. Madrid: PPU.

Hernández Guerrero, María José. 2009. "Los artículos de opinión traducidos en la prensa escrita: el trasvase transcultural de la opinión." En *La traducción, factor de cambio*, ed. por María José Hernández Guerrero y Salvador Peña Martín, 93–113. Frankfurt: Peter Lang Verlag.

Hernández Guerrero, María José. 2009. *Traducción y periodismo*. Frankfurt: Peter Lang Verlag.

Hernández Guerrero, María José. 2010. "Las noticias traducidas en el diario El Mundo: el trasvase transcultural de la información." En *Translating information*, ed. por Roberto A. Valdeón, 51–86. Oviedo: Ediuno.

Hernández Guerrero, María José. 2012. "La actividad traductora en la prensa escrita: el recurso a las reescrituras." En *Telar de traducción especializada* ed. by Martino Alba, P. and Christiane Lebsanft, 69–78. Madrid: Dykinson.

La Tribune. 2007. https://www.latribune.fr/archives/2007/ID9F843DD043CCCF77C125739 A0033F82A/pouvoir-dachat--le-casse-tete-du-gouvernement.html

La Vanguardia. 2018. https://www.lavanguardia.com/opinion/20180714/45879097851/un-nuevo -colectivo-los-ninini.html

López Guix, Juan Gabriel. 2005. "Traducir para la prensa escrita: reflexiones de un traductor." In *El texto de opinión en la prensa escrita. Su tratamiento en la traducción* ed. by Ramírez A. S., 105–118. Las Palmas de Gran Canaria: Universidad de las Palmas de Gran Canaria.

Martínez, Adela. 1998. "Los referentes culturales en la traducción de titulares de periódicos." In *II Estudios sobre traducción e interpretación. Tomo II*, ed by Félix Fernández L. and Emilio Ortega Arjonilla, 991–998. Málaga: Centro de Ediciones de la Diputación de Málaga (CEDMA).

Martínez Albertos, José Luis. 1998. "Los géneros periodísticos en los medios de comunicación impresos, ¿ocaso o vigencia?" *Comunicación y estudios universitarios* 8: 67–78.

Ministerio de Educación, Cultura y Deporte. 2014 *Lectura fácil. Colección Guías prácticas de orientaciones para la inclusión educativa*. Madrid: Secretaría General Técnica.

Ministerio de Sanidad, Servicios Sociales e Igualdad. 2017. *Decálogo de apoyo a la Lectura Fácil*. http://www.ceapat.es/InterPresent1/groups/imserso/documents/binario/decalogo _apoyo_lfacil.pdf

Navarro-Brotons, Lucía y Analía Cuadrado-Rey. 2022. "El nacimiento de un perfil profesional emergente en España: Traductor a lectura fácil intralingüística e interlingüístca". En *Translation, Mediation and Accessibility for Linguistic Minorities*, ed. Por María Pilar Castillo Bernal y Marta Estévez Grossi, 191–204. Berlin: Frank & Timme.

Nomura, Misako, Gida Skat Nielsen and Bror Tronbacke. 2012. *Directrices para materiales de lectura fácil*. Madrid: Creaaccesible 2012.

Organización de las Naciones Unidas, *Convención internacional de las personas con discapacidad, de 13 de diciembre de 2006*. 2006. https://www.un.org/esa/socdev/enable /documents/tccconvs.pdf

Parratt, Sonia. 2008. *Los géneros periodísticos en prensa*. https://periodismograficoisec.files .wordpress.com/2014/08/parratt-libro-pag-97-100-y-pag-128-144.pdf

Pérez Bueno, Luis Cayo. 2011. "Nuevo marco legislativo de la accesibilidad en España." En *Accesibilidad universal y diseño para todos: arquitectura y urbanismo* ed. por COAM-EA. Madrid: ONCE.

Plena Inclusión. 2020. *Lectura fácil y lenguaje no sexista. Guía Rápida*. Madrid: Plena inclusión España.

Real Academia de la Lengua Española (RAE). 2010. *Ortografía básica de la lengua española*. Madrid: Espasa.

Real Decreto 1112/2018. *Sobre accesibilidad de los sitios web y aplicaciones para dispositivos móviles del sector público*. Madrid: Boletín Oficial del Estado 2018, 90533–90549. https:// www.boe.es/eli/es/rd/2018/09/07/1112

Reque de Coulon, Ana. 2002. Análisis de estrategias y procedimientos de traducción utilizados en los títulos de la versión española de Le Monde diplomatique. *Hermēneus* 4: 147–159. https://recyt.fecyt.es/index.php/HS/article/view/6108

San Miguel, Manuela y Cristina Valderrey. 1998. "Factores de atenuación en el lenguaje periodístico." En *II Estudios sobre traducción e interpretación. Tomo I*, ed. por Leandro Félix Fernández y Emilio Ortega Arjonilla, 145–158. Málaga: Centro de Ediciones de la Diputación de Málaga (CEDMA).

Stinson de Quevedo, Mirta. 2007. "La traducción periodística. Premisas básicas." En *Traducción periodística y literaria*, ed. por Josefina Coisson y Guillermo Badenes, 91–97. Córdoba: Comunicarte. Lengua y discurso.

Tapia Sasot de Coffey, María Josefina. 1992. "La traducción en los medios de prensa." *Babel* 38:1, 59–63.

Trujillo Garrido, Ana. 2018. "El eufemismo como instrumento de manipulación en la prensa escrita." *Revista de Investigación Lingüística* 21: 77–106.

Plain Legal Language as accessibility tool for translators
An empirical study at a phraseological level

Gisella Policastro-Ponce
Universidad de Córdoba

The accessibility of legal language has become an essential component of social integration for all citizens. Likewise, for any legal translator, understanding legal language will be a crucial first step in overcoming any communication barrier.

In light of this consideration, the purpose of this study is to compare the original Charter of the United Nations with the plain-language version adapted to the same language, paying particular attention to differences in phraseology. By conducting this study, we will have an opportunity to examine the linguistic simplification strategies applied by this international organization, taking into consideration the factors highlighted by plain language as a means of making legal language more communicatively accessible.

Keywords: accessibility, legal language, plain language, phraseology, legal translator

1. Introduction

The process of modernisation and simplification towards greater accessibility of legal language dates back to the Roman legal schools (second and third centuries B.C.) which referred to the need for clarity: "*In claris non fit interpretatio*" (clarity does not require interpretation) (Rodney, 2001).

Considering this legal aphorism, we should reconsider that several peculiar features of legal language, such as archaism, Latin locutions, or technical terminology, impede comprehension, both for citizens and for experts of different fields. Furthermore, it is noteworthy that the difficulty in comprehending legal texts is not solely a result of a lack of knowledge of specialized terms, but also due to the combination of words and their order, as well as from the excessive num-

https://doi.org/10.1075/ivitra.41.05pol
© 2024 John Benjamins Publishing Company

ber of explanatory constructions, subconstructions, and subordinations which can even cause the reader to become lost. There is no doubt that a common characteristic of legal language has been during centuries its obscurity and opacity. This has contributed to the difficulty of deciding whether to maintain the archaic nature of legal language or, on the contrary, whether clearer and simpler language should be utilized so that citizens and the Administration will be better able to communicate.

This dilemma has been the subject of debate and discussion throughout history, and it has become increasingly relevant due to the recent expansion of access to information and accessibility rights. Accordingly, the right to equality in the law has been recognized, as well as promoting appropriate forms of assistance and support for persons with disabilities to ensure that they have access to information.

All of this implies new forms of communication, new scenarios in which informative communication is paramount, and new ways of using language that led to new forms of text that are enlightening and instructive than ever before. Accordingly, in the same way that access to information in general has been expanded, Law must also be made more accessible, since to comply with it, it is necessary to know it, and in order to know it, it is necessary to understand it.

To accomplish this end, transparency, and clarity in the administration of justice and the law are, in our opinion, imperative. To the extent possible, the legal translator must work in a way that respects this transparency and clarity, as well as protecting the public's right to information.

Legal translators can play a crucial role in this respect since they are responsible for transmitting information between languages and cultures. As highlighted by Navarro-Brotons and Cuadrado-Rey (2022), accessibility aims to assist in overcoming linguistic and social barriers to facilitate communication while taking into account the diversity of the audience. Likewise, they emphasize the indispensable function of translators and interpreters in promoting social inclusivity. Similarly, we share Garner's (2001) viewpoint that it falls upon the translator's responsibility to guarantee the comprehension of the content by the target audience while simultaneously preserving fidelity to the original text.

By using different solutions, the legal translator can avoid redundancy, stereotypes, or a taste for the high-flown and archaic. Nevertheless, there is no universal way to translate a legal text, and, what it's more, a great deal of the differences in translation depends on the translator's style, the translator's conception of an ideal translation, or the circumstances at the time (time, place, information available, etc). Since there are several acceptable translation methods, the translator will select, among all of them, the one that seems most appropriate. According to Sager (1997: 30), "the most visible means of expressing intention is through the choice of conventional text types. Text types have evolved as patterns of messages for specific communicative situations". A further factor to consider in accordance with the above is that "a text (spoken or written, signed or visualised) can have multiple barriers, depending on the profile of the text users" (Maaß, 2020: 19).

At this point, we would like to briefly discuss the subject matter of our research. Based on the premise that legal language requires a greater approach to the general public and that its accessibility has become a necessity for all citizens and has become an essential component of social integration, we will focus our attention on the adaptation of certain legal texts using a tool of communicative accessibility that has gained popularity in recent decades: the Plain Language. Moreover, this fact is of particular importance for translators, as they must also adapt to new trends and demands, as well as the target audience.

Keeping all these considerations in mind, we have considered it appropriate to examine the way in which one of the most influential international organizations, the United Nations, handles this issue when drafting its legal documents. To accomplish this task, we have chosen as the source text of analysis the founding treaty of this institution: the Charter of the United Nations. Our intention is to compare the original version written in English with the plain-language version adapted to the same language, paying particular attention to the changes in phraseology. Our work will provide us with an opportunity to examine the linguistic simplification strategies that have been employed by this international organization, taking into account the considerations highlighted by plain language as a tool for the communicative accessibility of legal language.

Furthermore, this study contributes to translation work in the sense that, the first step in "knowing how to translate" is "(knowing) how to understand", "(knowing) how to interpret" the original message. So, understanding legal language will be the starting point for any legal translator in order to remove any communication barrier or communication impairments, regardless of the nature.

2. Plain language: New legal communications

There has long been a call for a change in legislative language. At various times and in various cultures this has been an issue since time immemorial. Since the classical era, as mentioned above, through Montesquieu and in his work *L'Esprit des Lois* (1748), intended to guide legislators and urged keeping laws simple; or Erasmus (1516) and his statement on laws:

The laws should therefore be few, just, and pertinent to the good of the State; they should also be thoroughly well known to the people, for which reason the ancients exhibited them in public written out upon white tables, that they might be visible to all. It is a vile practice to use the laws as nets, as some do, enmeshing as many as they can, not thinking of serving the State, but, as it were, trapping game. Finally, let them be expressed in open and clear language, that there may be no great need of that most avaricious breed of men who call themselves. (1921: 53)

For his part, Beccaria (1819) considered that clear and simple legislation prevented crimes, since the more laws were in place, the greater the deterrent effect they would have on citizens, preventing them from committing any offense. This criminal lawyer even raised the possibility that all law and law-making should be public.

Thus, various initiatives and currents have been forward over the centuries in support of the right to understand the law through the intelligibility mechanisms inherent in legal language, without compromising its technical rigor. In spite of this, it was not until the last century that the initiative really did begin to gain traction and become a reality, and several movements began to emerge to promote the simplification of legal language. Increasing social demands for better understanding of legal-administrative documents, as well as the tendency to reduce the amount of documentation and make it more functional, made it increasingly evident that a new legal-administrative language was needed. It is also essential that the Public Administration neutralizes its gap with citizens and modernizes its image (Adler, 2012).

During the 1970s, the Plain English Campaign began the first movement, which was later referred to as the Plain English Movement or the Plain Legal English Movement. The initiative was initially spearheaded by Chrissie Maher, an advocate of plain language who founded two newspapers: "The Truebrook Bugle (1971)", where she criticized government organizations for not using plain English in legal texts, and "Liverpool News" (1974), to serve semiliterate adults who were unable to read and understand administrative documents. During her time as a member of the National Consumer Council, she founded the Salford Form Market (1974) to address the problems people encountered when filling out official forms, a project that led to the ground-breaking initiative that transformed plain language into an entirely new field (Sobota, 2014).

A few years later, Chrissie Maher founded the Plain English Campaign (1979), which aimed to ensure that current legislation, government departments and official organizations draft documents, reports and publications that were clear and concise (Maher et al., 1986). Several important laws have been amended in the United Kingdom as a result of this initiative. Following the same line of thinking, several organizations were established with the same objective, including Clarity International, the first pro-plain language association founded by the British lawyer John Walton in 1983 (Sobota, 2014).

We can therefore affirm that the seventies in the United Kingdom were the founding and driving forces of what we now call the Plain English Movement, since the changes were not only enacted in this country but also spread internationally. With the increase in recognition of this movement, the United States was one of the country's most active in the face of this initiative, taking an interest in simplifying the legal-administrative language that was so difficult for the average citizen to understand. Henceforth, government orders, mandates and laws began to be drafted, requiring all legal and administrative documents to be written in simple language so that those to whom they were addressed could comply with them.

As a result of the progress in terms of the measures proposed and implemented in the Anglo-Saxon world since the plain language movement began, numerous associations have been formed around the world that advocate for a more accessible language that facilitates understanding in general. One of the most notorious nowadays is the International Plain Language Working Group, which is comprised of the former associations Clarity International, Plain Language Association International (PLAIN) and the Centre for Plain Language in the United States.

Together with Canada and Australia, numerous initiatives have also been developed at the European level, both at EU and national level, which advocate this movement:

- The creation of reference manuals, books, style guides, and reports on how to resolve the everyday linguistic problems that arise with legal-administrative language and how to improve jurists' writing skills using basic techniques.
- The development and promotion of associations, events, networks, and specific organs, departments, or units within the EU (such as the Clear Language and Text Verification Unit).
- The adoption of plain language regulations at both the EU and national levels.

In light of the historical background of this movement, which has now become a discipline of study, various authors have attempted to conceptualize this term in different ways. We will refer to Maaß's work, entitled *Easy Language – Plain Language – Easy Language Plus: Balancing comprehensibility and acceptability* (2020), due to the fact that we consider it a reference work in this field, as well as because it is one of the few works that considers the activities of the United Nations in the area of communication accessibility. According to the author, Plain Language is "connected to concepts like "communication impairment", "inability to understand the standard" that hamper positive identification. Furthermore, the author points out that "plain language is a linguistic variety with enhanced comprehensibility" (2020: 52), and it "opens a perspective on the different levels of language: morphology, lexis, syntax, text, and pragmatics" (idem, 53). All of these aspects that define and characterize language adaptation towards greater accessibility will be considered in our empirical analysis.

3. Case study: The Charter of the United Nations

3.1 Aspects of the legal language's phraseology

The phraseological analysis of a plain language legal text is characterized by the simplification of phraseological expressions, avoiding technical language, jargon, or formal words, and by means of emphasizing clarity and brevity.

It appears necessary, therefore, to begin by identifying the phraseological characteristics of legal language in order to determine how they can be adapted to clear and accessible language. As a result of the studies carried out by a variety of authors, we will highlight and comment on the most salient aspects of the legal language's phraseology, especially in institutional contexts.

a. Formulaic language: approaches the study of the ritualised in discourse from a broader perspective. It refers to those "lexicalized or institutionalized sentence stems" (Trklja, 2017:101), known as "chunks". Those rigid and prefabricated sets of words which are part of a discourse, and, in many cases, its meaning cannot be deduced from the analysis of their elements. For legal language, according Ruusila and Lindroos (2016:122) quoting Burger (2010), we can identify phraseological units, or phrasemes as linguistic expressions characterized by two features: 1. They consist of two or more words (polylexicality), and 2. The combination of these words is fixed (stability).

b. Idiomacity: involves the conventionalization of phrases based on cultural perspectives. However, as pointed out by Hoourani-Martín (2020), quoting Tabares Plasencia y Batista Rodríguez (2013), it should be avoided in legal discourse as it can lead to obscurity in meaning.

c. Stability: a distinguish feature that, according to Ruusila and Lindroos (2016) manifest the invariability of a phraseological unit, at a lexical, morphological, syntactical, or structural-semantic level. With regard to the criterion of stability, the authors state that "only relative stability is required for a word combination to be classified as a phraseme" (*Íbid.*). In addition, the authors state that "routinely reproduced formulas as obligatory components and of facultative elements derived from the individuality of the communicative context" (*Íbid.*:123).

d. Particular communicative situation: another characteristic aspect surrounding legal language is related to the main communicative function of the text and the specific institutional context in which the text is developed.

e. Similar linguistic patterns involve similar genres, sharing a very similar structure, wording, style and, even, content. This means some linguistic regularities, some time norm-governed by the body or institution concerned.

Bearing in mind the above detailed features, we have to consider what decisions need to be made when converting legal language into a language that is understandable and accessible to all. To this end, we proceed to examine how they are adapted or transformed into plain language in a key UN document: The Charter of the United Nations (1945), published by the Committee on the Rights of Persons with Disabilities. The plain language version of the Charter is a translated version of the official document adapted to anyone who may have difficulties understanding the original text, including people with cognitive disabilities or even those whose first language is not English. This accessible and practical version is designed with the aim of ensuring human rights of disabled persons and to be understood by all as an instrument of freedom and accessibility. Consequently, we consider this document to be the most appropriate for analysing the translation and adaption process of a legal text into plain language.

3.2 Plain-language adaptation of legal phraseology

In order to fulfil our proposed analysis, we will take into consideration some of the UN instruments that advocate for the linguistic inclusion of persons with disabilities. In spite of the fact that there are still few official documents dealing with this issue, some steps are being taken to promote this linguistic initiative. In addition, several documents in plain language and Easy Read versions are available on the UN website, such as the text analysed in this paper.

A document aimed at protecting the rights and dignity of individuals with disabilities, and one of the few UN instruments that specifies the linguistic requirements necessary to ensure the proper understanding of legal documents is the Convention on the Rights of Persons with Disabilities of the UN. In its wording, specifically in Article 2 reserved for the definitions of the concepts that appear in the text, this Convention refers to the use of plain language in its definition of the concept of "communication":

> "Communication" includes languages, display of text, Braille, tactile communication, large print, accessible multimedia as well as written, audio, plain-language, human-reader and augmentative and alternative modes, means and formats of communication, including accessible information and communication technology. (Convention on the Rights of Persons with Disabilities, 2006)

Thus, communication is seen as a means of inclusion, and it shows how it should be designed in order to become instruments of inclusion, creating easy-to-understand languages.

Its articles also refer on several occasions to the need for "enable persons with disabilities to participate fully in all aspects of life (…). take appropriate measures to ensure to persons with disabilities access, on an equal basis with others to information and communications" (Article 9.1), as well as "to promote other appropriate forms of assistance and support to persons with disabilities to ensure their access to information" (Article 9.2.f).

Likewise, the Office of the United Nations High Commissioner for Human Rights has developed a training package which consists of a Training Guide on the Convention on the Rights of Persons with Disabilities. The purpose of this document is to be used as a guide for the implementation of training courses on the Convention, but not only as a teaching tool, but also as a general information resource. The target audience includes from government representatives, judges, representatives of United Nations or representatives of national human rights institutions, persons with disabilities and their representative organizations, among others. In this guide we find sections reserved for specific language preparation, which seek to adapt terminology to the linguistic needs of audiences with certain disabilities, including easy-to-read texts.

The UN has made several recommendations to achieve clearer and more accessible legal-administrative language. However, no manual or style guide has been found to set these recommendations out or collect them. In this regard, our study is viewed as a significant contribution to the field that seeks to identify the most commonly used strategies in this regard.

3.3 Empirical results and its analysis

Our empirical work is based on the assumption that the process of adapting a document to plain language is a new accessibility tool, since it is a trend that, although it was developed some decades ago, has been developing assiduously over the past few years, especially at an international level. In order to identify the most common linguistic strategies of simplification taking as a reference the plain language, we will concentrate our attention on the phraseological level.

Our methodology of analysis will be based upon the approaches of the extended model proposed by Waller (2011). The following criteria have been taken into account when choosing the model proposed by this author:

- The first of these is the fact that his methodology is based on a series of practical and general techniques that enable it to be applied to a wide range of texts.
- Secondly, we excluded the use of manuals or guides produced by other organizations, such as those of the European Union or those of specific countries, since after analysing them, we realized that the recommendations they provided were based on their own, very marked style or were presented in the local language. Due to the fact that our text was written in English within the

framework of an international organization, these reference works were not applicable.

– In addition, the work of this author is an updated work (published in 2011) and considers aspects and criteria of simplifying plain language at a general level. As a result, and in keeping with the first criterion mentioned above, we have been able to develop a broader, less restricted analysis and have been able to tailor it to our primary objective, which was to analyse phraseology.

According to Waller (2011: 4) "simplified documents (...) provide easy reading experiences", regardless of the context. The process of simplifying involves that the document itself must look less complex to the reader than the original. In order to achieve this, the content should be subjected to a series of changes and modifications, as we will analyse below, in order to make it as easy for the target audience to understand and interpret the message as possible. Waller first classifies such strategies into two distinct categories: optimisation strategies and transformation strategies. The first category corresponds to "simple basic issues that should be resolved whenever words are written down and arranged on paper or screen" (*Íbid.*: 10). Therefore, in such strategies "the verbal content should be edited to improve readability (...) using more common words, shorter sentences, and simpler sentence constructions". On the other hand, the second category "require(s) more effort, more negotiation, and more investment" (*Íbid.*).

In the author's opinion, these are strategies that are commonly used in combination with each other, and can be divided into a number of subcategories (see Table 1).

Table 1. Classification of simplification strategies according to Waller (*Íbid.*)

Optimisation	Transformation				
	Reduction	Amplification	Stratification	Reframing	Personalisation
Plain language editing	Omission	Learning helps	Layering	Deconstruct/ Reconstruct	Customisation
Clear typography design	Distillation	Glossing	Drill down		Headlines and advisors
Access structure	Abstraction	Visualisation	Routeing		

Despite the focus of our study being plain language and its application to an institutional text, we will take as a reference the transformation strategies in order to identify their application in the text under analysis.

The methodology for our study began with a thorough analysis of the two versions. Following this, a comparative study was conducted between the original version and the accessible version, with the objective of identifying the transformation strategies and their implementation. We will present the empirical results of our analysis, grouped according to Waller's categories, and we will define each of them taking examples from the text as a reference. We will also briefly discuss how these strategies were applied to the original version to make it accessible. Certain subcategories proposed by the author were not identified in the accessible version analysed, either because they did not fit this type of text (e.g., abstraction, personalisation, visualisation, routeing) and, therefore, they were not implemented.

a. Reduction: *Simplify the reader's task by presenting less information*

In the documents under study, the following sub-strategies are identified: omission, and distillation.

i. *Omission*

This concept refers to the removal of unnecessary and difficult to understand content, as long as it does not affect the meaning of the original text.

Example 1. Classification of simplification strategies according to Waller (*Íbid.*)

Original version	Accessible version
Article 16.	Article 16.
The General Assembly shall perform such functions with respect to the international trusteeship system as are assigned to it under Chapters XII and XIII, including the approval of the trusteeship agreements for areas not designated as strategic.	The General Assembly will carry out its duties for the international trusteeship system, as described in Chapters 12 and 13.

Analysis: In *Example 1*, the content has been reduced to a minimum while maintaining important information. The last part of the sentence is omitted.

Other changes in legal language are worth noting, such as:

- Substitution of the modal verb "shall" for "will", as the latter is used more generally and in less specialised contexts.
- The expression "perform" is replaced by "carry out". Even if the meanings are the same, "perform" may have a slight formal tone in a legal context.
- The terms "functions" and "duties" are synonyms. However, a more common concept at the level of institutions, such as the UN, is "functions", rather than "duties", but the latter is used in a general context.

ii. *Distillation*

The purpose of this type of category is to paraphrase the sentence, resulting in a shorter and easier-to-read message, while losing some content information and focusing on the essential information.

Example 2. Article 8 of the Charter

Original version	Accessible version
Article 8.	Article 8.
The United Nations shall place no restrictions on the eligibility of men and women to participate in any capacity and under conditions of equality in its principal and subsidiary organs.	Men and women can take part equally in any of the United Nations' work.

Analysis: In *Example 2*, the content has been developed more broadly, by rewriting it, as well as omitting certain parts which are not considered relevant.

Other changes in legal language are worth noting, such as:

– Substitution of the modal verb "shall" for "can", as the latter is used more generally and in less specialised contexts.
– In order to simplify the meaning of the legal expression "non-restrictions on the eligibility" and "in any capacity and under conditions of equality", the idea is summarised in a single term "take part equally", by using a delexical verb, since the important part of the meaning is taken out of the verb and put into the noun.

b. *Amplification: Reader-friendly extension*

In the documents under study, the following sub-strategies are identified: learning helps and glossing.

i. *Learning helps*

This subcategory aims to provide the reader with a better and more comprehensive understanding of the content by explaining it in a didactic manner. As a result, they will be able to apply its content to their own circumstances more reliably.

In this case, two examples have been selected from the documents under analysis.

Example 3. Article 2.4 of the Charter

Original version	Accessible version
Article 2.4.	Article 2.4.
All Members shall refrain in their international relations from the threat or use of force against the territorial integrity or political independence of any state, or in any other manner inconsistent with the Purposes of the United Nations.	Members of the United Nations will not attack, use violence or threaten to use **violence** against any other country in a way that goes against the aims of the United Nations.

Plain Legal Language as accessibility tool for translators **125**

Original version	Accessible version

Analysis: In this example, we note how the concept "threat or use of force against the territorial integrity" is replaced by a more understandable and simpler explanation, within the sentence and yet it retains its meaning by rephrasing it as follows: "use violence against any other country". Once again, it is noted the substitution of the modal verb "shall" for "will".

We found the legal expression "refrain from" in the original text (which has multiple meanings withing the legal context), and we detect that it has been replaced by noun verbs (attack, use violence or threaten). Likewise, the legal expression "inconsistent with" is replaced by a delexical verb (go).

Example 4. Article 107 of the Charter

Original version	Accessible version
Article 107	Article 107
Nothing in the present Charter shall invalidate or preclude action, in relation to any state which during the Second World War has been an enemy of any signatory to the present Charter, taken or authorized as a result of that war by the Governments having responsibility for such action.	The Charter will not prevent action that governments take or agree to take concerning enemy states as a result of the Second World War. An enemy state is any country that fought against the countries that signed this Charter in the Second World War.

Analysis: In the accessible version, the wording has been changed to explain explicitly, and as an explanation note, what the term "enemy state" refers to.

Once again, it is noted the substitution of the modal verb "shall" for "will".

The legal expression "invalidate or preclude action" is replaced by a simpler and more general verb (prevent).

ii. *Glossing*

This case is very similar to the previous one. The difference, however, is that this subcategory refers to the implicit inclusion of explanations.

Example 5. Article 45 of the Charter

Original version	Accessible version
Article 45	Article 45
In order to enable the United Nations to take urgent military measures, Members shall hold immediately available national air-force contingents for combined international enforcement action.	The United Nations may need to take urgent action using armed force (an army, navy or air force). In such cases, members of the United Nations will have air forces available straight away to take action together.

Original version	Accessible version
Analysis: We can distinguish several strategies in this example, but we will only discuss the one that is relevant to this example. Exemplification has been used as an extension tool, with a sense of support, so that information is added by means of glossing, making use of examples that do not appear in the original text. It is intended to provide the reader with a direct path to the meaning, if they are unfamiliar with the term itself, despite having replaced the original term with a more accessible one.	

In addition, we would like to list a number of recurrent amplification examples based on the legal constructions which has been repeatedly identified during our empirical analysis (see Table 2).

Table 2. Recurrent amplification examples based on the legal constructions identified in our empirical analysis

Original version	Plain language version
Domestic jurisdiction	Matters that countries have the right to decide for themselves
Judicial settlement	Take the problem to a court
Non-permanent members	Members that are not permanent
Regular annual sessions	Meet for one session every year
Two-thirds majority	Two thirds or more of the members voting at a meeting agree to the decision

c. *Stratification: Simplifying the structure*

In the documents under study, the following sub-strategies are identified: layering, and drill down

i. *Layering*

This subcategory focuses on the manner in which information is presented. It combines certain strategies, such as explanation and omission, by offering parallel explanations, at different levels, with the intent of facilitating comprehension and altering the original text's overall structure.

Even though this strategy might appear to affect only the format, there are also effects and modifications in phraseology as a result of the substitution of easier-to-understand expressions, the substitution of one grammatical category by another, the simplification of sentences, paraphrasing, transposition, modulation, etc.

Example 6. Article 10 of the Charter

Original version	Accessible version
Article 10.	Article 10.
The General Assembly may discuss any questions or any matters within the scope of the present Charter or relating to the powers and functions of any organs provided for in the present Charter, and, except as provided in Article 12, may make recommendations to the Members of the United Nations or to the Security Council or to both on any such questions or matters.	The General Assembly can discuss any issues that relate to this Charter or the different parts (organs) of the United Nations. The General Assembly can make recommendations to the members of the United Nations and the Security Council about such issues (except for situations covered by Article 12).

Analysis: In terms of structure, the article is divided into two paragraphs in the accessible version, in contrast to the original text's single paragraph. Moreover, the accessible version breaks down the content into two parts without respecting their order in the original text. There are also other modifications detected:

– In the first and in the second paragraph, "can" is used instead of "may" to avoid the use of a modal verb.
– The information concerning "the powers and functions of any organs" is omitted.
– To simplify the sentence, the doublet "questions or matters" has been omitted.
– A clarification in brackets is added, simplifying the legal expression "except as provided in" by "except for situations covered by".

ii.   *Drill down*

In our text, this sub-strategy is interpreted as a subdivision of the original content into sections, which were originally listed as a whole, thereby improving the visual appeal of the information. It is used to summarize ideas and for paragraphs that are too long and contain excessive content, which can make it difficult for the reader to comprehend the content.

This is an excellent example of how simplification does not necessarily imply a reduction in content, but rather the exact opposite. Waller (2011) points out, quoting Bhatia (1983), the "lengthening effect of simplification", by distinguishing between:

> the simplification of content (which involves expanding the text to explain the meaning of legal concepts) and the simplification of form (which involves making more explicit cohesive links between propositions, and which expands the text to include exemplifications). (2011: 5)

Example 7. Article 7 of the Charter

Original version	Accessible version
Article 7	Article 7
1. There are established as principal organs of the United Nations: a General Assembly, a Security Council, an Economic and Social Council, a Trusteeship Council, an International Court of Justice and a Secretariat. 2. Such subsidiary organs as may be found necessary may be established in accordance with the present Charter.	1. The United Nations will be made up of six main parts (organs): – A General Assembly – A Security Council – An Economic and Social Council – A Trusteeship Council – An International Court of Justice – A Secretariat 2. Other parts of the United Nations can be set up when necessary to support the work of the main parts.

Analysis: In the accessible version, the UN bodies are listed individually using bulleted numbers. To simplify the concept of "subsidiary organs" in point 7.2, it is simplified to "other parts of the United Nations". In addition, an explanation is included to clarify the measure's purpose, by adding information that does not appear in the original text with a causative verbal sentence.

d. *Reframing*

As the name itself indicates in each case, this is the strategy most commonly used in the text under analysis and, in general, when adapting a specialised text into plain language. In this process, the original text is redesigned to better suit the requirements of the target audience, in which specialised phraseology is replaced by more general language, even oral language, with a simpler cognitive load. This takes the form of a sub-strategy which Waller (2011) interchangeably refers to as deconstruction or reconstruction.

This method refers to a clear strategy for "decomposing" the original message in order to reassemble it for better understanding. This process involves redesigning the text or paragraph in question, identifying the meaning of each of the ideas and expressing it in a new way at the phraseological, syntactic, and lexical level. In some cases, it appears as if the original text has been completely altered. A key consideration is not to lose the meaning of the original text. It will be evident that a wide range of modifications are used in this subcategory.

Example 8. Article 80 of the Charter

Original version	Accessible version
Article 80.	Article 80.
Except as may be agreed upon in individual trusteeship agreements, made under Articles 77, 79, and 81, placing each territory under the trusteeship system, and until such agreements have been concluded, nothing in this Chapter shall be construed in or of itself to alter in any manner the rights whatsoever of any states or any peoples or the terms of existing international instruments to which Members of the United Nations may respectively be parties.	1. When territories become part of the trusteeship system, it will not affect the rights of any countries or people, or world agreements that members of the United Nations are part of. This is unless the agreements for each trust territory made under Articles 77, 79 and 81 say something different.
Paragraph 1 of this Article shall not be interpreted as giving grounds for delay or postponement of the negotiation and conclusion of agreements for placing mandated and other territories under the trusteeship system as provided for in	2. Point 1 above should not lead to a delay in making agreements for territories to be part of the trusteeship system, as Article 77 allows for.

Analysis: At first glance, the accessible version appears to have been divided into two points, unlike the original version, which identifies two separate paragraphs. In legal terms, this would imply that there would be a difference in the citation of the article between the two versions. This also implies the use of distinctive terminology in the actual wording of the article in each version ("Paragraph 1" in the original version is replaced by "Point 1" in the accessible version.

A common practice in legal discourse is to begin the sentence by describing the restriction. However, an adverbial clause of time is chosen in the accessible version. The idiom "place under" is simplified by the structure "become part of". The common legal construction "nothing shall be construed in to" is completely reworded to make the meaning more accessible, being replaced by "it will not affect".

In the accessible version, the restriction is qualified in a separate sentence, with a simpler enunciation preceding "this is", and replacing "except as may be agreed upon" with a simpler conditional sentence preceding "unless" and followed by a simple structure (say something different). Numerous omissions are also noted.

In addition, we would like to list some of the recurrent reframing examples based on the legal constructions which has been repeatedly identified in our empirical analysis (see Table 3).

Table 3. Recurrent reframing examples based on the legal constructions identified in our empirical analysis

Original version	Accessible version
Call the attention	Make aware
Endanger peace and security	Put peace and safety at risk
Establish organs	Set up working groups
Failure to pay	Reason for not paying
Maintain (international) peace	Create a peaceful world
Peace-loving states	Peaceful countries
Rules of procedure	Working rules
Seek a solution	Try to solve the problem
Suspension of the rights	Taking away the rights
Violate the Principles	Break the rules

4. Final considerations and conclusions

Accessible communication is an issue that is being treated with a high priority in many countries. It is not restricted to inclusion for people with disabilities. As is shown, in our sophisticated world of specialists, we are surrounded by experts who speak or write in expert languages all the time. We are also surrounded by a variety of dysfunctional texts that do not address users in a way that allows them to properly understand or use the information derived from the texts despite their dysfunctionality. The ability to cope with dysfunctional texts varies according to the communicative resources available to a person. Access to communication is at stake not only for people with communication impairments, but for all people whose communication requirements are not met in a given situation (Maaß, 2020:19).

This reflection captures the essence of our work. As a matter of fact, accessibility can be viewed as a means of satisfying the needs and rights every citizen who finds themselves in a position of vulnerability, not necessarily because of incapacity, but because of a number of barriers that make it difficult for them to access certain resources. The purpose of this work has been none other than to highlight the deprivation that the user of public administration or the international citizen sometimes suffers when trying to comprehend a legal text written in terms that are inaccessible, incomprehensible, and, therefore, inapplicable to their cognitive reality.

In spite of the numerous initiatives of various kinds that have recently been developed in order to make the legal language more accessible, there are still a number of shortcomings that need to be addressed. Our research has not revealed any reference sources, guides or style manuals published by the United Nations, such as the ones available to the European Union (for example, the "Report of the Commission for the Modernization of Legal Language" of the Spanish Ministry of Justice, 2011) that would include the basic criteria for plain-language adaptations of the texts of this institution.

In response to this, we have developed an analysis proposal regarding the adaptation of the founding international treaty of the United Nations, which has allowed us to identify the most common linguistic strategies that have been employed in adapting the United Nations Charter to make it accessible. In this analysis, we have highlighted the main simplification strategies in accordance with the model proposed by Waller (2011), which we summarize briefly below:

- The text was restructured and paraphrased by using routeing strategies, through which typical phraseological structures of legal language were modified towards a preponderance of simple and fluid structures.
- There is a tendency to omit irrelevant information on a regular basis.
- The purpose of expanding information is to clarify concepts, provide an explanation, or clarify some details, and to convey it in the clearest possible manner, free of any obscurantist tendencies.
- Layering or drilling down strategies are used to arrange ideas in a visually more appealing manner, keeping in mind that this type of modification affects the natural flow of the sentences and phrases.

After evaluating the empirical results, we have demonstrated that plain language simplification strategies are a valuable adaptation tool for increasing the communicative and interpretative accessibility of legal texts to a general public that may have difficulty understanding them. Furthermore, this analysis illuminates the translator's attempt to accurately interpret legal documents, translate them correctly into the target language and adapt them to the intended audience.

References

Adler, Mark. 2012. The Plain Language Movement. En *The Oxford Handbook of Language and Law*, ed. por Peter Meijes and Lawrence Solan, 67–83. Oxford: Oxford University Press.

Beccaria Marchese di, Cesare. 1819. *An essay on crimes and punishments*. Philip H. Nicklin.

Bhatia, Vijay K. 1983. "Simplification v. Easification — The Case of Legal Texts1." *Applied linguistics* 4(1): 42–54.

Erasmus, Desiderius. 1921. "*Institutio Principis Christiani, 1536. Chapters III–XI*". Translated, with an Introduction by Percy Ellwood Corbett. Oxford: MC Oxford.

Garner, Bryan A. 2001. *Legal writing in plain English: A text with exercises*. Chicago: University of Chicago Press.

Hourani-Martín, Dunia. 2020. "Variación y transformaciones en unidades fraseológicas jurídicas: la importancia de su representación en herramientas para traductores." *Círculo de Lingüística Aplicada a la Comunicación* 82: 55–68.

Maaß, Christiane. 2020. *Easy Language — Plain Language — Easy Language Plus: Balancing comprehensibility and acceptability*. Berlin: Frank & Timme.

Maher, Chrissie, Martin Cutts, y James T. Dayananda. 1986. "PLAIN ENGLISH in the United Kingdom." *English Today* 2(1): 10–16.

Montesquieu, Charles. 1748. *De l'esprit des lois*. Paris: Dalibon Libraire Palais Royal.

Navarro-Brotons, Lucía y Analía Cuadrado-Rey. 2022. "El nacimiento de un perfil profesional emergente en España: Traductor a lectura fácil intralingüística e interlingüístca". En *Translation, Mediation and Accessibility for Linguistic Minorities*, ed. Por María Pilar Castillo Bernal y Marta Estévez Grossi, 191–204. Berlin: Frank & Timme.

Rodney, Peter. 2001. "Plain English and the Law." *Legal Ethics* 4(1): 18–19.

Ruusila, Anna, and Emilia Lindroos. 2016. "Conditio sine qua non: On Phraseology in Legal Language and its Translation". *Language and law/Linguagem e Direito* 3(1): 120–140.

Sager, Juan Carlos. 1997. "Text Types and Translation." En *Text Typology and Translation* ed. por AnnaTROSBORG, 25–42. Amsterdam: John Benjamins.

Sobota, Anna. 2014. "The plain language movement and modern legal drafting". *Comparative Legilinguistics* 20: 19–30.

Trklja, Aleksandar. 2017. "A corpus investigation of formulaicity and hybridity in legal language: a case of EU case law texts". En *Phraseology in Legal and Institutional Settings*, ed. Por Gianluca Pontrandolfo y Stanisław Goźdź-Roszkowski, 89–108. London: Routledge.

United Nations. 1954. *The Charter of the United Nations*. https://www.un.org/en/about-us/un-charter/full-text

United Nations. Committee on the Rights of Persons with Disabilities. (n. d.). *Plain English version of: Charter of the United Nations*. 1945. https://www.ohchr.org/en/treaty-bodies/crpd/documents-plain-language-and-easy-read-versions.

Waller, Rob. 2011. *Simplification: what is gained and what is lost. Technical paper 1*. Reading, UK: Simplification Centre, University of Reading.

Propuesta didáctica para la práctica de la audiosubtitulación de textos audiovisuales multilingües en la formación de audiodescriptores

Beatriz Cerezo Merchán, Beatriz Reverter Oliver
& Juan José Martínez Sierra
Universitat de València

Multilingual audiovisual works include fragments in L3 — i.e. in any language different from the dominant language in the source text and the dominant language in the target text. L3 are often subtitled, even in traditionally dubbing countries. These subtitles are a barrier for visually impaired users, who will need to have them made explicit verbally through audio subtitling (AST). This chapter provides teachers and self-taught students with tools and tasks to learn about and practice this submodality of audio description. Firstly, AST is defined and its characteristics, the problems it poses and the strategies for solving them are described. Then, a didactic proposal that could be adapted to other educational settings is presented.

Keywords: multilingual cinema, audio description for the blind and visually impaired, audio subtitling, didactic proposal

1. Introducción

El multilingüismo, en su concepción lingüística, "describe el hecho de que una persona o una comunidad sea multilingüe, es decir que sea capaz de expresarse en varias lenguas" (Olga 2013: en línea). En el ámbito que nos ocupa, el audiovisual y, por ende, el cinematográfico (entendido en su sentido más general, el de la "[c]aptación y proyección sobre una pantalla de imágenes fotográficas en movimiento", DRAE 2019:en línea), la cuestión del multilingüismo ha sido estudiada en numerosos trabajos como, sin ánimo exhaustivo, Heiss (2004), Dwyer (2005), Wahl (2005 y 2008), Corrius (2008), de Higes Andino (2014), Beseghi (2017), Corrius et al. (2019) o Pérez L. de Heredia y de Higes Andino (2019).

https://doi.org/10.1075/ivitra.41.06cer
© 2024 John Benjamins Publishing Company

Según Delabastita y Grutman, un texto multilingüe es un texto "worded in different languages" (2005:15). Ahora bien, como recogen Martínez Sierra et al. (2010:15), el concepto de *texto multilingüe* ha evolucionado para así ajustarse al signo de los tiempos, y ya no se limita a los textos escritos, sino que se ha ido extendiendo de manera progresiva por otras manifestaciones artísticas como el cine, siendo en este contexto en el que podemos hablar de *textos audiovisuales multilingües*. Es más, como señalan de Higes Andino et al. (2013:135), el deseo de presentar a personajes híbridos en contextos multiculturales ha conducido al surgimiento de un género conocido como *polyglot films*, en el que, por primera vez, el plurilingüismo aparece como "a discrete mode of narrative and aesthetic expression" (Wahl 2008:349). En esta línea, como comentan Szarkowska et al. (2013:292), "directors are incorporating foreign languages into their scripts in order to add a touch of authenticity to scenes set in foreign environments, thus allowing the audience to immerse into 'the foreign'".

Estamos, por tanto, ante textos audiovisuales en los que se dan distintas lenguas. Con objeto de dotar de cierta uniformidad a nuestra discusión, en el presente artículo recurriremos a la fórmula señalada por Corrius (2008) para referirnos a las distintas lenguas implicadas: por un lado, haremos uso de la abreviatura $L1$ para referirnos a la lengua origen del producto audiovisual en cuestión, $L2$ para la lengua meta dominante usada en la traducción y $L3$ para designar cualquier otra lengua que pueda darse.

Prácticamente cualquier género audiovisual (en el sentido definido por Agost 1999, es decir, dramático— películas, series y formatos animados—, informativo, publicitario y de entretenimiento) puede ser objeto de un escenario multilingüe, el cual deberá ser resuelto mediante la modalidad de traducción audiovisual (TAV) pertinente, o mediante una combinación de varias, y la aplicación de determinadas estrategias traductoras. Sin embargo, cuando se trata de hacer un texto audiovisual multilingüe accesible para personas con discapacidad visual, todo se complica. En el caso concreto de obras multilingües que contienen fragmentos subtitulados en una o varias L3 surge un problema, ya que los espectadores con un elevado grado de discapacidad visual, e incluso con dificultades de lectura, necesitarán que se dé cuenta de dichos subtítulos de manera oral mediante lo que se conoce como *audiosubtitulación* (ADS).

Por definición, la audiodescripción para personas ciegas y con discapacidad visual (AD) debe enfrentarse, precisamente a través de la ADS, a textos que poseen esta naturaleza políglota, razón por la que pensamos que es razonable formar al estudiantado de TAV no solo en el conocimiento y práctica de las modalidades pensadas para la accesibilidad a los medios, sino también en las habilidades necesarias para enfrentarse a contextos audiovisuales multilingües. A continuación, en la primera parte del artículo abordaremos con detalle la ADS, prestando especial atención a su definición y características, pero también a los problemas que plantea, así como a los efectos y estrategias de los que podemos valernos para solucionarlas y para marcar el multilingüismo en mayor o menor medida. En la segunda parte de este trabajo presentaremos una propuesta didáctica específicamente diseñada para trabajar la ADS, con las modalidades de TAV y las competencias que esta moviliza, en el aula de traducción.

2. La audiosubtitulación

2.1 Definición y características

La AD es un servicio de apoyo a la comunicación para las personas con discapacidad visual que consiste en facilitar la información visual que aparece en pantalla mediante información sonora que la traduce o explica con el objetivo de que el espectador con discapacidad "perciba dicho mensaje como un todo armónico y de la forma más parecida a como lo percibe una persona que ve" (AENOR 2005: 4). Así pues, se trata de una modalidad de TAV intersemiótica (Jakobson 1960) que normalmente se realiza en la misma lengua del audio principal de la obra. Sin embargo, como hemos mencionado más arriba, en textos multilingües que contienen fragmentos subtitulados en una o varias L3, el público con un grado elevado de discapacidad visual o con dificultades de lectura, necesitará que se le informe del contenido de dichos subtítulos de manera oral mediante la ADS.

La ADS se puede definir como una submodalidad de la AD que nace con la necesidad de audiodescribir productos subtitulados y consiste en la reproducción hablada de los subtítulos escritos que aparezcan en pantalla.[1] Iturregui-Gallardo (2019: 21) comenta que es especialmente relevante en países con tradición sub-

---

1. Debemos señalar que, en este artículo, trataremos la ADS como una submodalidad de la AD, aunque no todos los autores parecen concebirla de igual modo. Así, por ejemplo, Braun y Orero (2010: 173) se refieren a la ADS como "a modality of audiovisual localisation" y Reviers y Remael (2015: 50) la definen como "a type of audiovisual translation (AVT)". También Tamayo Masero (2015), por ejemplo, clasifica la ADS como una modalidad independiente de la AD. Por su lado, Benecke (2012), Remael (2012) o Matamala (2014) no mencionan explícitamente si consideran la ADS como una modalidad o submodalidad de la AD, pero, en cualquier caso, sí dejan entrever que esta forma parte del guion de AD, del cual se ocupa el audiodescriptor: "audio subtitles may greatly affect the work of describers in a dubbing country" (Benecke 2012: 104). Igualmente, como veremos más adelante, las guías y estándares de calidad mencionan la ADS como parte de la modalidad de AD, y no como una modalidad independiente. Por ello, nos inclinamos a considerar que la ADS es más bien una submodalidad que se combina con la AD y la complementa dentro de un mismo guion.

tituladora, aunque también resulta de gran ayuda en países tradicionalmente dobladores para transmitir los contenidos de la(s) L3 subtitulada(s) en obras multilingües. De acuerdo con el autor, la ADS se podría ubicar a mitad camino entre la mencionada traducción intersemiótica y la traducción interlingüística (Jakobson 1960), ya que existe una transferencia de una lengua a otra mediante subtítulos escritos que llegan al espectador mediante el canal acústico. Reviers y Remael (2015:52) aportan una precisa definición:

> AST can therefore be defined as the aurally rendered and recorded version of the subtitles with a film. This spoken version of the subtitles is mixed with the original sound track. AST is usually read, sometimes acted out, by one or more voice actors. Sometimes it is produced by text-to-speech software. The subtitle text is often delivered almost literally, but it can be rewritten to varying degrees, and in addition, the recording method also varies. Usually, AST is recorded as a form of voice-over, which means that the original dialogues can be heard briefly before the translation starts. Sometimes it is recorded in a semi-dubbed form, which means that the original dialogues are substituted by a form of dubbing that is not necessarily entirely lip-sync, that is, synchronous with the lip movement of the speaker.

Como vemos, hay diferentes formas de llevar a cabo una ADS, pero, en todos los casos, se trata de audiodescribir subtítulos interlingüísticos, es decir, en una lengua distinta de la del original. En nuestro país, aunque no es una práctica extendida, la ADS ha cobrado importancia con el *boom* del cine multilingüe en los últimos años, ya que algunas obras de estas características — principalmente las de producción propia, pero también algunas de producción ajena — contienen fragmentos en L3 no doblados, sino subtitulados.

Braun y Orero (2010:179-185) e Iturregui-Gallardo (2019:115-124) establecen una serie de características de la ADS mediante el análisis de un corpus de películas con ADS. A partir de estas obras, observamos que la ADS aparece solo en aquellas escenas en las que existe una L3, bien leída por la misma voz que locuta la AD, bien por otra voz — normalmente del sexo opuesto — para diferenciarla de la AD. En ocasiones, se busca que el sexo del actor o actriz que lee la ADS corresponda con el de los personajes. De manera adicional, la voz de la ADS puede ser sintética o humana. En este sentido, Fernández-Torné y Matamala (2015) apuntan que las voces sintéticas se usan especialmente para productos de corta duración, mientras que en las producciones cinematográficas se tiende a preferir voces grabadas por actores. Por otra parte, por lo general, la ADS puede realizarse mediante efecto *voice-over* o efecto doblaje, y en unas ocasiones se interpreta y, en otras, se lee de un modo más neutro. Igualmente, algunas marcas de oralidad perdidas en los subtítulos se pueden recuperar en la ADS. Por último, se suele informar al espec-

Propuesta para la práctica de la audiosubtitulación de textos audiovisuales multilingües   137

tador de las intervenciones audiosubtituladas empleando etiquetas como "Él/ella dice…", "(Nombre del personaje) dice…", "Subtítulos", aunque en otras ocasiones no se da una introducción previa (Iturregui-Gallardo 2019: 122-123).

Una vez definida la ADS y observadas algunas de sus características, pasamos a analizar las dificultades que plantea, así como algunas de las posibles soluciones propuestas hasta la fecha.

2.2   Problemas, estrategias y efectos de la ADS

La combinación entre la AD y la ADS no está exenta de complejidades y, debido a la falta de pautas específicas sobre cómo realizar la ADS, en ocasiones, sus características vienen determinadas por las decisiones del audiodescriptor al enfrentarse a los retos que se le plantean (Matamala 2014). Autoras como Braun y Orero (2010), Matamala (2014), Remael (2012) o Reviers y Remael (2015) ponen sobre la mesa los problemas más comunes para realizar una ADS y las estrategias existentes para superarlas. Por su parte, Braun y Orero (2010: 175-177) explican que la mayor complejidad reside en cómo trasladar los subtítulos escritos al canal oral, lo cual repercutirá en la identificación de los personajes, la naturalidad, la comprensibilidad y el disfrute del producto.

Entre los problemas o los retos más habituales, encontramos (1) la reducción del mensaje, pues los subtítulos normalmente condensan la información, muchas veces apoyándose en la imagen, lo cual, obviamente, supone una restricción añadida para quien no puede ver; (2) la ausencia de naturalidad al leer los subtítulos, pues en estos se suelen omitir los rasgos de oralidad del discurso original; (3) la asignación de las voces, ya que se habrá de considerar la cantidad de actores necesarios, su edad y género para facilitar la identificación de los personajes, e incluso si la ADS se lee o interpreta; (4) la sincronización de la ADS con las voces en L3 del audio original y si estas deben ser audibles, aunque no se comprendan (Braun y Orero 2010: 175-177), o (5) la dificultad que pueden experimentar los espectadores para reconocer cuándo se está ofreciendo la ADS como tal y para identificar qué personaje está hablando cuando oyen la ADS, debido a la gran cantidad de información que reciben por el canal acústico (diálogos originales, ADS, AD, música, efectos especiales…) (Remael 2012).

Para hacer frente a la problemática que representa la reducción del mensaje y la pérdida de referentes visuales en la ADS — más acuciante si cabe en el caso de que, por restricciones de tiempo, los subtítulos no se puedan leer literalmente y se tengan que resumir –, una estrategia que se podría utilizar es la planteada por Reviers y Remael (2015), quienes sugieren el establecimiento de una cohesión multimodal entre la AD y la ADS, de manera que la ADS pueda apoyarse en la información visual que contiene la AD y el público no pierda información. Para evitar, además, que el espectador confunda la ADS con la AD o no pueda identificar con claridad qué personaje interviene, Braun y Orero (2010) y Matamala (2014) proponen cambiar la entonación al leer los subtítulos, preceder la lectura del subtítulo de la palabra "Subtítulo", indicar el nombre del personaje antes de su correspondiente subtítulo o, incluso, contratar a actores y actrices en función de su género y edad para adaptarse lo máximo posible a las características de los personajes audiosubtitulados. En la misma dirección, Matamala (2014) va incluso un paso más allá, proponiendo una solución tecnológica novedosa que consistiría en la adición de un *input* sonoro, denominado *earcon* (mensaje de audio no verbal), para indicar la presencia de subtítulos. Otras estrategias que se pueden emplear para facilitar la identificación de los personajes cuando se oye la ADS podrían ser, como apunta Remael (2012), incluir en la AD abundante información sobre la posición y los movimientos de los personajes, así como descripciones de sus expresiones faciales, o imitar en la ADS la entonación de los personajes, lo que además aportaría mayor naturalidad.

En relación con este objetivo de hacer más fácil la identificación de los personajes, aunque también con otros como disminuir el sobreesfuerzo del espectador por exceso de información sonora o como dar mayor o menor visibilidad de las L3 de los textos audiovisuales multilingües, encontramos dos estrategias fundamentales o *efectos*, en terminología de Iturregui-Gallardo (2020): el efecto doblaje y el efecto *voice-over*, que tienen una incidencia crucial en la recepción del producto. *Grosso modo*, se puede decir que ambos efectos se corresponden con gran parte de las características de las modalidades de TAV a las que hacen referencia: el *voice-over* y el doblaje. Así, como explica Iturregui-Gallardo (2020: 491), el efecto *voice-over* en ADS se consigue reduciendo el volumen de la pista de diálogos original y superponiendo la pista con la ADS, que entra ligeramente después de que haya empezado a oírse la voz original del personaje. Por su parte, el efecto doblaje se logra eliminando la pista de diálogos original e introduciendo la ADS en sincronía con los diálogos originales borrados. En este efecto la locución de la ADS implica más *interpretación artística* por parte de los actores de doblaje (Remael 2014).

Tras este repaso de los problemas, estrategias y efectos más frecuentes en ADS, podemos ver, como ya apuntábamos al inicio del apartado, que no hay una única forma de proceder ante los retos que plantea esta práctica. A partir de lo anterior, entendemos que en muchas ocasiones, las decisiones que tome el propio audiodescriptor o, en todo caso, las indicaciones dadas por la cadena o la productora o los recursos disponibles, determinarán características esenciales de la ADS, como, por ejemplo, la lectura literal de los subtítulos o su resumen si hay restricciones de tiempo, la recuperación de marcadores de oralidad del original o el tipo de voz empleada en la locución (sintética vs. natural, actuada vs. no actuada, con efecto *voice-over* vs. efecto doblaje…).

En el siguiente epígrafe, nos centramos exclusivamente en el problema que plantea el multilingüismo en un producto audiovisual y en las diferentes estrategias con las que contamos en la submodalidad de la ADS para marcarlo en mayor o menor medida, es decir, para proporcionar a la audiencia más o menos información sobre la existencia de L3.

2.3 Taxonomía de estrategias de ADS de Iturregui-Gallardo (2020) para la representación del multilingüismo

Como avanzábamos en el apartado anterior, la aplicación del efecto doblaje o del efecto *voice-over* en la ADS tiene una incidencia crucial en la recepción del producto, principalmente con relación al marcaje de las L3, es decir, del multilingüismo, en los textos audiovisuales multilingües (Iturregui-Gallardo 2019, 2020). Al objeto de explicar y clasificar las diferentes opciones que tenemos a la hora de marcar las L3 a través de la ADS, Iturregui-Gallardo (2020) ofrece una taxonomía de estrategias que van de la más a la menos reveladora del multilingüismo y que se asienta en el uso combinado de los efectos *voice-over* o doblaje con la información proporcionada en la AD. Esta clasificación de estrategias para la ADS se basa en la taxonomía diseñada por Szarkowska et al. (2013) para la subtitulación para sordos (SPS), que, a su vez, es resultado de la aplicación de la representación del polilingüismo en textos literarios de Sternberg (1981) a esta modalidad traductora.[2] [3] Según Iturregui-Gallardo (2020), aunque los formatos de ADS y SPS varían, ambos emplean diferentes códigos que pueden combinarse para proporcionar una cantidad variable de información sobre el multilingüismo. Dicha información puede aparecer, por ejemplo, de forma escrita entre paréntesis en el caso de la SPS o verbalmente tanto en la ADS como en la AD; o, incluso, a través de la codificación por colores en el caso de la SPS o la presencia audible de los diá-

---

2. La taxonomía de Sternberg (1981), diseñada para su aplicación en textos literarios, fue recuperada por O'Sullivan (2011) tres décadas después para su aplicación al análisis de textos audiovisuales multilingües. Esta taxonomía está compuesta por una escala de seis niveles para la representación del multilingüismo e incluye las siguientes estrategias: *vehicular matching, selective reproduction, verbal transposition, conceptual reflection, explicit attribution* y *homogenizing convention*.

3. La taxonomía de Szarkowska et al. (2013) implica una reconfiguración de las nociones inicialmente descritas en Sternberg (1981) debido a las diferentes características de los textos (escritos y audiovisuales) y del género (literatura y cine) que les ocupa. Por ejemplo, la taxonomía para la SPS cuenta con cinco niveles y excluye (al igual que hace la taxonomía para la ADS de Iturregui-Gallardo) lo que Sternberg describe como *conceptual reflection*, ya que esta estrategia está relacionada con las características de la traducción del texto (semántica) y los factores socioculturales, y no con una adaptación del mensaje a un canal diferente.

logos originales en la ADS. Las diferentes características de ambos formatos (SPS y ADS) permiten elaborar una escala paralela, aunque diferente, de la estrategia más reveladora del multilingüismo a la más homogeneizadora, como se muestra en la escala de seis puntos de Iturregui-Gallardo (2020: 493) a continuación:

1. *Vehicular matching* (coincidencia vehicular): consiste en mantener la pista de diálogos original en L3 tal cual, es decir, sin ADS ni ningún tipo de información proporcionada en la pista de AD sobre el enunciado original. La comprensión del contenido y de la L3 dependerá, por tanto, de que el público tenga conocimientos lingüísticos de dicha lengua. Esta estrategia suele emplearse cuando en la versión a partir de la cual se realiza la AD no se ha traducido (subtitulado) dicho enunciado en L3, o puede obedecer a limitaciones de tiempo.

2. *Selective reproduction* (reproducción selectiva): consiste en la realización de la ADS con efecto *voice-over* en la lengua de destino, lo cual permite al público entender que se trata de una traducción. La L3 se oye de fondo y no se proporciona más información sobre esta lengua.

3. *Selective reproduction + language information* (reproducción selectiva + información de la lengua): en esta estrategia la ADS se realiza con efecto *voice-over*, de manera similar a como se realiza en la estrategia anterior, pero el audiodescriptor proporciona en la AD información sobre la L3. Por ejemplo, en el caso de una ADS al español, se proporcionaría una traducción al español con efecto *voice-over* sobre el idioma original y en la AD se diría cuál es la L3 que está siendo traducida.

4. *Verbal transposition* (transposición verbal): en esta estrategia, en la ADS se imitan y reproducen algunos de los rasgos (fonéticos, semánticos y sintácticos) de la L3 hablada (es decir, lo que en el ámbito de la traducción del multilingüismo se conoce como *interlengua*). Podría realizarse tanto con efecto doblaje como con efecto *voice-over*.

5. *Explicit attribution* (atribución explícita): consiste en proporcionar una ADS con efecto doblaje tras anunciar en la AD la lengua que se traduce, pero la ADS se proporciona con efecto doblaje, lo cual resulta mucho más homogeneizador.

6. *Homogenising convention* (convención homogeneizante): se basa en la traducción total de la L3 mediante doblaje, lo que implica el borrado de cualquier rastro de L3, ya que se crea un discurso monolingüe.

Como vemos, la clasificación presentada sigue un *continuum* que va desde la estrategia más extranjerizante o reveladora del multilingüismo, denominada *vehicular matching*, en la que la L3 se mantiene intacta en el audio original y no se ofrece información sobre ella en la AD, a la más familiarizante o no reveladora del multilingüismo, *homogenising convention,* en la que se elimina toda presencia de la L3 mediante un doblaje total a la L1 sin información adicional en la AD. Consideramos que esta taxonomía es una herramienta de gran utilidad para estudiantes de traducción, profesores, profesionales e investigadores, ya que explica las distintas estrategias que se pueden emplear en esta modalidad de traducción para la accesibilidad en función del grado de multilingüismo que se quiera ofrecer a la audiencia, aunque, como indica Iturregui-Gallardo (2020: 495) también hay otros factores en juego:

> The decision to use one strategy or another may be dictated by different factors such as the intention of the creators of the content, their artistic characteristics, the number or the type of languages present, or constraints such as time or scene structure.

Tras este repaso teórico en el que hemos presentado los textos audiovisuales multilingües y la ADS, una submodalidad de la AD que nos permite hacer estos textos accesibles para los espectadores ciegos y con discapacidad visual, exponemos, a continuación, una propuesta didáctica diseñada específicamente para formar al estudiantado en el conocimiento y la práctica de la ADS de productos audiovisuales multilingües.

3. Propuesta didáctica

Como ya hemos avanzado, en este artículo planteamos una propuesta pedagógica para la formación universitaria en AD y ADS de productos audiovisuales multilingües. Esta propuesta podría tener cabida en el marco de una asignatura general de TAV o de una asignatura o taller específicos de accesibilidad o AD, por ejemplo. En total, nuestra propuesta tiene una duración aproximada de 12 horas, que se podrían distribuir en el número de sesiones o talleres que se desee según cada contexto formativo.

Nuestra propuesta didáctica se enmarca en un modelo de formación por competencias, en el que los estudiantes trabajan competencias propias de los profesionales de la AD, como pueden ser, según apuntan Matamala y Orero (2007: 334), el dominio de la lengua materna, la capacidad de observación de un producto audiovisual y de selección de la información crítica, la capacidad de síntesis, las destrezas vocales básicas para la locución, la capacidad de adaptación del estilo lingüístico al espectador meta y al producto o la capacidad de traducir AD y de sincronizarlas con los espacios de tiempo disponibles. En nuestra propuesta, hemos empleado un listado de competencias más adaptado a un contexto de aprendizaje, desglosando las competencias en *generales* y *específicas* según el modelo de Hurtado Albir (2015), tal y como se muestra en la Tabla 1.

Como veremos, nuestra unidad didáctica vincula competencias, objetivos de aprendizaje y contenidos, y sugiere distintas tareas e instrumentos que nos permiten evaluar el proceso de aprendizaje y el desarrollo de las competencias generales y específicas pretendidas. Siguiendo la metodología de Hurtado Albir (2015), se plantean siete actividades interrelacionadas que preparan a los estudiantes para una tarea final más compleja en la deben demostrar haber desarrollado las competencias y alcanzado los objetivos de la unidad. Así, la unidad comienza con tareas de teoría, reflexión y debate sobre la AD y la ADS de textos multilingües (Actividades 1 y 2); pasa por ejercicios que permiten conocer teóricamente las convenciones profesionales de la ADS según distintas normativas (Actividad 3); prosigue con el análisis de escenas y clasificación de las estrategias de ADS que en estas se observan (Actividad 4); va un paso más allá con la identificación de posibles problemas y la propuesta de soluciones para realizar la ADS de un texto audiovisual multilingüe (Actividad 5); continúa con la integración de todos los conocimientos adquiridos y competencias desarrolladas en un proyecto grupal en el que los alumnos realizan la AD, ADS, subtitulación y locución de un fragmento de un filme multilingüe (Actividad 6), y termina con la comparación de su proyecto con la versión profesional de la AD del mismo filme y la evaluación por pares del trabajo realizado (Actividad 7).

A lo largo de la unidad se ha procurado que las actividades sean de distinta naturaleza (inductivas o deductivas, y para su realización individual, en parejas o en pequeños grupos) y se ha planteado su realización en clase o en casa y su evaluación por distintos agentes (el propio alumno, sus compañeros o el profesor) y con distintos instrumentos (fichas y rúbricas). De cualquier manera, se anima al profesorado que lea estas líneas a adaptar la propuesta a su contexto curricular específico e intereses particulares.

A continuación, presentamos la Tabla 1, que muestra, de manera esquemática, los objetivos, competencias, contenidos y actividades de nuestra unidad didáctica.

Tabla 1. Esquema de la unidad didáctica

Unidad didáctica: La audiosubtitulación de textos audiovisuales multilingües	
Objetivos de aprendizaje	– Definir multilingüismo y clasificar los distintos tipos de L3 en un producto audiovisual multilingüe
	– Definir ADS e identificar sus principales características
	– Conocer las dificultades a las que se enfrenta la ADS de productos multilingües y las estrategias existentes para solucionarlas
	– Conocer las convenciones profesionales relativas a la AD y la ADS en España y otros países
	– Identificar y resolver problemas específicos de AD y ADS

Tabla 1. *(continuado)*

Unidad didáctica: La audiosubtitulación de textos audiovisuales multilingües

	– Desarrollar un proyecto en equipo para hacer que un texto multilingüe sea accesible para los espectadores ciegos o con discapacidad visual – Evaluar y adoptar un espíritu crítico sobre AD con ADS profesionales y producidas por compañeros, así como un espíritu autocrítico sobre las evaluaciones recibidas
Competencias específicas	– Aplicar los principios metodológicos y las estrategias necesarios para emplear las convenciones de la AD y la ADS de manera apropiada (competencias metodológica y estratégica) – Gestionar recursos básicos de documentación para resolver problemas relacionados con la accesibilidad audiovisual de productos multilingües (competencia instrumental) – Activar conocimientos enciclopédicos, culturales y temáticos para solucionar problemas relacionados con la AD y la ADS (competencia extralingüística) – Emplear fuentes de documentación para solucionar problemas relacionados con la AD y ADS (competencia instrumental) – Usar estrategias adecuadas para solucionar problemas (integración de competencias)
Competencias generales	– Aprender de forma estratégica, autónoma y continua – Analizar y sintetizar – Tomar decisiones – Trabajar en equipos – Desarrollar pensamiento crítico
Contenidos	– Definición de multilingüismo y L3 – Definición, características y dificultades de la ADS – Estrategias de la ADS para la representación del multilingüismo
Actividades	1. Definimos *multilingüismo* y *L3*, y reflexionamos sobre la accesibilidad de los productos multilingües 2. Definimos y diferenciamos la AD y la ADS 3. Analizamos normas y guías sobre AD y ADS 4. Analizamos y clasificamos las estrategias de ADS 5. Identificamos problemas y proponemos soluciones para la ADS de un texto audiovisual multilingüe 6. Realizamos un encargo de ADS completo 7. Evaluamos el resultado

Pasamos, ahora sí, a presentar, una por una, las siete actividades que integran la unidad.

Actividad 1. Definimos multilingüismo y L3, y reflexionamos sobre la accesibilidad de los productos multilingües Objetivo

Con esta actividad se pretende que los estudiantes sean capaces de definir *multilingüismo* y *L3*, de clasificar los tipos de L3 y de aportar ejemplos propios para cada caso. Asimismo, se pretende que los estudiantes reflexionen sobre por qué los productos audiovisuales subtitulados, entre los que encontramos los fragmentos con L3 en obras multilingües, pueden suponer una barrera para las personas con discapacidad visual y qué posible alternativa se podría ofrecer para superarla, con la intención de que se sensibilicen con la accesibilidad de dichos productos.

Actividad (tiempo aproximado: 45 minutos)

Esta actividad puede realizarse de forma individual o por parejas. En primer lugar, se pedirá a los alumnos analizar el documento *The audiodescription of multilingual films: audiosubtitling and beyond* — elaborado por Corrius y Espasa (2017), y disponible de forma pública en línea — con objeto de responder brevemente por escrito a un conjunto de preguntas recogidas en la *Ficha 1* (Tabla 2). Estas cuestiones están pensadas para incentivar que los estudiantes descubran de forma autónoma (y colaborativa, en caso de trabajar por parejas) algunos conceptos teóricos básicos con los que se trabajará a lo largo de la unidad: qué es el multilingüismo, qué es una L3 y qué clases de L3 podrían encontrarse en las obras multilingües. En segundo lugar, se les animará a reflexionar acerca de las posibles barreras que el uso de subtítulos puede suponer para las personas con discapacidad visual, así como sobre qué alternativas creen que podrían aportarse, tanto en países tradicionalmente subtituladores como en el caso de que aparezcan L3 en países dobladores. Los estudiantes podrían poner en común una lluvia de ideas en grupo. El profesor, por su lado, debe guiarlos hasta llegar a la submodalidad de la ADS. Finalmente, para que los alumnos tengan una primera toma de contacto con la ADS, se proyectará un clip audiodescrito y audiosubtitulado, con la intención de que puedan observar, *grosso modo*, la función de la ADS en una obra multilingüe. Así, se abordará la unidad con cuestiones más generales, para, paulatinamente, profundizar sobre la ADS y las características que presenta. Tras unos minutos de lectura, análisis del documento y reflexión para responder a las preguntas, se procederá a la corrección en grupo de las mismas y a una puesta en común de las ideas.

Materiales

Se proporcionará a los alumnos la *Ficha 1* (Tabla 2), donde encontrarán las preguntas que deben responder y el acceso al citado documento de Corrius y Espasa, que servirá de principal fuente de referencia para esta primera toma de contacto con estos conceptos básicos de la unidad. Conviene que los estudiantes tengan un dispositivo (ordenador, tableta, teléfono móvil…) con acceso a internet para poder llevar a cabo la actividad.

Tabla 2. Ficha 1

Lee y responde por escrito a las siguientes preguntas con la ayuda de este documento:

Documento de Corrius y Espasa

1. ¿Cómo podría definirse el multilingüismo? ¿Qué finalidad crees que puede tener el uso de varias lenguas en una obra audiovisual? ¿Podrías aportar algún ejemplo?
2. ¿Cómo podría definirse una lengua tres (L3)?
3. ¿Qué tipos de L3 existen? Fíjate en la clasificación establecida por Corrius y Espasa, y piensa en películas o series multilingües, para ampliar los ejemplos que aportan las autoras. Si lo necesitas, para ayudarte a responder a esta pregunta, puedes consultar la galería del proyecto TraFilm.

4. ¿Cómo crees que acceden las personas con discapacidad visual a las obras subtituladas? Piensa, por ejemplo, en los países tradicionalmente subtituladores.
5. ¿Qué barreras crees que pueden suponer las obras multilingües para las personas con discapacidad visual?
6. ¿Qué solución crees que se aporta en países como España para hacer accesibles los fragmentos en los que aparece una L3 a las personas con discapacidad visual?
7. Visualiza el siguiente clip y comenta qué te ha llamado la atención de la ADS de una obra multilingüe.

El docente podrá tener preparados algunos clips que podrá emplear como ejemplo para la pregunta 3, en caso de necesitarlo. Como posibles ejemplos de los cuatro tipos de L3 que citan Corrius y Espasa, se puede aportar, si se considera oportuno, los fragmentos multilingües que aparecen en las siguientes obras:

1. Idioma independiente: inglés y francés en *Adú* (Salvador Calvo 2020), japonés en *Kill Bill* (Quentin Tarantino 2003), lengua de signos francesa en *La Familia Bélier* (Eric Lartigau 2014), alemán en *La vida es bella* (Roberto Benigni 1997)…

2. Variación: variedades del francés en *Bienvenus chez le Ch'tis* (Dany Boon 2008), variedades del italiano en *Benvenuti al sud* (Luca Miniero 2010)...
3. Representación de un idioma real: Pseudochino en *Perdiendo el este* (Paco Caballero 2019), pseudojaponés en *Scary Movie 4* (David Zucker 2006)...
4. Idioma inventado: élfico en el *Señor de los Anillos* (Peter Jackson 2001-2003), dothraki en *Juego de Tronos* (David Benioff y D. B. Weiss 2011-2018), parsel en *Harry Potter* (Chris Colombus 2002), klingon en *Star Trek* (J.J. Abrahams 2011), lengua minion en los *Minions* (Pierre Coffin y Kyle Balda 2015)...

Asimismo, para la última pregunta de la *Ficha 1* (Tabla 2), en la que los estudiantes visualizarán por primera vez en el aula un clip audiodescrito y audiosubtitulado para comprender mejor en qué consiste esta submodalidad, el profesor deberá mostrar un clip con AD y ADS. Este podría ser, entre otras opciones, la escena del minuto 0:09:12 al 0:09:53 de *Un profeta* (Jacques Audiard 2010); del 0:20:05 al 0:21:28 de *Adú* (Salvador Calvo 2020), o escoger otra opción de entre el amplio catálogo de obras multilingües que ofrece el proyecto Trafilm, en función de sus intereses.

Actividad 2. Definimos y diferenciamos la AD y la ADS Objetivo

Con esta segunda actividad se pretende que los estudiantes sean capaces de definir qué es la ADS y de entender qué relación guarda con la AD. Asimismo, podrán discernir entre los tipos de texto escritos que se audiodescriben o audiosubtitulan en una obra y comprender las diferencias que presentan en cuanto a cómo se da cuenta de cada texto en pantalla de forma oral.

Actividad (tiempo aproximado: 2 horas)

Después de haber visualizado el clip con la ADS en la actividad anterior, se pedirá a los estudiantes que expliquen con sus palabras qué creen que es la AD y la ADS, y qué diferencias creen apreciar entre ambas: qué se describe en cada caso, cómo y cuándo se describe, con qué tipo de voz, etc. Igualmente, se les invitará a hacer una reflexión sobre la relación que guardan ambas, con la intención de que comprendan que la ADS suele aparecer en la misma pista de audio que la AD (sobre todo en el caso de obras fílmicas), si bien la ADS se ocupa de la lectura de los subtítulos, mientras que la AD da cuenta del resto de información visual que aparece en pantalla. Tras unos minutos de reflexión, se procederá a la puesta en común de las ideas de los alumnos. Seguidamente, deberán leer la definición de AD de AENOR y de ADS de Remael y Reviers incluidas en la *Ficha 2* (Tabla 3), y reflexionar y comprobar en qué medida sus respuestas a la pregunta anterior eran acertadas. Se establecerá la relación y se explicitarán las diferencias entre la AD y la ADS de forma clara mediante una corrección en grupo si los estudiantes no hubieran hallado la respuesta por sí mismos.

A continuación, tendrán que pensar en los tipos de textos escritos que pueden aparecer en una AD (títulos de crédito, insertos y subtítulos), buscar al menos dos clips de la AD o ADS de cada tipo de texto en plataformas de OTT y anotar qué características presentan. Por ejemplo, mientras que los créditos e insertos se verbalizan normalmente en la AD, los subtítulos se leen en la ADS; los primeros se insertan en los espacios en silencio, mientras que los audiosubtítulos pueden solaparse con la intervención en la L3; las voces de la AD y la ADS pueden ser distintas e, incluso, de diferente sexo; la entonación de la ADS puede cambiar con respecto a la AD; previamente a la intervención de los audiosubtítulos puede haber alguna etiqueta del tipo "Subtítulo dice…" o una identificación del personaje que interviene en la L3, como, por ejemplo "(Nombre del personaje)", etc. Por último, se pasará a la corrección en grupo de esta última pregunta, donde se podrá mostrar al resto del grupo algunos de los clips encontrados por los estudiantes.

Materiales

Se facilitará a los estudiantes la *Ficha 2* (Tabla 3), donde encontrarán las preguntas que deben responder. Los alumnos deberán buscar clips para aportar sus propios ejemplos.

Tabla 3. Ficha 2

Lee y responde por escrito a las siguientes preguntas.

1. Tras visualizar el clip, explica con tus palabras qué crees que son la AD y la ADS. ¿Qué relación crees que guarda la ADS con la AD?

2. Lee las siguientes definiciones de AD y de ADS, y comprueba en qué medida tu respuesta a la pregunta anterior es correcta:

> Audiodescripción: Servicio de apoyo a la comunicación que consiste en el conjunto de técnicas y habilidades aplicadas, con objeto de compensar la carencia de captación de la parte visual contenida en cualquier tipo de mensaje, suministrando una adecuada información sonora que la traduce o explica, de manera que el posible receptor discapacitado visual perciba dicho mensaje como un todo armónico y de la forma más parecida a como lo percibe una persona que ve. (AENOR 2005: 4)
>
> AST [audiosubtitling] can therefore be defined as the aurally rendered and recorded version of the subtitles with a film. This spoken version of the subtitles is mixed with the original sound track. AST is usually read, sometimes acted out, by one or more voice actors. Sometimes it is produced by text-to-speech software. The subtitle text is often delivered almost literally, but it can be rewritten to varying degrees, and in addition, the recording method also varies. Usually, AST is recorded as a form of voice-over, which means that the original dialogues can be heard briefly before the translation starts. Sometimes it is recorded in a semi-dubbed form, which means that the original dialogues are substituted by a form of dubbing that is not necessarily entirely lip-sync, that is, synchronous with the lip movement of the speaker. (Remael y Reviers 2015: 52)

> **Tabla 3.** *(continuado)*
>
> 3. ¿Qué tipos de texto en pantalla crees que se deben audiodescribir y audiosubtitular?
> 4. Busca dos clips en los que puedas encontrar ejemplos de cada tipo de texto (puedes consultar en plataformas OTT) y anota qué diferencias encuentras en cuanto a cómo se da cuenta de dicho texto en pantalla de manera oral: ¿forman parte de la AD o de la ADS? ¿Cuándo y cómo se verbalizan? ¿Se emplea una voz distinta para la AD y la ADS? ¿Se emplea la misma entonación? ¿Se utiliza alguna etiqueta para anunciar la ADS?

Si deseara mostrar algún caso en particular, el docente podría buscar clips para ejemplificar las diferencias en la verbalización de los títulos de crédito, insertos y subtítulos, más allá de los clips que encuentren los estudiantes. Por ejemplo, en la película *Diecisiete* (Daniel Sánchez Arévalo 2017), podemos apreciar cómo una voz sintética lee el texto que aparece en un móvil. Asimismo, la búsqueda de ejemplos de clips puede ser una tarea que los alumnos realicen en sus casas en lugar de en el aula, si el profesor lo considera oportuno, pues puede conllevar un tiempo considerable.

Actividad 3. Analizamos normas y guías sobre AD y ADS Objetivo

Esta actividad teórica está pensada para que los estudiantes se familiaricen, en primer lugar, con la existencia de guías y normas de estandarización que regulan la calidad y heterogeneidad del servicio de AD en distintos países. Asimismo, se pretende que los alumnos analicen y conozcan las pautas concretas relacionadas con la ADS que aparecen en guías o normas, como, por ejemplo, la guía *Netflix Audio Description Style Guide V2.3* o la norma española UNE 153.020:2005 de AD, así como que comparen dichas pautas con las que puedan aparecen en normas de otros países, como, por ejemplo, Reino Unido o Francia.

Actividad (tiempo aproximado: 30–45 minutos)

Se facilitará a los estudiantes la *Ficha 3* (Tabla 4), donde se les pide que, de forma individual, por parejas o pequeños grupos, reflexionen y respondan por escrito a las preguntas planteadas. En ella encontrarán una primera pregunta que introduce la cuestión de los estándares y guías de accesibilidad que regulan la calidad y heterogeneidad de la AD en varios países europeos. Esta pregunta tiene como objetivo comprobar si los estudiantes están familiarizados con la norma UNE 153.020:2005 para la AD (AENOR 2005), así como con las normas de otros países o empresas. Seguidamente, se ofrecerá acceso a las normas que regulan la calidad de la AD en España, Francia, Reino Unido y la guía de estilo de Netflix, para que las analicen en busca de las pautas relacionadas con la ADS. Se proporcionará en la misma ficha una tabla con el fin de que, a modo de resumen visual, puedan anotar la información encontrada — o la falta de ella — en cada caso y compararla. Tras este análisis, se les pedirá que analicen la tabla detenidamente y respondan a unas últimas preguntas de reflexión sobre qué se audiosubtitula, qué modalidades de TAV se suelen emplear en la ADS, cuál de ellas respeta en mayor medida la transmisión del multilingüismo, qué tipo de voces pueden escucharse en una ADS y con qué finalidad, etc. Además, a través de la comparación de la información encontrada en cada documento, los alumnos podrán apreciar que en la norma francesa y en la guía de Netflix se dan más directrices y con mayor precisión, mientras que, en el caso de la norma inglesa, las referencias sobre qué, cuándo y cómo audiosubtitular son más escuetas, y en la norma española, prácticamente inexistentes.

Tabla 4. Ficha 3

Lee y responde a las siguientes preguntas por escrito.
1. ¿Con qué instrumento se trata de garantizar la calidad y heterogeneidad del servicio de AD en España? ¿Conoces instrumentos similares en otros países?
2. Lee atentamente las siguientes guías y normas, y completa la tabla resumiendo las directrices que aporta cada una de ellas sobre ADS.
    a. Norma UNE 153.020:2005 para la AD (AENOR 2005).
    b. Guide de l'audiodescription
    c. Ofcom's Guidelines
    d. Audio Description Style Guide (Netflix)

País(es)	Nombre de la norma o guía	Pautas incluidas sobre ADS

> **Tabla 4.** *(continuado)*
>
> 3. Analiza la tabla que acabas de completar y responde a las siguientes preguntas:
>   a. ¿Qué elementos se audiosubtitulan?
>   b. ¿Cuáles son las dos modalidades de TAV que se utilizan para realizar la ADS?
>   c. ¿A través de cuál de las dos opciones anteriores consideras que se transmite mejor el multilingüismo?
>   d. ¿Cómo se recomienda distinguir la AD de la ADS en cada norma o guía?
>   e. ¿Cuántas y qué tipo de voces pueden emplearse para la ADS, y con qué propósito?
>   f. ¿Qué norma o guía analizada aporta más información sobre ADS?

Materiales

Para esta actividad será necesario facilitar a los estudiantes la *Ficha 3* (Tabla 4) y la norma UNE 153.020:2005 para la AD (AENOR 2005), ya que esta no se encuentra disponible de forma gratuita como en el caso del resto de guías o normas.

Actividad 4. Analizamos y clasificamos las estrategias de ADS Objetivo

Con esta actividad se pretende, por un lado, que los estudiantes tomen conciencia de la disponibilidad real del material audiosubtitulado, con lo que se trabaja la sensibilización del alumnado ante la actual situación de esta práctica en nuestro país, y, por otro lado, reflexionen sobre las estrategias utilizadas en el proceso de ADS.

Actividad (tiempo aproximado: 2 horas)

Previamente a la sesión presencial en el aula, los estudiantes habrán tenido que realizar la lectura del artículo de investigación redactado por Gonzalo Iturregui-Gallardo y que lleva por título "Rendering multilingualism through audio subtitles: shaping a categorisation for aural strategies" (2020). Una vez en el aula, en primer lugar, se indicará al alumnado que retomen los clips que habían encontrado en la Actividad 2. Los estudiantes pueden generar un banco de clips común al que todos puedan acceder. En parejas o grupos de tres deberán escoger un mínimo de dos clips y un máximo de cuatro (dependiendo de la cantidad de texto audiosubtitulado que cada clip presente), tras lo que deberán cumplimentar la *Ficha 4* (Tabla 5). En la citada ficha, además de extraer fragmentos con ADS, tendrán que decidir qué estrategia de las citadas en el mencionado artículo se ha usado e incluir comentarios sobre el modo en el que se ha llevado a cabo la ADS, prestando atención a aspectos discursivos o estilísticos. Deberán rellenar al menos tres filas por clip trabajado, tratando de incluir tantas estrategias diferentes como resulte posible. Finalmente, se realizará una puesta en común de lo hallado, prestando especial interés a las reflexiones incluidas en el apartado de "Comentarios" de la *Ficha 4* (Tabla 5). En caso de que diera alguna coincidencia entre los filmes seleccionados por distintos estudiantes, se llevará a cabo un ejercicio de comparación crítica de lo expuesto por cada uno, con objeto de comprobar si se da una coincidencia de argumentos o, en caso de no darse, reflexionar sobre los posibles motivos.

Materiales

Artículo de Iturregui-Gallardo, películas encontradas por los estudiantes en la Actividad 2 y *Ficha 4* (Tabla 5).

Tabla 5. Ficha 4

Ejemplo (añadir tantas columnas como sea necesario	1	2	3	...
TCR inicial				
Audio original con L3 / Texto en pantalla con L3				
L3				
Subtítulos				
ADS				
Estrategia				
Comentarios				
Marcaje de multilingüismo				

Actividad 5. Identificamos problemas y proponemos soluciones para la ADS de un texto audiovisual multilingüe Objetivos

El objetivo de esta actividad se centra en trabajar la capacidad de anticipar los posibles problemas o restricciones que un texto que se ha de audiosubtitular puede plantear, para así cobrar conciencia de los mismos y estar en mejor disposición de afrontarlos cuando se realicen labores de ADS. De manera adicional, a la detección de posibles restricciones se sumará el deseo de fomentar las habilidades de resolución de problemas de los estudiantes, puesto que deberán proponer soluciones a las fórmulas problemáticas que hayan podido identificar.

Actividad (tiempo aproximado: 2 horas)

El docente seleccionará una película que haya sido audiosubtitulada, de la que extraerá un clip de una duración de 5 a 15 minutos, dependiendo de la densidad y complejidad del material audiosubtitulado. En el aula, se realizará una lluvia de ideas sobre los posibles problemas o restricciones que la realización de una ADS puede suponer. El docente guiará las aportaciones de los alumnos y las complementará si fuera necesario. Tras ello se visionará, en primer lugar, la versión no audiosubtitulada de dicho clip. Durante la proyección, los estudiantes deberán ir tomando notas en la *Ficha 5* (Tabla 6) de los posibles problemas concretos que detecten en ese fragmento en particular, ayudándose de las ideas obtenidas en la anterior lluvia de ideas. Si fuese preciso, se puede repetir el visionado. Una vez efectuado el visionado, se realizará una puesta en común de lo detectado por los estudiantes, de modo que se produzca una retroalimentación en el seno del grupo y se complemente lo incluido en la *Ficha 5* (Tabla 6). A continuación, los estudiantes dispondrán de un tiempo razonable para proponer en parejas soluciones a los problemas anticipados. En caso de que lo necesiten, podrán visionar, de manera individual, aquella parte del clip que precisen volver a ver. Una vez transcurrido el tiempo, se realizará una puesta en común de las soluciones aportadas y se reflexionará sobre las mismas y sobre su grado de coincidencia. Finalmente, se visionará la versión con ADS del clip seleccionado, tras lo que se cerrará con un debate sobre las semejanzas o disparidades entre la ADS oficial y las versiones trabajadas en el aula.

Materiales

Versión con y sin ADS de un filme multilingüe, por un lado, y *Ficha 5* (Tabla 6), por otro.[4]

Tabla 6. Ficha 5

Lluvia de ideas	Posibles problemas detectados en el clip	Solución ADS estudiantes	Solución ADS profesional

---

4. Algunas posibilidades pueden ser *La pasión de Cristo* (Mel Gibson 2004), *Los abrazos rotos* (Pedro Almodóvar 2009), *Un profeta* (Jacques Audiard 2010) o *Adú* (Salvador Calvo 2020).

Actividad 6. Realizamos un encargo de ADS completo Objetivos

El objetivo principal de esta actividad es el de ofrecer al alumnado la oportunidad de aplicar de forma conjunta diversas capacidades que ha ido adquiriendo en el transcurso de las anteriores actividades. Así, se trata de un objetivo holístico, en el que los alumnos deberán ser capaces de llevar a cabo una tarea completa de ADS.

Actividad (tiempo aproximado: 2 horas)

El docente elegirá una película multilingüe de la que seleccionará un clip de unos 5 a 15 minutos, dependiendo de la densidad y de la complejidad del ADS. Dicho clip deberá contener un diálogo en L3. Se crearán grupos de trabajo, de tres o cuatro miembros. El docente facilitará un encargo de traducción completo, a fin de que los estudiantes reciban orientación sobre la labor a realizar y puedan efectuar una toma de decisiones coherente y no arbitraria. En el aula, los alumnos deberán visionar el clip, identificar los posibles problemas, trazar un plan de acción para afrontarlos, redactar el texto para la AD del componente visual, generar unos subtítulos con la ayuda de un software libre de creación de subtítulos (Subtitle Workshop o similar) y, finalmente, realizar la locución de la AD y de los subtítulos, de modo que se genere un clip audiosubtitulado. Esta última parte la realizarán fuera del aula, y se ayudarán de un software de locución (Virtual Dub o similar). Como resultado final de la actividad, cada grupo entregará una copia del clip con su texto locutado insertado.

Materiales

Será necesario contar con un filme multilingüe (seleccionado por el docente) en versión con y sin AD.[5] Del mismo modo, los alumnos necesitarán tener acceso a ordenadores o similares, ya sea a través de un laboratorio de informática o haciendo uso de sus propias unidades portátiles. En dichos ordenadores, deberán estar instalados los programas informáticos necesarios para la correcta realización de la actividad.

Esta actividad puede concebirse como una tarea final de unidad y entregarse junto a un comentario o informe para su evaluación sumativa por parte del profesorado. Otra posibilidad es plantear una actividad más, la Actividad 7, para que los estudiantes realicen heteroevaluación entre grupos.

---

5. Véanse los títulos sugeridos en la nota a pie 4.

Actividad 7. Evaluamos el resultado Objetivos

Con esta actividad se busca que los alumnos sean capaces de adoptar un espíritu crítico sobre una AD profesional y sobre las AD producidas por sus compañeros, así como una actitud autocrítica sobre las evaluaciones recibidas de otros compañeros. Adicionalmente, con esta tarea también se persigue que el alumnado se familiarice con la rúbrica de evaluación de audiodescripciones que el profesor podría emplear más tarde en un hipotético examen final del módulo de AD.

Actividad (tiempo aproximado: 1 hora 30 minutos)

Tras haber realizado la AD y la ADS por grupos, cada grupo intercambia su producción con otro grupo y, a continuación, compara dicha producción con la versión profesional audiodescrita y audiosubtitulada del mismo fragmento. Primero visualizan el fragmento con la versión profesional y después lo analizan reflexivamente y contestan a las preguntas de la *Ficha 6* (Tabla 7) en grupo.

A continuación, los grupos utilizan la rúbrica de evaluación presentada por el profesorado en la *Ficha 7* (Tabla 8) para evaluar la AD del grupo compañero intentando ser lo más objetivos posible y proponiendo una revisión tanto cualitativa como cuantitativa. Cada grupo ha de sugerir una nota numérica del 1 al 5 y redactar un comentario crítico y constructivo para cada parámetro evaluado en la *Ficha 8* (Tabla 9). Adicionalmente, si se desea, también se podría evaluar la calidad de la locución presentando especial atención a cuestiones como la pronunciación, la entonación o el ritmo. Finalmente, cada grupo recibe la evaluación del otro grupo.

Como punto final a la unidad, el docente puede decidir dedicar una sesión más a visionar de manera grupal las diferentes propuestas. Esta sesión se cerrará con un debate final sobre la experiencia vivida, el grado de seguimiento del encargo, los problemas encontrados, las estrategias seguidas para superarlos, la comparativa con la versión profesional, la revisión del trabajo de los compañeros, etc.

Materiales

Será necesario contar con los trabajos elaborados por los diferentes equipos de estudiantes en la Actividad 6, así como con la versión con la AD profesional del filme multilingüe sobre el que se haya trabajado. Además, se emplearán las fichas 6, 7 y 8 (Tablas 7, 8 y 9) que proporcionamos a continuación.

Propuesta para la práctica de la audiosubtitulación de textos audiovisuales multilingües **155**

Tabla 7. Ficha 6

1.	¿Se adecúa la AD y la ADS profesional a la norma UNE o a la normativa de la plataforma en que se emitió el filme?
2.	¿Se han empleado en la versión profesional las mismas estrategias de ADS que han empleado los compañeros? ¿Qué estrategias sigue la versión profesional y la versión de los compañeros para representar el multilingüismo?
3.	¿Qué opinión os merece la AD/ADS profesional? ¿Cambiaríais o añadiríais alguna frase a la AD/ADS de los compañeros o a la AD/ADS profesional?

Tabla 8. Ficha 7

Cuestiones técnicas y de contenido (50%)[6]		
	0–1	2–3	4–5
Fidelidad	No se produce con fidelidad ni coherencia el significado de la obra audiovisual.	Se transmite el mensaje de la obra audiovisual con coherencia, pero falta fidelidad al significado de la obra audiovisual.	Se reproduce con fidelidad el significado de la obra audiovisual, incluyendo la emoción y el impacto visual de la misma.
Precisión	Se producen omisiones de información relevante o adiciones innecesarias.	Se producen omisiones o adiciones poco relevantes.	La información aportada es la adecuada para la AD.
Sincronía y ritmo	La AD se solapa con diálogos o sonidos relevantes. La AD es demasiado larga o corta para el fragmento en el que se debe incorporar.	La sincronía no es la adecuada para la AD, se describe demasiado pronto o demasiado tarde y se avanza la trama. La descripción tiene la longitud adecuada para el fragmento en el que se debe incorporar.	La sincronía de la AD es adecuada. No se avanza en la trama. La descripción tiene la longitud adecuada para el fragmento en el que se debe incorporar.

---

6. Rúbrica para la evaluación de la AD elaborada por Cerezo Merchán y Tamayo Masero (2021), a partir de las propuestas de Marzà i Ibáñez (2010) y de Higes Andino (2019).

Cuestiones lingüísticas y de formato (50%)			
	0–1	2–3	4–5
Lenguaje y naturalidad	El lenguaje utilizado no fluye o no es natural (hay pleonasmos, cacofonías…).	El lenguaje utilizado no fluye del todo o tiene un estilo pobre para las convenciones de AD.	Se utiliza un lenguaje apropiado, expresivo y natural.
Errores lingüísticos	Se producen errores lingüísticos que dificultan la comprensión (sin sentidos, errores sintácticos y morfológicos, falta de coherencia y cohesión…).	Se producen errores lingüísticos que no dificultan la comprensión (inconsistencias de registro, uso pobre de conjunciones…).	No hay errores lingüísticos.
Presentación	No se adecua al formato pedido para el encargo.	Se adecua al formato pedido para el encargo, con algún error puntual.	Se adecua al formato pedido para el encargo.

Tabla 9. Ficha 8

Aspecto 1: Fidelidad
Calificación para Aspecto 1:
Comentario para Aspecto 1:

Aspecto 2: Precisión
Calificación para Aspecto 2:
Comentario para Aspecto 2:

Aspecto 3: Sincronía y ritmo
Calificación para Aspecto 3:
Comentario para Aspecto 3:

Aspecto 4: Lenguaje y naturalidad
Calificación para Aspecto 4:
Comentario para Aspecto 4:

Aspecto 5: Errores lingüísticos
Calificación para Aspecto 5:
Comentario para Aspecto 5:

Aspecto 6: Presentación
Calificación para Aspecto 6:
Comentario para Aspecto 6:

Propuesta para la práctica de la audiosubtitulación de textos audiovisuales multilingües **157**

De manera adicional, el profesor también puede proponer que, al término de la unidad, los estudiantes rellenen individualmente en casa una ficha de autoevaluación en la que reflexionen sobre lo aprendido en ella (se les puede preguntar qué conclusiones han sacado con respecto a la ADS de productos multilingües y cuáles son las mayores dificultades que han encontrado) y dejen constancia de lo que necesitan mejorar (qué aspectos necesitan mejorar y qué pueden hacer para conseguirlo). También, en la misma ficha, se les puede pedir que valoren del 1 al 10 la consecución de cada uno de los objetivos de la unidad.

4. Conclusiones

La accesibilidad está en pleno proceso de integración en nuestras vidas. Como se ha observado a lo largo del presente artículo, son diversas las propuestas que, desde la academia, se generan con objeto de que dicho proceso se acelere y llegue a su compleción. Como en tantas otras ocasiones a lo largo de la historia de la TAV, estas propuestas pueden llegar a materializarse en el plano profesional, permitiendo así el avance de la práctica traductora y una transferencia de conocimiento que dota de significado a las distintas investigaciones llevadas a cabo.

En esta ocasión, nuestra mirada se ha centrado en la ADS, una submodalidad de la AD destinada, fundamentalmente, a posibilitar el acceso a los productos audiovisuales de naturaleza multilingüe. Como se ha explicado, este tipo de contenido políglota abunda en la actual oferta audiovisual. Por tanto, merece la pena destinar esfuerzos a mejorar una modalidad de TAV pensada para tal menester.

Como se ha mostrado, la ADS es una práctica compleja, no exenta de restricciones que pueden ciertamente complicar su ejecución. Sin embargo, contamos con un protocolo de detección de problemas potenciales y con catálogo de soluciones derivadas de la aplicación de una serie de estrategias que nos permiten afrontar esta práctica con mayores garantías de éxito.

La confluencia, por un lado, de un mercado audiovisual cada vez más variado en su oferta y que requiere nuevos perfiles profesionales y, por otro, de la oportunidad que en los centros de educación superior tenemos de formar a los profesionales que, en unos pocos años, darán el salto a dicho mercado, justifica los intentos por dotar de conocimientos a dichos traductores audiovisuales en ciernes sobre todos aquellos aspectos que les puedan esperar una vez abandonen las aulas. Por este motivo, la propuesta didáctica aquí presentada puede servir, esperamos, para proporcionar al docente de TAV una herramienta para poder trabajar en el aula la práctica de la ADS. Obviamente, se trata de una propuesta limitada, que contempla unas pocas horas, pero que puede completarse con el diseño de nuevas actividades que permitan trabajar otros aspectos. Por ejemplo, por motivos de extensión del artículo, en la unidad propuesta no se han incluido actividades referentes a cuestiones profesionales. No obstante, si el profesorado lo desea, puede ampliar la unidad con actividades de este tipo en las que se propongan, por ejemplo: la revisión de empresas españolas en las que se ofrezcan servicios de AD para ver si se hace mención también a la ADS, la búsqueda de entrevistas a profesionales de la AD, etc. En todo caso, pensamos que la aquí sugerida puede ser una unidad didáctica que permita, como mínimo, ofrecer una introducción o primera toma de contacto con la ADS y que así el alumnado termine sus estudios con la formación más completa que sea posible.

Referencias bibliográficas

AENOR. 2005. *Norma UNE 153020: Audiodescripción para personas con discapacidad visual. Requisitos para la audiodescripción y la elaboración de audioguías.* Madrid: AENOR.

Agost, Rosa. 1999. *Traducción y doblaje: palabras, voces e imágenes.* Barcelona: Ariel.

Benecke, Bernd. 2012. "Audio description and audio description and audio subtitling in a dubbing country: Case studies". En *Emerging topics in translation: Audio description*, ed. por Elisa Perego, 99–104. Trieste: EUT Edizioni Università di Trieste.

Beseghi, Micòl. 2017. *Multilingual Films in Translation; A Sociolinguistic and Intercultural Study of Diasporic Films.* Oxford: Peter Lang.

Braun, Sabine, y Pilar Orero. 2010. "Audio description with audio subtitling — an emergent modality of audiovisual localisation". *Perspectives: Studies in Translatology* 18 (3): 173–188.

Cerezo Merchán, Beatriz, y Ana Tamayo Masero. 2021. *Materiales inéditos del Curso de Experto Universitario en Traducción y Localización de Contenidos Audiovisuales.* Castellón de la Plana: Universitat Jaume I.

Corrius, Montse. 2008. *Translating Multilingual Audiovisual Texts. Priorities, Restrictions, Theoretical Implications.* Tesis doctoral. Universitat Autònoma de Barcelona.

Corrius, Montse, y Eva Espasa. 2017. "Audiodescription of multilingual films: audiosubtitling and beyond". *Comunicación presentada en Advanced Research Seminar on Audiodescription.* Barcelona: Universitat Autònoma de Barcelona. Recuperado de: https://docplayer.net/55161367-The-audiodescription-of-multilingual-films-audiosubtitling-and-beyond-montse-corrius-eva-espasa.html.

Corrius, Montse, Eva Espasa, y Patrick Zabalbeascoa (eds). 2019. *Translating Audiovisuals in a Kaleidoscope of Languages.* Berlín: Peter Lang.

De Higes Andino, Irene. 2014. *Estudio descriptivo y comparativo de la traducción de filmes plurilingües: el caso del cine británico de migración y diáspora.* Tesis doctoral. Universitat Jaume I.

De Higes Andino, Irene. 2019. *Materiales de clase inéditos.* Castellón de la Plana: Universitat Jaume I.

Delabastita, Dirk, y Rainier Grutman (eds.). 2005. *Fictionalising Translation and Multilingualism, Linguistica Antverpiensia* 4: 11–34.

DRAE (Diccionario de la Real Academia). 2019. https://www.rae.es/.

Dwyer, Tessa. 2005. "Universally speaking: Lost in Translation and polyglot cinema". *Linguistica Antverpiensia* 4: 295–310.

Fernández-Torné, Anna, y Anna Matamala. 2015. "Text-to-speech vs. human voiced audio descriptions: a reception study in films dubbed into Catalan". *JoStrans The Journal of Specialised Translation* 24: 61–88.

Heiss, Christine. 2004. "Dubbing Multilingual Films: A New Challenge?" *Meta* 49 (1): 208–220.

Hurtado Albir, Amparo. 2015. *Aprender a traducir del francés al español. Competencias y tareas para la iniciación a la traducción. Guía didáctica.* Castellón: Universitat Jaume I, Serie Aprender a traducir 6.

Iturregui-Gallardo, Gonzalo. 2019. *Audio subtitling: voicing strategies and their effect on emotional activation.* Tesis doctoral. Universitat Autònoma de Barcelona.

Iturregui-Gallardo, Gonzalo. 2020. "Rendering multilingualism through audio subtitles: shaping a categorisation for aural strategies". *International Journal of Multilingualism* 17 (4): 485–498.

Jakobson, Roman. 1960. "Closing statement: linguistics and poetics". En *Style and Language*, ed. por Thomas A. Sebeok, 350–377. Cambridge: The MIT Press.

Martínez Sierra, Juan José, José Luis Martí Ferriol, Irene de Higes Andino, Ana M. Prats-Rodríguez, y Frederic Chaume. 2010. "Linguistic Diversity in Spanish Immigration Films. A Translational Approach". En *Plurilingualism in Cinema: Cultural Contact and Migration in France, Italy, Portugal and Spain*, ed. por Verena Berger, y Miya Komori, 15–32. Viena: Lit Verlag.

Marzà i Ibáñez, Anna. 2010. "Evaluation criteria and film narrative. A frame to teaching relevance in audio description". *Perspectives: Studies in Translatology*, 18 (3): 143–153.

Matamala, Anna. 2014. "Audio describing text on screen". En *Audio description: New perspectives illustrated*, ed. por Anna Maszerowska, Anna Matamala, y Pilar Orero, 103–120. Ámsterdam: John Benjamins Publishing Company.

Matamala, Anna, y Pilar Orero. 2007. "Designing a Course on Audio Description and Defining the Main Competences of the Future Professionals". *Linguistica Antverpiensia, New Series — Themes in Translation Studies* 6.

Olga, Ĝnokhina. 2013. "Estudios sobre multilingüismo y creación. Eje prioritario de la política europea". *Institut de textes et manuscrits modernes (en cursiva)*. Recuperado de: http://www.item.ens.fr/articles-en-ligne/estudios-sobre-multilingismo-y-creacineje-prioritario-de-la/

O'Sullivan, Carol. 2011. *Translating popular film.* London: Palgrave Macmillan UK.

Pérez L. de Heredia, María, e Irene de Higes (eds). 2019. *Multilingüismo y representación de las identidades en textos audiovisuales. MonTI* Número especial 4.

Remael, Aline. 2012. "Audio description with audio subtitling for Dutch multilingual films: Manipulating textual cohesion on different levels". *Meta* 57 (2): 385–407.

Remael, Aline. 2014. "Combining audio description with audio subtitling". En *ADLAB audio description guidelines*, ed. por Aline Remael, Nina Reviers, y Gert Vercauteren. Recuperado de: http://www.adlabproject.eu/Docs/adlabbook/index.html#combining-ad.

Reviers, Nina, y Aline Remael. 2015. "Recreating multimodal cohesion in audio description: A case study of audio subtitling in Dutch multilingual films". *New Voices in Translation Studies* 13 (1): 50–78.

Sternberg, Meir. 1981. "Polylingualism as reality and translation as mimesis". *Poetics Today* 2 (4): 221–239.

Szarkowska, Agnieszka, Jagoda Żbikowska, e Izabela Krejtz. 2013. "Subtitling for the deaf and hard of hearing in multilingual films". *International Journal of Multilingualism* 10 (3): 292–312.

Tamayo Masero, Ana. 2015. *Estudio descriptivo y experimental de la subtitulación en TV para niños sordos una propuesta alternativa: Una propuesta alternativa*. Tesis doctoral. Universitat Jaume I.

Wahl, Chris. 2005. "Discovering a Genre: The Polyglot Film". *Cinemascope* 1.

Wahl, Chris. 2008. "'Du Deutscher, toi français, You English: Beautiful' — The Polyglot Film as a Genre". En *Shifting Landscapes: Film and Media in European Context*, ed. por Miyase Christensen, y Nezih Erdŏgan, 334–350. Newcastle: Cambridge Scholars Publishing.

Experiencia educativa
Un primer acercamiento a la enseñanza de la subtitulación para personas sordas o con discapacidad auditiva en el aula de Traducción Audiovisual

Kendall Harteel
Universidad de Alicante

The importance of accessibility services in audiovisual products is irrefutable. There is an increasing need to work on accessible audiovisual content so that people with sensory disabilities can benefit from having access to culture and entertainment. Accessible audiovisual translation is accordingly one of the best methods to this end. Our objective is to teach two groups of university students to use the appropriate tools and create accessible materials, introducing them to a new professional opportunity and the new audiovisual market needs. For that, we will undertake an educational project which consists of offering a quality translation for people who are deaf or hearing impaired. The results reflect the interest and awareness of these students about people with specific needs.

Keywords: accessibility, SDH, special needs, educational experience, inclusion, Spanish, French, translation task, SubtitleWorkshop, Aegisub

1. Introducción

La accesibilidad universal es uno de los grandes principios que surgió a partir de los años setenta y que acompaña el tratamiento de la discapacidad, entendiéndose como la necesidad de eliminación de barreras y obstáculos (Rafael de Asís 2008–13). Sin embargo, no fue hasta el 2003 que se aprobó la Ley de Igualdad de Oportunidades, No Discriminación y Accesibilidad Universal de las Personas con Discapacidad. Actualmente, de acuerdo con las estadísticas del *V Estudio Universidad y Discapacidad* sobre el grado de inclusión del sistema universitario español, realizado por la Fundación Universia (2021), se ha observado un aumento

https://doi.org/10.1075/ivitra.41.07har
© 2024 John Benjamins Publishing Company

de los estudiantes universitarios con discapacidad. Se ha pasado de contar con 1.720 estudiantes en el IV estudio de la Fundación Universia de 2018 de esta misma fundación a 19.919, matriculados en 61 universidades pertenecientes a todas las Comunidades Autónomas de España. De este total de estudiantes participantes, predominan las personas con discapacidad física (30,4%), luego las personas con discapacidades intelectuales y/o del desarrollo (11,8%), las personas con discapacidad sensorial (10%) y finalmente con discapacidad psicosocial (3,9%). El 44% restante corresponde a personas con una discapacidad no contemplada en las categorías anteriores.

Frente a esta situación, los centros universitarios intentan mejorar sus niveles de accesibilidad. La Universidad de Alicante (UA) ya cuenta con una Unidad de Accesibilidad Digital (2022), cuya motivación es el Real Decreto 1112/2018, que tiene por cometido garantizar los requisitos de accesibilidad de los sitios web y aplicaciones para dispositivos móviles de los organismos del sector público y otros (Varios autores 2018). Desde el Departamento de Traducción e Interpretación de la UA, donde la accesibilidad es un tema muy presente, sobre todo en asignaturas como la Traducción Audiovisual, queremos profundizar en este asunto y abordar uno de los numerosos aspectos de la accesibilidad. A tal fin, estamos llevando a cabo un proyecto cuyo objetivo principal es fomentar el saber hacer y ayudar a los profesores a adentrarse en un modelo de educación más accesible para mejorar la capacidad docente y que beneficie a los alumnos. Partimos de la hipótesis de que, tanto profesores como alumnos, están empezando a familiarizarse con el mundo de la accesibilidad y, a pesar de todo lo conseguido, todavía queda mucho por hacer, en especial para el conocimiento real de las necesidades y su aplicación. Como bien indica un estudio de 2020 de la Organización Nacional de Ciegos Españoles (Madrid López et al. 2020), que trata la inclusión de la accesibilidad universal en los currículos formativos de las universidades en España, pese a la existencia de normas que abogan por la inclusión de la accesibilidad universal y el diseño para todos en los currículos universitarios, su implantación real en las aulas es aún cuantitativa y cualitativamente deficitaria, con poca visibilidad.

Carmen Cuéllar Lázaro (2020:145-146) sostiene que nuestra sociedad está cada vez más sensibilizada con la discapacidad y que hay una mayor concienciación sobre la necesidad de que la accesibilidad llegue también al ocio y a la cultura, haciendo hincapié en que uno de los grupos más importantes en el campo de la discapacidad lo constituyen las personas con discapacidad sensorial. Señala que cada vez se consumen más contenidos audiovisuales y multimedia y que los posibles entornos de aplicación y empleo superan las actividades culturales tradicionales. En este sentido, la traducción audiovisual siempre se ha caracterizado por ser una gran fuente de intercambio de información y comunicación, que sirve para disfrutar del tiempo libre y para informarnos, formarnos e investigar.

Dado que la mejor forma de ayudar a las personas con discapacidad sensorial es la accesibilidad audiovisual, decidimos poner a prueba los conocimientos de dos grupos de estudiantes universitarios sobre este tipo de accesibilidad. El primer grupo asistió a la asignatura de Traducción Audiovisual durante el curso 2020-21 y el segundo grupo la estuvo cursando en 2021-22. Nuestros objetivos son: constatar los conocimientos que ya tienen los alumnos, proporcionarles nuevos conocimientos, despertar su interés y concienciarlos, visibilizando de esta manera esta especialización, enseñarles a usar las herramientas oportunas y a crear materiales accesibles y, finalmente, darles a conocer un nuevo perfil profesional y las nuevas necesidades del mercado audiovisual.

Decidimos centrarnos en la subtitulación para personas sordas o personas con discapacidad auditiva (SPS) por ser una de las modalidades de traducción audiovisual accesible más compleja y completa. Además, atendiendo a los datos oficiales publicados por la Organización Mundial de la Salud (2021a), más del 5% de la población mundial padece una pérdida de audición discapacitante y estima que para el año 2050, una de cada cuatro personas presentará una pérdida de audición (2021b). Estas personas con discapacidad auditiva, cualquiera que sea el grado de sordera y su situación, se enfrentan a una gran cantidad de barreras que les dificultan tener acceso a la comunicación y a la información. Gracias a la SPS damos respuesta a la necesidad y al derecho de estas personas de desarrollar plenamente su potencial. El acceso a la comunicación, la información, el entretenimiento y la cultura es indispensable para lograr la igualdad de oportunidades y la total integración y participación de este colectivo en nuestra sociedad. Los contenidos audiovisuales accesibles permiten, por ende, una clara mejora de su calidad de vida (Asociación Española de Normalización y Certificación, 2012).

2. Método

2.1 Diseño de la experiencia educativa y participantes

La experiencia educativa, iniciada el 22/04/2021 con el primer grupo, del curso 2020-21, y retomada el 05/04/2022 con el segundo grupo, del curso 2021-22, es parte de nuestra formación predoctoral, como colaboración en las actividades docentes, impulsada por el Vicerrectorado de Investigación y Transferencia de Conocimiento de la UA.

Los participantes de esta experiencia fueron alumnos del tercer año del Grado de Traducción e Interpretación de la UA, que cursaron la asignatura optativa de Traducción Audiovisual B-A/A-B: francés-español/español-francés (32750) en el segundo semestre. Se trata de una asignatura que cuenta con 6 créditos ECTS (1,5 créditos de teoría y 4,5 créditos de práctica), impartidos en su totalidad en el área de traducción especializada del Departamento de Traducción e Interpretación de la UA. De acuerdo con la guía docente de 2020, 2021 y 2022 (Universidad de Alicante 2020–2022), el objetivo de esta asignatura es profundizar en el análisis y la teorización del soporte audiovisual, para el doblaje y la subtitulación, vinculando el proceso traductor al lenguaje cinematográfico. Se pretende abrir nuevas líneas de investigación y expandir las existentes, dando a conocer los principales elementos teóricos y prácticos de la traducción audiovisual, así como los principales procedimientos que se utilizan recurrentemente en este ámbito, aplicando técnicas de iniciación mediante ejercicios variados.

El proyecto actual consiste en familiarizar a estos grupos de alumnos con la SPS adaptando el material docente ya trabajado en el aula a las nuevas necesidades en materia de accesibilidad audiovisual, siguiendo los objetivos y finalidades de la asignatura. Trabajamos con una escena para la que ya ofrecieron una propuesta de subtitulado, pero esta vez siguiendo los protocolos de SPS y adaptando sus subtítulos a los requisitos propios de esta modalidad mediante un programa adaptado a este fin.

A lo largo de cuatro sesiones de dos horas cada una, los estudiantes asisten a una clase introductoria sobre accesibilidad universal y audiovisual.[1] Asimismo, aprenden a emplear dos programas de subtitulación aplicando los protocolos de la norma UNE (Una Norma Española) 153010 de 2012, que se encarga de especificar los requisitos y presentar recomendaciones sobre la presentación de la subtitulación para las personas con discapacidad auditiva. Hay tres formularios, elaborados mediante los formularios de *Google*, sobre conocimientos teórico-prácticos y primeras impresiones. Finalmente, evaluamos los conocimientos adquiridos mediante una actividad, como si de una práctica real se tratase, pero sin reflejar dicha evaluación en las calificaciones finales de la asignatura.

2.2 Instrumentos

El instrumento de evaluación de esta experiencia educativa concreta es la rúbrica: guías de puntuación empleadas para evaluar el desempeño de los estudiantes que describen las características específicas de una tarea en niveles para definir qué se espera del trabajo, registrar la valoración de su desempeño y dar *feedback*. Los formularios permiten ver cómo se desenvuelven en el proceso y cómo acogen la accesibilidad. El elemento principal es una tarea que se divide en varias etapas, que los alumnos deben seguir en un determinado orden para así conseguir desarro-

---

1. Debido a la COVID-19, las sesiones del grupo correspondiente al curso 2020-21 se impartieron en modalidad virtual.

llar un proyecto integral de SPS, mediante el aprendizaje de pautas que cumplen la norma UNE correspondiente y el uso de herramientas, concretamente de dos programas de subtitulación llamados *SubtitleWorkshop* y *Aegisub*, para finalmente ofrecer una traducción de calidad. Destacamos que el programa más indicado es el segundo, ya que el primero presenta limitaciones en cuanto a SPS, pero debido a restricciones de la guía docente y por motivos personales de los alumnos, pudieron utilizarse ambos. Adaptamos las clases a los recursos de cada alumno dentro de la situación de pandemia y postpandemia.

2.3 Procedimiento

La experiencia se diseña guiando al estudiante durante todo el proceso. Se sigue el procedimiento de una clase teórico-práctica con entrega final y su evaluación, ofreciendo los materiales, información y herramientas necesarios para el correcto seguimiento de la clase. Se simula el proceso a seguir para realizar un proyecto de SPS de principio a final, con las herramientas correspondientes, acompañado de un *feedback* tanto por parte la investigadora-docente como del alumnado. Subimos en oculto todos los materiales al *UACloud*, concretamente en *Moodle*, una plataforma de gestión de contenidos educativos, y los visibilizamos al final de cada sesión conforme vamos avanzando.

Con carácter previo a la sesión, avisamos a los estudiantes de que iban a tener entre tres y cuatro sesiones sobre accesibilidad a modo de experiencia educativa en el marco de un trabajo de investigación. Por consiguiente, y en virtud de la Ley Orgánica 3/2018, de 5 de diciembre, sobre la Protección de Datos Personales y garantía de los derechos digitales, los alumnos participan de forma completamente informada, anónima y voluntaria. Para poder incluir la evaluación de sus proyectos de SPS, solicitamos que firmasen la debida autorización de cesión de imagen y contenidos de autor, establecido por la UA.[2]

2.4 Bloque teórico-práctico

En la primera sesión les presentamos un primer formulario sobre qué es la accesibilidad, a quién está destinada, qué tipos de accesibilidad existen, etc. Esto nos permite ver qué es lo que ya saben y si alguien está familiarizado con este tema. Después de rellenar este primer formulario introducimos los primeros aspectos teóricos sobre accesibilidad universal y audiovisual y sobre traducción audiovisual accesible mediante *PowerPoint*. Les hablamos de diversas modalidades: sub-

---

2. Disponible en el siguiente enlace: https://biblioteca.ua.es/es/propiedad-intelectual/documentos/contrato-de-cesion-de-derechos.pdf

titulación para personas sordas o con discapacidad auditiva, audiodescripción para personas con discapacidad visual y subtitulación para personas con discapacidad cognitiva, que está ligada a la lectura fácil. Comentamos cuáles son los protocolos que se recomienda seguir en cada una de éstas, haciendo hincapié en la subtitulación para sordos, que es la modalidad principal sobre la que basamos la actividad práctica. La norma UNE 153010 de 2012 es para SPS, la norma UNE 153020 de 2003 para audiodescripción y la norma UNE 153101 EX para lectura fácil. Tras esta sesión, enviamos el segundo formulario sobre conocimientos adquiridos para ver si los materiales proporcionados eran adecuados y comprobar que asimilaron correctamente la información. Replanteamos las mismas preguntas que en el formulario anterior y añadimos otras para conocer sus primeras impresiones.

En la segunda sesión les enseñamos a utilizar y a configurar dos programas que ya utilizaron en clases anteriores, *SubtitleWorkshop* y *Aegisub*, pero aplicando los protocolos de SPS, que están descritos en otro *PowerPoint*. Mostramos el procedimiento a seguir paso a paso con un ejemplo real: los minutos anteriores de la misma escena que deberían subtitular en la actividad práctica, que ya hemos subtitulado nosotros mismos previamente aplicando los requisitos técnicos de SPS. Mostramos cómo ajustar cada programa a estos requisitos y cómo hacer para respetar los protocolos. En este sentido, dejamos claro que el mejor programa en este caso es *Aegisub*, ya que nos permite realizar una configuración completa respetando cada uno de los aspectos de la SPS.

Los alumnos del curso 2020-21 solicitaron materiales en los que se repitiese paso a paso el uso y configuración de ambos programas para poder reproducirlo todo correctamente en su práctica. Por consiguiente, decidimos realizar cuatro videotutoriales repitiendo lo mismo que habíamos hecho en clase. Luego lo subimos a *Moodle*. En el caso de los alumnos del curso 2021-22, subimos directamente estos materiales después de la clase para que les sirviese de guía a la hora de realizar su práctica. De esta manera, ambos grupos tendrían acceso a los mismos materiales y estarían en igualdad de condiciones, lo cual nos parece ser un requisito indispensable para el tipo de estudio que estamos llevando a cabo.

2.5   Bloque práctico

Tras estas dos primeras sesiones, encargamos un proyecto real de SPS a los alumnos para ver si asimilaron correctamente los conocimientos y si supieron aplicarlos. La práctica consiste en subtitular para sordos una escena de la película francesa la película francesa *Amélie* de 2001, de Jean-Pierre Jeunet, que ya habían trabajado previamente. Se trata de un encargo individual que debe remitirse en un plazo de una semana y media en *Moodle* para su corrección. Puesto que ya tienen los subtítulos creados, deben configurar para SPS el programa que desean utilizar y abrir los subtítulos junto con el video de la escena correspondiente. La configuración básica consiste en introducir el máximo de caracteres por línea, que es de 37, siendo 15 el límite de caracteres por segundo: 14 para el umbral de advertencia y 16 para el umbral de error; según la teoría vista en clase. Seguidamente, deben editar los subtítulos para que encajen con lo que se pide en SPS, aplicando los protocolos que veremos a continuación y, finalmente, deben originar un archivo de subtítulos (.ass o .ssa). Hay una sesión de resolución de dudas mientras para atender a todas las preguntas de los alumnos.

La evaluación de la experiencia educativa considera los aspectos siguientes: (1) recepción del encargo de SPS dentro del plazo, (2) aplicación de la teoría vista en clase, (3) correcta utilización de los programas de subtitulación, (4) aplicación de los protocolos de SPS, (5) propuesta de traducción de calidad.

Este proceso práctico finaliza con la presentación y cumplimentación de un último formulario que nos muestra si los alumnos supieron aplicar sus nuevos conocimientos y cómo se sienten tras esta primera experiencia. Además, sirve como informe de autoevaluación con preguntas sobre el proceso y las decisiones tomadas en su SPS.

3. Resultados

En relación con los estudiantes del curso 2020-21, nuestra experiencia educativa se basa en 12 participantes para los formularios y la práctica, de 28 alumnos que componen la clase, de los cuales 5 cedieron sus proyectos de SPS para su evaluación y uso en el presente artículo sobre educación inclusiva. En lo que a los estudiantes del curso 2021-22 se refiere, nuestra experiencia educativa se basa en 12 participantes para los formularios y la práctica, de 26 alumnos que componen la clase, de los cuales 8 cedieron sus proyectos de SPS.

Tras obtener los resultados del primer formulario sobre conocimientos previos, comprobamos que los dos grupos de estudiantes participantes tienen claro los aspectos más generales en relación con este tema. Saben que se trata de una técnica, recurso o conjunto de herramientas que permite "hacer llegar cierto contenido a un mayor número de personas"; que está "relacionado con la inclusividad"; que consiste en dar "la posibilidad a cualquier persona, sin distinción de sus capacidades físicas, el acceso a un servicio" y dar "ayuda a todas aquellas personas que presentan ciertas dificultades"; y que es "la opción de que todos tengan las mismas oportunidades". Incluso algunos nos proporcionaron definiciones más detalladas: "es el concepto que se utiliza para denominar el hecho de que algo, en general una actividad, esté al alcance de cualquier persona. Sin importar el impedimento que pueda tener, ya sea una discapacidad física o mental, por ejemplo (…)"; "un método que proporciona a personas con discapacidades (tanto físicas como sensoriales, etc.) un acceso al mundo, a ciertos lugares, a métodos y otras cosas que en general no tienen acceso por su discapacidad"; "la accesibilidad es una técnica que permite dejar accesible a todos, independientemente de sus capacidades o incapacidades físicas o sensoriales, los medios audiovisuales (películas, series, etc.) y demás recursos"; y "se trata de las posibilidades que tiene cada persona de acceder a determinados servicios o recursos, se aplica este término más comúnmente en ámbitos donde los usuarios tienen alguna variedad/deficiencia física o sensorial".[3]

Por norma general, consideran que la accesibilidad está destinada a personas que presentan alguna discapacidad, pero 4 de los 12 participantes, tanto con respecto al grupo del curso 2020-21 como al del curso 2021-22, manifestaron muy acertadamente que la accesibilidad está destinada a todos: personas con o sin discapacidad. Asimismo, consiguen enumerar, entre todos, los diferentes tipos de accesibilidad o de barreras que existen, relacionados con el ámbito sensorial, motriz, cognitivo y tecnológico; aunque el segundo grupo del curso 2021-22 hace especial hincapié en la discapacidad sensorial.

Por último, les preguntamos sobre las herramientas que piensan que existen para hacer frente a estas barreras y 5 de los 12 participantes del curso 2020-21 nos dieron un amplio abanico de posibilidades, pero la mayoría nos propuso herramientas relacionadas con el ámbito audiovisual. El segundo grupo del curso 2021-22 fue más generalista en sus respuestas, hablando de máquinas, ejercicios, programas, métodos, investigaciones, etc., pero sin entrar en más detalle. Adentrándonos en aspectos más concretos de la accesibilidad, como la accesibilidad audiovisual, o la traducción audiovisual accesible, comprobamos que los conocimientos de los alumnos (10 de 12 y 9 de 12, respectivamente) son más profundos y consiguen identificar mejor el colectivo al que está destinada esta rama de la accesibilidad y los recursos que pueden serles de utilidad: audiodescripción y subtitulación, entre otros.

Después de asistir a la sesión teórico-práctica observamos que, efectivamente, existe una diferencia entre lo que ya sabían y lo que han aprendido (Figura 1 y 2), aunque en menor medida en el caso del segundo grupo del curso 2021-22, y que conseguimos despertar su interés en la materia (Figura 3 y 4).

Cuando les preguntamos sobre aquellos aspectos que les parecen más interesantes, sus contestaciones van desde los protocolos o aspectos técnicos de la traducción audiovisual accesible, hasta la realidad que viven las personas con

---

3. Para el presente estudio, los comentarios realizados en los formularios por parte del alumnado se citan textualmente, pero adaptando la ortotipografía a las necesidades del artículo.

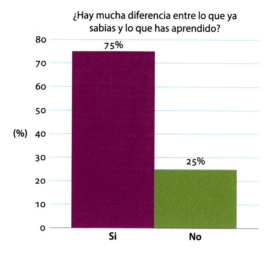

Figura 1. Diferencia de conocimientos del primer grupo, del curso 2020-21

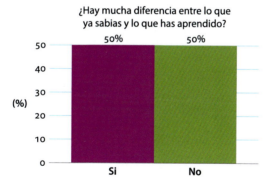

Figura 2. Diferencia de conocimientos del primer grupo, del curso 2021-22

capacidades especiales, teniendo en cuenta que la accesibilidad forma parte de nuestra vida cotidiana y que es útil para todos.

Asimismo, nos pareció interesante saber cuáles son, concretamente, los nuevos conocimientos adquiridos tras la clase teórica. Los alumnos fueron transparentes, ofreciéndonos respuestas detalladas y otras muy breves donde evidenciamos las dudas que todavía les quedan sobre este tema. Destacamos su aprendizaje relativo a los protocolos, habiendo aprendido "las normas que controlan el ámbito de subtitulación con accesibilidad, la duración y caracteres de estos, que se pueden diferenciar por un patrón de colores establecido dependiendo de la importancia del personaje, que no se deben usar abreviaturas, etc."; y el haber asimilado que hay que "saber cómo tratar este asunto siendo profesional y atento pero sin llegar a tener una actitud 'paternalista' hacia la gente con problemas de accesibilidad".

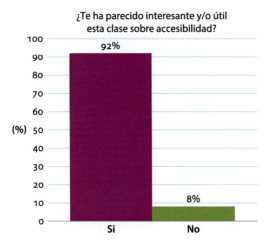

Figura 3. Interés y utilidad de la clase del primer grupo, del curso 2020-21

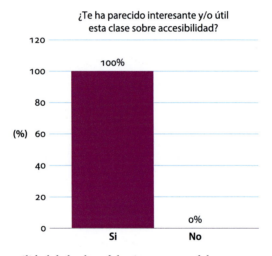

Figura 4. Interés y utilidad de la clase del primer grupo, del curso 2021-22

No obstante, a la hora de abordar preguntas que tratan sobre las personas a quienes va destinada la accesibilidad y sobre los tipos de accesibilidad, parece ser que los alumnos tienen dificultades para diferenciar la accesibilidad en general con respecto a la accesibilidad sensorial (Figura 5, 6 y 7), aunque el porcentaje de error es menor.

Experiencia educativa 171

Figura 5. Opinión de los alumnos del curso 2020-21 y 2021-22 sobre personas qué se benefician de la accesibilidad

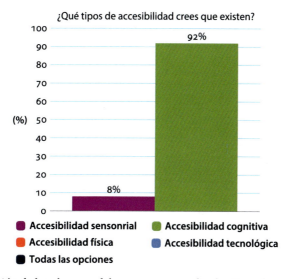

Figura 6. Opinión de los alumnos del curso 2020-21 sobre los tipos de accesibilidad

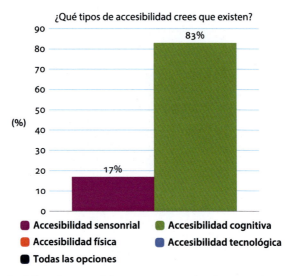

Figura 7. Opinión de los alumnos del curso 2021-22 sobre los tipos de accesibilidad

En lo que al encargo real práctico de SPS respecta, las Tablas 1 y 2 muestran los distintos aspectos y niveles de calidad valorados en el desempeño de la actividad traductora de cada uno de los 5 y 8 alumnos que cedieron su tarea, respectivamente.

Tabla 1. Resumen de actividad de los alumnos del curso 2020-21

	Plazo respetado	Aplicación de la teoría	Uso correcto de los programas	Aplicación de los protocolos de SPS	Traducción de calidad
Alumno 1	Sí	Sí	Sí	5,5/11	Puede mejorar. No se respeta más de la mitad de los protocolos. Algunos no se respetan debido al programa utilizado, por lo tanto, no resta. Tiempos mal introducidos: no hay suficiente pausa entre subtítulos, aunque mayoritariamente sí permanecen en pantalla entre 1 y 6 segundos.
Alumno 2	Sí	Sí	Sí	7,5/11	Buena traducción. Uso innecesario de dos protocolos en una ocasión cada uno. Límite de caracteres por segundo superado en un subtítulo. Puntuación final incorrecta en un subtítulo. No se respeta siempre la pausa indicada entre subtítulos, aunque mayoritaria-

Tabla 1. *(continuado)*

	Plazo respetado	Aplicación de la teoría	Uso correcto de los programas	Aplicación de los protocolos de SPS	Traducción de calidad
					mente sí permanecen en pantalla entre 1 y 6 segundos.
Alumno 3	Sí	Sí	Sí	6,5/11	Buena traducción, pero puede mejorar. Uso innecesario de dos protocolos en varias ocasiones. Efecto sonoro correcto, pero identificación incorrecta. Límite de caracteres superado en dos ocasiones. Puntuación final incorrecta en varios subtítulos. No se respeta siempre la pausa indicada entre subtítulos, aunque mayoritariamente sí permanecen en pantalla entre 1 y 6 segundos.
Alumno 4	Sí	Sí	Sí	8/11	Muy buena traducción. Toda la información está correctamente indicada. Destacamos un fallo de identificación de personajes: si se identifica por color, no se añade etiqueta identificadora al personaje. No se respetan los tiempos de pausa en el efecto sonoro repetido. Puntuación final incorrecta en un subtítulo. Faltan las comillas en una ocasión.
Alumno 5	Sí	Sí	Sí	6/11	Buena traducción, pero puede mejorar. Límite de caracteres por segundo superado en varias ocasiones. No se respeta siempre la pausa indicada entre subtítulos, aunque mayoritariamente sí permanecen en pantalla entre 1 y 6 segundos. Información contextual incorrectamente nombrada en una ocasión e indicada en exceso en otra ocasión. Si se identifica por color, no se añade etiqueta identificadora al personaje. Comillas mal introducidas.

Tabla 2. Resumen de actividad de los alumnos del curso 2021-22

	Plazo respetado	Aplicación de la teoría	Uso correcto de los programas	Aplicación de los protocolos de SPS	Traducción de calidad
Alumno 1	Sí	Sí	Sí	7'5/11	Buena traducción. Toda la información está correctamente indicada. Destacamos un fallo de identificación de personajes: si se identifica por color, no se añade etiqueta identificadora al personaje. No se respetan los tiempos de pausa entre varios subtítulos, pero sí permanecen en pantalla entre 1 y 6 segundos. Puntuación final incorrecta en un par de subtítulos. Falta introducir el efecto sonoro e información contextual.
Alumno 2	Sí	Sí	Sí	5/11	Puede mejorar. Los personajes no han sido identificados correctamente por colores: el color amarillo se usa para protagonistas y el cian, verde o magenta para personajes secundarios; el alumno 2 ha invertido los colores. Además, si se identifica por color, no se añade etiqueta identificadora al personaje. El efecto sonoro ha sido introducido, pero mal formulado y no está situado en la parte superior derecha de la pantalla (error debido al programa de subtitulación utilizado, por lo tanto, no resta). Límite de caracteres por segundo superado en varias ocasiones, así como la pausa entre subtítulos y el tiempo de los subtítulos en pantalla. Puntuación final incorrecta en un par de subtítulos y formato de los números erróneo.
Alumno 3	Sí	Sí	Sí	6'5/11	Buena traducción, pero puede mejorar. Los personajes no han sido identificados correctamente por colores: el color amarillo se usa para protagonistas y el cian, verde o magenta para personajes secundarios; el alumno 3 ha invertido los colores. El efecto sonoro

Experiencia educativa 175

Tabla 2. *(continuado)*

	Plazo respetado	Aplicación de la teoría	Uso correcto de los programas	Aplicación de los protocolos de SPS	Traducción de calidad
					ha sido introducido, pero mal formulado y se introdujeron otros efectos sonoros innecesarios por ser obvios en pantalla. Se trata de subtítulos relámpago, sin pausa suficiente entre ninguno de ellos, pero permanecen entre 1 y 6 segundos en pantalla. Ausencia total de comillas.
Alumno 4	Sí	Sí	Sí	9/11	Muy buena traducción, con muy pocos fallos. Los personajes fueron identificados correctamente, usando los colores adecuados, sin añadir etiquetas identificadoras. El efecto sonoro fue introducido y formulado correctamente, aunque se introdujeron otros efectos sonores innecesarios por ser obvios en pantalla. La información contextual también ha sido introducida y formulada correctamente, menos en una ocasión. La ortotipografía es correcta, aunque con un fallo en el uso de las comillas. La pausa entre subtítulos es errónea, pero todos los subtítulos permanecen entre 1 y 6 segundos en pantalla.
Alumno 5	Sí	Sí	Sí	5'5/11	Puede mejorar. El máximo de caracteres por subtítulo ha sido respetado menos en un subtítulo, pero el límite de caracteres por segundo ha sido superado en diversas ocasiones. La ortotipografía es correcta menos en el texto entrecomillado, cuyas comillas han sido introducidas correctamente. El efecto sonoro ha sido introducido, pero mal formulado y un elemento contextual ha sido introducido como efecto sonoro, lo cual es incorrecto. No se respetan los tiempos de pausa entre varios subtítulos, pero sí

Tabla 2. *(continuado)*

	Plazo respetado	Aplicación de la teoría	Uso correcto de los programas	Aplicación de los protocolos de SPS	Traducción de calidad
Alumno 4	Sí	Sí	Sí	9/11	permanecen en pantalla entre 1 y 6 segundos, menos en un subtítulo. El número introducido no tiene el formato correcto: está en letras y debía escribirse con cifras.
Alumno 6	Sí	Sí	Sí	7/11	Buena traducción. No se respeta siempre la pausa indicada entre subtítulos, aunque mayoritariamente sí permanecen en pantalla entre 1 y 6 segundos. El máximo de caracteres por subtítulo y el límite de caracteres por segundo son correctos, pero con fallos en ambos casos. El efecto sonoro ha sido introducido correctamente, pero la formulación es incorrecta. Ausencia total de información contextual y el número introducido no tiene el formato correcto: está en letras y debía escribirse con cifras.
Alumno 7	Sí	Sí	Sí	5'5/11	Puede mejorar. Los personajes no han sido identificados correctamente por colores: el color amarillo se usa para protagonistas y el cian, verde o magenta para personajes secundarios; el alumno 7 ha invertido los colores. No se respeta siempre la pausa indicada entre subtítulos, aunque mayoritariamente sí permanecen en pantalla entre 1 y 6 segundos. El máximo de caracteres por subtítulo y el límite de caracteres por segundo son correctos, pero con fallos ocasionales. El efecto sonoro ha sido introducido correctamente, pero la formulación es incorrecta. Ausencia total de información contextual y el número introducido no tiene el formato correcto: está en cifras y debería aparecer en letras.

Tabla 2. *(continuado)*

	Plazo respetado	Aplicación de la teoría	Uso correcto de los programas	Aplicación de los protocolos de SPS	Traducción de calidad
Alumno 8	Sí	Sí	Sí	9/11	Muy buena traducción. No se respeta siempre la pausa indicada entre subtítulos, aunque mayoritariamente sí permanecen en pantalla entre 1 y 6 segundos. Fallos de ortografía y división de sintagmas. Ausencia total de efecto sonoro, pero sí se indicó la información contextual.

Dentro de los protocolos, incluimos: límite de caracteres, número de caracteres por segundo, puntuación final de subtítulos, permanencia de los subtítulos en pantalla, estructura piramidal (recomendado) y división de sintagmas, efectos sonoros, identificación de los personajes, información contextual, formato de los números y uso de comillas y cursiva. La puntuación es sobre 11: si cumplen 2 protocolos de los 11 será 2/11, por ejemplo. En el caso de que haya protocolos que estén parcialmente bien (se respeta en la mitad del total de subtítulos del alumno y en la otra mitad no), calcularemos la mitad de un protocolo. En ello consiste a grandes rasgos la evaluación de sus trabajos finales. La última columna corresponde a comentarios sobre sus traducciones a modo de corrección y/o evaluación personalizada.

Siguiendo con el concepto de rúbrica, por un lado, aprovechamos la sesión previa a la entrega sobre resolución de dudas para dar un *feedback* informativo al alumnado sobre el desarrollo de su trabajo durante el proceso. Por otro lado, decidimos pedirles el tercer y último formulario antes de la fecha final de entrega de la práctica para que, además de servirnos para saber cómo les fue la práctica (el 57,1% del curso 2020-21 y el 83,3% del curso 2021-22 considera que la práctica es de dificultad media y el 42,9% del curso 2020-21 y el 16,7% del curso 2021-22 considera que es fácil) y sus primeras impresiones como subtituladores para sordos, sirviese a los propios alumnos como informe de autoevaluación (Figura 8 y 9), ya que muchas de las preguntas incluidas en el formulario son criterios de evaluación. En este sentido, el 100% de los participantes en ambos casos dice haber identificado a los personajes por colores, aunque algunos decidieron incluir también etiquetas de identificación; ciertos alumnos comentaron que para practicar este protocolo y la síntesis en los subtítulos. El 57,1% y el 83,3% dice haber introducido efectos sonoros; el 85,7% y el 83,3% dice haber utilizado comillas; y el 42,9% y el 50% dice haber introducido información suprasegmental; entre otros.

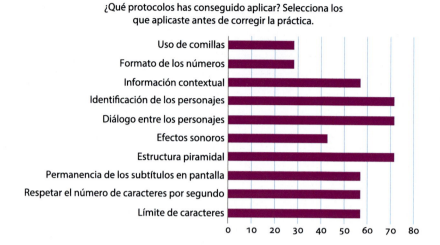

Figura 8. Gráfico sobre protocolos aplicados según los alumnos del curso 2020-2021

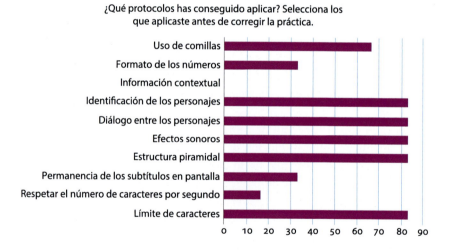

Figura 9. Gráfico sobre protocolos aplicados según los alumnos del curso 2021-2022

4. Discusión y conclusiones

El auge y la necesidad de servicios de accesibilidad en los productos audiovisuales es un hecho irrefutable. En este sentido, pensamos que es esencial que las futuras generaciones conozcan y/o estén formadas en la materia, más sabiendo que a partir de 2022, de conformidad con el Real Decreto 1112/2018, la accesibilidad en sitios web y aplicaciones móviles en las universidades públicas será, por fin y definitivamente, una realidad.

Bien es cierto que, vista la cantidad de estudiantes matriculados en la asignatura de traducción audiovisual, el número de participantes es bastante reducido. Sin embargo, entendemos que la situación de pandemia en el curso 2020-21, sumado a que los alumnos debieron dividirse entre clases presenciales y virtuales, dificultó enormemente el desarrollo de sus clases y pudo afectar a su rendimiento y participación. A este respecto, destacamos el comentario de uno de nuestros alumnos: "ha sido muy interesante. Es una pena que no pudiéramos dar la clase de forma presencial como se ha hecho siempre, porque de ese modo podríamos haber interactuado todos mucho más y también le habría dado más juego a la profesora (…)". Dicho esto, bien es cierto que durante el curso 2021-22 las clases volvieron a ser presenciales, pero es innegable que la participación activa en clase por parte de los alumnos incluso después de haber vuelto a una situación de vida normal ha disminuido considerablemente en la mayoría de las asignaturas. Además, y puesto que las estancias Erasmus están de nuevo permitidas, varios de nuestros alumnos matriculados en la asignatura de Traducción Audiovisual B-A/A-B: francés-español/español-francés (32750) se encontraban fuera cuando la impartimos.

De acuerdo con los resultados, vemos que los estudiantes tienen nociones básicas sobre la accesibilidad. Sin embargo, hemos observado que tienen conocimientos más amplios en accesibilidad audiovisual. Quizá hayan pensado directamente en elementos relacionados con la subtitulación y el doblaje dentro de la accesibilidad debido al contexto en el que realizamos esta experiencia educativa: la traducción audiovisual. No obstante, esto también se debe al hecho de que la discapacidad sensorial es una de las más importantes y una de las que presenta un mayor número de casos, como bien indicamos en la introducción del presente artículo. A su vez, los resultados dan fe de su interés y participación tanto en la teoría como en la práctica. Gracias a los dos primeros formularios pudimos comprobar que estuvieron muy atentos a este nuevo tema y que entendieron y adquirieron nuevos conocimientos que luego consiguieron aplicar en una tarea práctica.

La evaluación de sus proyectos de SPS pone en evidencia que supieron utilizar los programas con la configuración adecuada (aunque aproximada en algunos casos), así como identificar los elementos que cabía subtitular y aplicar los protocolos propios de la norma correspondiente. No cabe duda de que los resultados habrían sido aún mejores si hubiésemos dispuesto de más tiempo y en otras circunstancias sanitarias y postpandémicas.

Por otro lado, los resultados muestran la generosidad de nuestros alumnos. Les preguntamos qué despierta en ellos la accesibilidad y su aplicación al mundo audiovisual. Entre sus respuestas, destaca su curiosidad sobre esta nueva temática en auge, la alegría de sentir que gracias a estos nuevos conocimientos adquiridos son capaces de "hacer llegar obras cinematográficas a gente que no tiene las mismas ventajas que personas sin discapacidad". Además, este tema hace que quieran estar "más atentos a las necesidades de todo el mundo" y despierta sus ganas de "intentar que toda nuestra sociedad tenga acceso a cualquier contenido".

De igual manera, el *feedback* de los alumnos es muy positivo. Dicen que estas sesiones fueron "una buena forma de aprender más sobre el mundo de la traducción audiovisual", que ayuda a "dar accesibilidad a la accesibilidad", que "debería darse también en el grado porque también puede ser una salida profesional y se daría más visibilidad a la accesibilidad" y algunos saludan "que haya tanta preocupación para hacer llegar a todos el mismo mensaje. Cuando se habla de accesibilidad, normalmente se piensa en una persona con silla de ruedas que no puede subir unas escaleras, pero hay mucho más. Si no fuera por el grado de traducción no me habría planteado nunca la accesibilidad audiovisual y creo que es algo con mucho futuro y que todos podemos sacar provecho de ello". Finalmente, comentan que "los contenidos son muy interesantes y están explicados de forma amplia y pormenorizada" y "da a ver la importancia de esta disciplina", lo cual ha terminado despertando la voluntad de varios alumnos de saber más sobre este tema.

La accesibilidad es, para el 100% de los alumnos del curso 2020-21 y para el 91,7% de los del curso 2021-22, una nueva salida profesional sobre la que les gustaría tener más información y que desean profundizar en detalle. De hecho, una mayoría de participantes dice querer seguir formándose en accesibilidad (Figura 10 y 11). Como bien indica uno de los alumnos: "es una buena oportunidad de darnos a conocer un ámbito del que somos conscientes, pero no le damos mayor importancia y que debería servir para motivarnos a entrar en un sector que puede ser muy beneficioso para otras personas".

A su vez, para que nuestro artículo sea completamente transparente, nos gustaría señalar que, aunque la experiencia educativa ha sido muy positiva, hay alumnos a quienes tanto la temática como la práctica no despertaron su interés, dejando las preguntas destinadas a conocer sus impresiones en blanco o, con respecto al ejercicio práctico, comentando que no fue de su agrado o que la SPS les resultó demasiado extensa y complicada. El número de participantes en cuanto al tercer formulario es revelador en este sentido, puesto que de 12 participantes en ambos cursos pasamos a 7 y 6 respuestas, para el curso 2020-21 y 2021-22 respectivamente.

Con esta experiencia educativa esperamos conseguir que la accesibilidad llegue a todas las aulas, tanto en calidad de apoyo a los estudiantes como, en un futuro y a mayor escala, en calidad de materia a impartir en nuestro grado. La accesibilidad tiene una filosofía que es el diseño para todos y la inclusión. Por consiguiente, no queremos que la accesibilidad forme únicamente parte de la vida de aquellos que la necesitan o quieren hacer uso de ella, sino también de la comuni-

Experiencia educativa   181

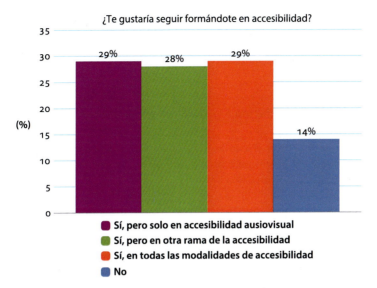

Figura 10. Porcentaje de alumnos del curso 2020-21 que desean seguir formándose en accesibilidad

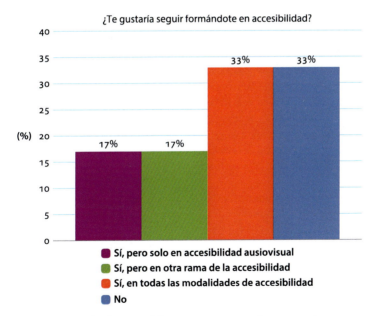

Figura 11. Porcentaje de alumnos del curso 2021-22 que desean seguir formándose en accesibilidad

dad universitaria, tanto con respecto a docentes como a estudiantes: que sepamos crear, usar y beneficiarnos todos de las nuevas ideas y tecnologías que derivan en una consecuente innovación educativa.

Información sobre financiación

El presente trabajo se enmarca en el seno del Proyecto I+D "Accesibilidad en las aulas virtuales: Recomendaciones para una enseñanza accesible" financiado por el Vicerrectorado de Calidad e Innovación Educativa de la Universidad de Alicante en 2020.

Bibliografía

Asociación Española de Normalización y Certificación. 2012. *Subtitulación para personas sordas y personas con discapacidad auditiva. Norma española 153010.* Madrid: AENOR.

Cuéllar Lázaro, Carmen. 2020. "Untertitel für Gehörlose vs. subtitulado para sordos: el reto de hacer visible lo inaudible." *MonTI: Monografías de Traducción e Interpretación* 12: 144–179. https://rua.ua.es/dspace/bitstream/10045/106631/1/MonTI_12_05.pdf.

De Asís, Rafael. (2008-2013). "Sobre la accesibilidad universal." *Conferencia internacional 2008-2013: cinco años de vigencia de la convención internacional sobre los derechos de las personas con discapacidad* [Conferencia]. Madrid: Instituto de Derechos Humanos Bartolomé de las Casas, Universidad Carlos III de Madrid.

Fundación Universia. 2018. *IV Estudio sobre el grado de inclusión del sistema universitario español respecto de la realidad de la discapacidad.* Madrid: Fundación Universia, http://hdl.handle.net/11181/5632

Fundación Universia. 2021. *V Estudio sobre el grado de inclusión del sistema universitario español respecto de la realidad de la discapacidad.* Madrid: Fundación Universia, https://sid-inico.usal.es/wp-content/uploads/2021/08/V_Estudio_Universidad_y_Discapacidad _2019_20.pdf

Madrid López, R., García Fernández, M. y Campo Blanco, I. 2020. *Inclusión de la accesibilidad universal en los currículos formativos de las universidades en España.* Madrid: ONCE.

Organización Mundial de la Salud. 2021a. *Sordera y pérdida de la audición.* Suiza: OMS, https://www.who.int/es/news-room/fact-sheets/detail/deafness-and-hearing-loss

Organización Mundial de la Salud (2021b). *La OMS advierte que, según las previsiones, una de cada cuatro personas presentará problemas auditivos en 2050.* Suiza: OMS, https://www .who.int/es/news/item/02-03-2021-who-1-in-4-people-projected-to-have-hearing-problems-by-2050

Universidad de Alicante. (2020-2022). *Traducción audiovisual B-A/A-B: francés-español/español-francés.* Alicante: Universidad de Alicante, https://cvnet.cpd.ua.es/Guia-Docente/GuiaDocente/Index?wlengua=es&wcodasi=32750&scaca=2021-22

Universidad de Alicante. (2022). *Unidad de Accesibilidad Digital.* Alicante: Universidad de Alicante, https://web.ua.es/es/accesibilidad/informacion-general.html

Varios autores. 2018. *Real Decreto 1112 de 2018 sobre accesibilidad de los sitios web y aplicaciones para dispositivos móviles del sector público. Resumen para las entidades obligadas.* Madrid: Ministerio de Asuntos Económicos y Transformación Digital y Ministerio de Hacienda, https://administracionelectronica.gob.es/pae_Home/dam/jcr:21516ff3-7f1e-4db1-b46a-889014a9ddea/2020-03-27-Resumen_AAPP_RD-1112-2018_v_2_0.pdf

Filmografía

Jeunet, Jean-Pierre. (Director). 2001. *Le fabuleux destin d'Amélie Poulain.* Francia y Alemania: Claudie Ossard Productions, Claudie Ossard Productions, Union Générale Cinématographique.

La audiodescripción de la intertextualidad en el cine de Almodóvar

¿*Dolor*? ¿o *gloria*? Una propuesta de análisis y aplicación didáctica

Carla Botella Tejera
Universidad de Alicante

Audio description (AD) must compensate for the loss of visual information through words, so the training of audio-describers is necessary and, given the importance of this service, more important than ever. For us, one of the issues that seems to be the most complex to bring into the audio description script is that of intertextuality, and audio-describers must decide the degree of their intervention to ensure that these connections reach the viewers. Thus, we have reviewed some previous studies and we have carried out an analysis proposal in the film *Dolor y gloria* (Almodóvar 2019) to observe the degree of explicitation. Finally, we have developed a series of didactic activities to work with intertextuality in audio description training.

Keywords: audio description, AVT, intertextuality, explicitation, training

1. Introducción

En los últimos años, hemos asistido a un interés creciente por la investigación en accesibilidad audiovisual, que se ha visto reflejado en publicaciones monográficas relevantes sobre audiodescripción (Maszerowska, Matamala y Orero 2014; Fryer 2016; Taylor y Perego 2022, etc.), así como en artículos (algunos de los cuales veremos en esta investigación), tesis (Cabeza-Cáceres 2013; Ramos 2013; Fresno Cañada 2014; Vercauteren 2016; Fernández Torné 2016; Reviers 2017; Sanz 2017, etc.) o talleres y diferentes cursos de formación. Por otra parte, en la industria también se aprecia una mayor concienciación sobre el tema en cuestión. Así, en nuestro país, la nueva Ley General de Comunicación Audiovisual se compromete en el Artículo 101 sobre Accesibilidad universal al servicio de comunicación audiovisual a "garantizar el cumplimiento progresivo de los requisitos de

https://doi.org/10.1075/ivitra.41.08bot
© 2024 John Benjamins Publishing Company

calidad del subtitulado y de la audiodescripción conforme a la normativa de calidad española UNE" y en el 104 sobre Accesibilidad al servicio de comunicación audiovisual televisivo a petición a la "incorporación gradual de programas con audiodescripción y lengua de signos, dotados con la debida prominencia en el catálogo". Todavía tenemos que seguir observando el recorrido de esta ley, que fue aprobada en 2022 y que sustituía a la de 2010, criticada por el bajo número de horas de contenidos accesibles en la programación.

En cualquier caso, para entender mejor a qué nos referimos, según la AENOR (Asociación Española de Normalización y Certificación), agencia responsable que publicar la norma UNE 153020 que regula la audiodescripción (AD) en nuestro país, podemos definir esta modalidad de traducción audiovisual como un:

> servicio de apoyo a la comunicación que consiste en el conjunto de técnicas y habilidades aplicadas, con objeto de compensar la carencia de captación de la parte visual contenida en cualquier tipo de mensaje, suministrando una adecuada información sonora que la traduce o explica, de manera que el posible receptor discapacitado visual perciba dicho mensaje como un todo armónico y de la forma más parecida a una persona que ve. (AENOR 2005: 4)

Es decir, se trata de un proceso de traducción intersemiótica que consiste en traducir a palabras (a través de una narración clara y objetiva) las imágenes que resultan relevantes para la comprensión y disfrute de un texto audiovisual. Puesto que trata de llevar los productos audiovisuales a aquellas personas con una discapacidad visual, se suele enmarcar dentro de lo que consideramos como modalidades accesibles de traducción audiovisual o TAV. Frente a otras modalidades de la TAV, como podrían ser el doblaje o la subtitulación, la AD no viene acompañada por un texto que haya de ser traducido de una lengua a otra. Además, algo que también diferencia a esta modalidad de las otras dos es que, tal y como apunta Kruger (2010: 232), en el caso del doblaje y la subtitulación, como también en las voces superpuestas, el foco se pone en los diálogos. En la AD, sin embargo, habrá que aprovechar los silencios en los diálogos para llevar a cabo esa transformación de la parte visual en verbal. Será necesario, por lo tanto, crear un guion desde cero para audiodescribir después (a través de una locución) la información que se considere relevante. En ese sentido, según Valero Gisbert (2012: sp), es importante resaltar el hecho de que la audiodescripción "no debe ocupar el espacio de los elementos narrativos relevantes que pudieran encontrarse en la banda sonora, como tampoco debe interferir con los intercambios dialógicos de los personajes". Aunque también apunta que, en caso de necesidad, podría llegar a cubrir algunos elementos conversacionales o musicales de poca importancia.

Las producciones audiovisuales que se suelen audiodescribir son: películas, series, documentales, informativos, programas televisivos, obras de teatro, óperas, obras de museos, etc. A pesar de que los orígenes de la AD parecen encontrarse en el ambiente teatral estadounidense de los años 70 (Valero Gisbert 2012: sp), de entre las diferentes submodalidades de AD, por limitaciones de espacio y de adecuación a nuestro objeto de estudio, en este capítulo nos centraremos en la audiodescripción fílmica, que Chica Nuñez (2022: sp) define como:

> el proceso comunicativo y cognitivo por el que se traducen imágenes dinámicas (aunque a veces también estáticas) de un producto audiovisual (generalmente) artístico a un texto lingüístico verbal, convirtiéndose así en la primera modalidad plenamente intersemiótica.

Además, nuestro acercamiento se basa en la AD intralingüística, ya que centraremos nuestro estudio en la audiodescripción de la película *Dolor y gloria* (Almodóvar 2019), que actualmente se encuentra disponible en la plataforma Netflix con opción de audiodescripción y de subtitulación para cambiar sordos por: personas sordas en español.

2. La intertextualidad audiovisual

Aunque para hablar de intertextualidad hemos recurrido tradicionalmente a nombres como Kristeva, Barthes o Bajtin, para definir lo que entendemos por intertextualidad audiovisual pensamos, como Agost (1999), que se trata de las referencias que un texto audiovisual hace a otro, aunque, cuando la autora matiza que este puede ser anterior o contemporáneo, en nuestra opinión, también puede darse intertextualidad a textos futuros (Botella y García 2019: 178). Además, como nos dicen Halliday y Webster (2004: 247):

> the dependence of one text upon others, where in order to understand the full import of the text you need to be aware of its semiotic history — the (often hidden) dialogue it is engaging with another text or texts, or even with a whole discursive tradition.

Es decir, que, a la hora de descifrar las relaciones intertextuales, que muchas veces se encontrarán escondidas, tendremos que tirar del hilo de su historia semiótica. Es importante entender la intención que se esconde detrás de uso de una referencia. Quizá sea un homenaje, tal vez una parodia, es posible que se pretenda hacer un guiño al espectador, etc. Así, cuando Fowler (1991: 228) nos dice que "allusions have the function of cueing in readers' knowledge and attitudes: they are the medium of an implicit pact between source and reader", entendemos que tiene haber cierta relación de complicidad, algo que sucede entre un emisor y un receptor para que funcione el proceso comunicativo. Eso también nos da pistas sobre el perfil de los espectadores a los que, en principio, va dirigida una producción audiovisual, ya que esa complicidad se da con un determinado receptor en mente, para que pueda descifrar y apreciar las referencias intertextuales.

Por otro lado, puesto que, tal y como hemos comentado, muchas veces esas alusiones estarán ocultas, especialmente en el proceso de traducción intertextual hemos hablado de la importancia de la fase de detección de una serie de señales intertextuales audiovisuales que pusieran en marcha el proceso de detección y pudieran facilitar su recepción y traducción. Así, en trabajos previos (Botella 2010; Botella y Méndez 2020; Botella 2023), hemos tratado de establecer taxonomías de intertextualidad audiovisual, agrupando las referencias que nos llegan a través del canal visual, las que nos llegan por el auditivo o las que recibimos simultáneamente a través de ambos canales, y, con la intención de facilitar la descodificación de referencias, hemos optado por organizar tales taxonomías teniendo en cuenta las señales intertextuales audiovisuales que las acompañaban haciendo uso de los diferentes códigos de significación.

Hasta ahora, puesto que habíamos estudiado sobre todo la intertextualidad en el doblaje, nos habíamos centrado en el elemento lingüístico presente en los diálogos. De esta manera, hablábamos de referencias que llegan:

1. A través del canal visual
   - Código lingüístico aislado.
   - Código lingüístico acompañado por una imagen.
2. A través del canal acústico o auditivo
   - Código lingüístico con alteraciones en la inflexión verbal.
   - Código lingüístico acompañado por música.
3. Sin señal intertextual audiovisual

En cuanto a los posibles transvases audiovisuales, nos habíamos acercado (Botella y Méndez 2020: 18-20) a los que podían ser puramente desde el medio audiovisual:

1. desde el cine
2. desde las series
3. desde la publicidad
4. desde los videojuegos

Pero también habíamos apuntado a otros mixtos o híbridos (Botella y Méndez 2020: 19-20):

5. desde el cómic
6. desde las novelas
7. desde el teatro

La intertextualidad por la que más nos habíamos interesado hasta el momento era la cinematográfica, especialmente las referencias que llegaban a través del canal visual o del auditivo haciendo uso del código lingüístico, ya que es donde más dificultades podía encontrar la traducción y donde había que ir en busca de posibles traducciones referenciales del intertexto cinematográfico. Ahora, para poder adaptar nuestra propuesta a la audiodescripción de las referencias intertextuales audiovisuales, debemos partir primero de otros acercamientos al tema en cuestión y tener en cuenta el hecho de que los espectadores no contarán con el apoyo de las imágenes recibidas a través del canal visual.

3. La audiodescripción fílmica de la intertextualidad audiovisual

El análisis de la audiodescripción de la intertextualidad también parece haber suscitado un cierto interés reciente. Por ejemplo, Valero Gisbert (2012) nos presentaba el análisis de las referencias intertextuales en la audiodescripción en italiano de la película *Charlie and the Chocolate Factory* [*Charlie y la fábrica de chocolate*] (Burton 2005). Una de las cuestiones que nos parecen más relevantes es el hecho de que la autora se planteara la necesidad de llevar a cabo estudios de recepción con espectadores con discapacidad visual y con espectadores normovidentes para determinar la relevancia de los elementos intertextuales a la hora de tomar una decisión al elaborar el guion de audiodescripción. Además, (Valero Gisbert 2012: sp) comentaba un punto que consideramos destacable, y es que hacía hincapié en que la efectividad de la audiodescripción está sujeta a la capacidad del audiodescriptor de "entender las distintas conexiones entre los diferentes signos para crear significado". Actuará, así, como puente y llevará a los nuevos espectadores (cuyos distintos tipos y grados de ceguera entrarán en juego) la información necesaria para descubrir tales conexiones. Lo difícil será determinar su nivel de intervención.

Poco después, en 2014, Taylor llevaba a cabo un análisis de la intertextualidad en la película *Inglorious Basterds* [*Malditos bastardos*] (Tarantino 2009). Volvía a ponerse de manifiesto el papel del audiodescriptor y la necesidad o no de intervención de este, ya que el autor (Taylor 2014: 37) comentaba que "There is a fine line between beneficial intervention and superfluous over assistance and it is the line that the audio describer has to tread". Además, distinguía en su análisis entre intertextualidad verbal y no verbal. Antes de proseguir con este repaso al estudio del tratamiento de la intertextualidad en la audiodescripción y una vez que hemos hablado de esa intervención o no del audiodescriptor, creemos que es importante detenernos en un concepto clave en AD: el de la explicitación. En la tesis de Barbosa (2021: 83-90) encontramos un apartado amplio sobre ella que recomendamos para profundizar en el tema, sin embargo, por la limitación de nuestro estudio, solo trataremos de explicar lo que entendemos y el porqué de su importancia a la hora de hacer frente a la intertextualidad. Se trata de un concepto que ya se ha utilizado para otras modalidades de la TAV, como la subtitulación (Díaz-Cintas 2006; Martí Ferriol 2006; Carreras López 2008) o el doblaje (Chaume 2013), y que se ha explicado como mecanismo para reforzar la homogeneidad o desambiguar cuestiones opacas. En el caso de la AD, hemos mencionado esa fina línea a la que se enfrentan los audiodescriptores. Si nos ceñimos a los criterios de la Audio Description Coalition (2009:4) la descripción que se haga debe ser objetiva para que los oyentes puedan formar sus propias opiniones y extraer sus propias conclusiones. Por ello, insisten en que no hay que "editorialize, interpret, explain, analyze or "help" listeners in any other way". Araújo (2010:86-87, cit. en Barbosa 2021:89-90) explica también que deben de ser los espectadores los que hagan su lectura de una película y su propia interpretación y que no es labor del audiodescriptor facilitar dicha lectura. Otros autores, como Cabeza-Cáceres (2013:325), comentan que la explicitación no tiene por qué violar el criterio de objetividad, y los hay incluso que piensan que puede mejorar la recepción de la película sin sobrecargar al público (Costa y Frota 2016:65, cit. Barbosa 2021:89). Como vemos, queda clara esa fina línea y esa complicada intervención o no del audiodescriptor. En el caso de la intertextualidad, nos parece especialmente relevante el hecho de que se den pistas o no a los espectadores que carecen del soporte visual que acompaña a una escena. Las señales intertextuales audiovisuales podrían pasar desapercibidas aquí para los espectadores, y es por eso por lo que habrá momentos en los que la explicitación sea una opción importante.

Volviendo a nuestro repaso y uniéndolo con la cuestión que acabamos de mencionar, Taylor, pero ya en 2015, ofrecía un listado de pautas para tomar decisiones a la hora de decidir cómo enfrentarse a la traducción de referencias intertextuales en audiodescripción. Se trataría (Taylor 2015:44) de que el audiodescriptor tuviera en cuenta una serie de parámetros que le llevaran a tomar la decisión en cada caso:

- Si quisiera conservar el placer intelectual de los espectadores a la hora de detectar la referencia, solo habría que destacar el marcador.
- Si quisiera dar prioridad a la representación del sentido más explícito, tendría que unir el marcador y lo marcado.
- Si quisiera contar con la función didáctica de la AD, también tendría que decantarse por unir el marcador y lo marcado.

Otras autoras que han estudiado la intertextualidad en la audiodescripción, en este caso al polaco, son Szarkowska y Jankowska (2015), que llevaron a cabo un estudio de recepción con espectadores con discapacidad visual a partir de la audiodescripción de la película *Midnight in Paris* (Allen 2011). Además de acercarse a las referencias culturales, las autoras dedicaban un apartado a la intertextualidad. Ambas se interesaban también por la explicitación (*ibid*: 251), apuntando que, en el caso de la AD, "explicitation refers to introducing into the AD script some words accompanying proper names/place names, making the function or the nature of those places explicit". Además, a partir de su taxonomía de estudio de los elementos culturales específicos, en la que recogían *naming, description and naming* y una combinación de estrategias, Sanz (2019a) se acercaba a la intertextualidad en la película *La piel que habito* (Almodóvar 2011), aunque la autora añadía otras estrategias que no mencionaban Szarkowska y Jankowska, como la adición o la generalización. Puesto que se trata de un acercamiento bastante reciente y, además, a una obra dirigida también por Pedro Almodóvar, tomaremos en parte la clasificación de Sanz (2019a) para analizar los ejemplos de nuestro corpus, aunque añadiendo nuestra clasificación de la intertextualidad audiovisual y de transvases culturales. Por otro lado, también queremos destacar otros trabajos de la propia Sanz (2017, 2018a, 2018b, 2019b, 2020) sobre la competencia cultural de los espectadores y sus preferencias en la audiodescripción de elementos culturales y sobre los perfiles y competencias de los audiodescriptores, ya que nos parece que todas estas cuestiones pueden resultar muy útiles a la hora de enfrentarse a la intertextualidad en AD y a la hora de formar a los futuros audiodescriptores que, como podemos suponer, tienen un papel destacado en el mercado actual de la traducción audiovisual.

Así, a partir de nuestra propia propuesta de clasificación de las señales intertextuales audiovisuales en el doblaje, si nos centramos ahora en aquellas que nos ayudarían a la hora de audiodescribir un texto cinematográfico, deberíamos añadir también y hacer hincapié en el uso de la imagen y la música sin acompañar al código lingüístico, ya que hemos insistido en que en esta modalidad la prioridad no son los diálogos. Obviamente, el código lingüístico que acompañe a las escenas y todo lo que vaya con este será también una gran pista para la detección de una posible referencia intertextual de ámbito lingüístico, pero la imagen aislada sin código lingüístico oral o con código lingüístico escrito pasará a adquirir un papel importante, ya que esa información solo podrá llegar a los espectadores a través de la audiodescripción.

Nuevamente, el grado de explicitación o de intervención de la audiodescripción dependerá del criterio de la persona que audiodescribe, teniendo en cuenta los parámetros que hemos comentado en este apartado.

Por lo que respecta a formación, Sanz (2018: 121-124) habla de la profesión del audiodescriptor como "traductor de imágenes". A la hora de estudiar las competencias de los audiodescriptores en su encuesta, la autora se apoya, entre otras, en Matamala y Orero (2007: 334) quienes, basándose también en las investigaciones de otros autores (Navarrete 1997; Vidal 2004; Orero 2005; Díaz Cintas 2006;

Matamala 2006), destacaban las siguientes competencias, que aplicaban en una asignatura del Máster de TAV de la Universitat Autònoma de Barcelona:

- Excelente dominio de la lengua materna, en especial en lo que respecta al vocabulario (sinónimos) y gramática;
- Capacidad de observación de un producto audiovisual y de selección de la información más crítica;
- Capacidad de síntesis para conseguir la sincronización;
- Destrezas vocales básicas;
- Capacidad de adaptación del estilo lingüístico a la audiencia meta y al producto, mediante el dominio de diferentes registros lingüísticos;
- Capacidad de traducir AD y de sincronizarlas con los espacios de tiempo disponibles.

Los resultados de la encuesta llevada a cabo por Sanz (2018:136) hacían ver que las que más destacaban los propios audiodescriptores eran el conocimiento de la lengua materna (el audiodescritor se convierte en un experto comunicador que conoce perfectamente la lengua en la que trabaja), la gestión del estrés y la capacidad de análisis y síntesis.

Como vemos, no hay mención específica a la intertextualidad ni a los conocimientos culturales o enciclopédicos del audiodescriptor, pero sí se incide en la observación del producto, la selección de información más crítica y la capacidad de análisis a la hora de elaborar un guion para audiodescribir. Sin olvidar todas las dificultades de la parte técnica del proceso, tal vez ahí podríamos colocar a la intertextualidad.

4. Propuesta de análisis

Una vez repasados algunos acercamientos al tratamiento de la intertextualidad audiovisual y teniendo en cuenta nuestros estudios previos de la intertextualidad en el doblaje, en el análisis de nuestro corpus encontraremos transvases culturales:

1. Del cine al cine
2. De la literatura al cine
3. Del arte al cine
4. Del teatro al cine
5. De la música al cine

Por otro lado, con respecto a las señales intertextuales que nos pueden dar pistas para descifrar una referencia oculta, seguiríamos hablando de las que recibimos por el canal visual, bien con el código lingüístico aislado o acompañado por una imagen, pero resaltando el hecho de que, en el caso de los espectadores con cualquier déficit de visión, las imágenes aisladas o con código lingüístico escrito no serán percibidas, por lo que el papel de la audiodescripción será crucial a la hora de transferir de forma verbal la información visual. La señal le servirá al audiodescriptor pero no al espectador. Respecto a las señales que lleguen a través del canal acústico, la audiodescripción también será clave cuando la música, la voz o los efectos sonoros vayan acompañados por una imagen que transmita información necesaria para la comprensión de una alusión. La intertextualidad podrá ser verbal o no verbal, pero cuando no sea verbal, el refuerzo deberá ser mayor. En el análisis, a partir del estudio de Sanz (2019a), analizaremos de forma descriptiva si en el guion de audiodescripción de los transvases mencionados se hace uso de la explicitación y de la adición de información, o si se decanta más por la generalización o incluso la omisión total a la hora de transferir la intertextualidad.

4.1 *Dolor y gloria* y el cine de Almodóvar

Para trabajar la intertextualidad, ya que pretendemos que se pueda llevar a cabo una propuesta didáctica en el aula, nos parece que el cine de Pedro Almodóvar puede resultar de interés, puesto que las alusiones a la literatura, la música o el séptimo arte son frecuentes. Además, pensamos que las películas del director manchego tienen un especial cuidado por la fotografía y la estética visual, algo crucial para la audiodescripción. Pedro Almodóvar ha dirigido 22 largometrajes hasta la fecha. Nominado en numerosos certámenes, sus películas han conseguido dos premios Óscar: uno a *Todo sobre mi madre* como mejor película extranjera en 2011, y otro al mejor guion original de *Hable con ella* en 2003. Además, han recibido cinco premios BAFTA, nueve premios Goya, cuatro premios César y dos Globos de Oro, entre muchos otros galardones. Probablemente, estamos hablando de nuestro director más aclamado y reconocido a nivel internacional. La revista *Fotogramas*, una de las más longevas y conocidas de nuestro país, decía en un recopilatorio reciente sobre las 20 mejores películas de Almodóvar que:

> Una parte fundamental de Fotogramas es el cine español y una parte fundamental del cine español es Pedro Almodóvar. El cineasta manchego lleva cuatro décadas dotando al cine patrio de varias de sus obras más emblemáticas. Desde la transición hasta la actualidad, Almodóvar se ha convertido en el icono nacional e internacional de nuestro cine con varias obras maestras en el terreno del drama, la comedia o el thriller.
> (*Fotogramas* 2021)

En el terreno que nos ocupa, autoras como Sanz (2019a) ya se han acercado a la AD en una de sus películas: *La piel que habito* (Almodóvar 2011). Así llegamos a la que hemos elegido: *Dolor y gloria*. El propio director dice de ella que se trata del cierre de una trilogía formada por *La ley del deseo* (1987) y *La mala educación* (2004); las tres están protagonizadas por personajes masculinos y en ellas se entremezcla realidad, ficción y deseo con un enfoque muy cinematográfico. *Dolor y gloria*, que representó a España en los Óscar de 2020, narra la vida de un director de cine, Salvador Mallo, (que claramente recuerda al propio Almodóvar, convirtiéndose en su *alter ego*), cuyas dolencias físicas y mentales sumadas a una depresión tras la muerte de su madre lo tienen sumido en una profunda crisis creativa. El reencuentro con Alberto Crespo, uno de los actores de su película *Sabor* y con el que llevaba 30 años sin hablarse, desencadena una serie de cambios en la vida del director, pasando por el consumo de heroína, una reconciliación con su cinta y el actor, la cesión a este de los derechos de uno de sus relatos (*La adicción*) y el monólogo que Crespo presenta a partir del mismo, el reencuentro con un examante que marcó su vida (y el mencionado relato), la recuperación de una pintura de su infancia y una operación para mejorar una de sus dolencias. Todo esto salpicado por *flashbacks* constantes a su infancia y a momentos ya de adulto con su madre que, sin darnos cuenta, van dando forma a lo que acabará siendo su nueva película: *El primer deseo*. Y, como no podría ser de otra forma, la cuidada fotografía, los vívidos colores, el arte abundante en todos los espacios y el cine presente en tantas escenas son elementos cargados de simbolismo y relaciones intertextuales que la audiodescripción necesita tener muy presentes para que los espectadores que no puedan ver las imágenes reciban la información necesaria para hacer su lectura y disfrutar del largometraje.

4.2   La intertextualidad en *Dolor y gloria*

Tal y como hemos visto, la elección de esta cinta para nuestro estudio no es casual. Si bien el cine almodovariano suele hacer referencias a otras obras (literarias, audiovisuales, pictóricas, etc.), la concentración en *Dolor y gloria* es llamativa, especialmente porque se trata de una película que rinde homenaje al cine, sobre todo, al del Almodóvar. Por ello, la periodista Pepa Blanes decía lo siguiente en un reportaje para la Cadena Ser (2019: sp):

> Lo cierto es que no hay nada nuevo en *Dolor y Gloria*. Todo es intertextualidad y dialogismo. Citas de su cine, del teatro, de la literatura, del arte. Ese ha sido y es el sello de Almodóvar, lo que le ha convertido en uno de los autores más singulares del cine contemporáneo. Decía Bajtin que todo texto remite a otro texto y, podemos añadir, que cualquier película de Almodóvar remite a otro filme suyo. Pero en *Dolor y Gloria* están todas. Las metarreferencias de esta autoficción van más allá de *La Ley del deseo y La mala educación* -las únicas protagonizadas por hombres- y de la que se ha dicho que forman una especie de trilogía no buscada. En *Dolor y gloria* también está presente la madre de *La flor de mi secreto*, las vecinas de *Volver* o el dolor de *Los abrazos rotos*.

Quizá el hecho de que en esta película se hable tanto del paso del tiempo y de que haya *flashbacks* constantes pueda ayudar a que haya referencias también constantes, muchas, según parece, autobiográficas.

En la cinta, el protagonista vive en un piso en Madrid que en varias ocasiones comparan con un museo por la gran cantidad de obras de arte que cuelgan de sus paredes. De hecho, llega a comentar que ha invertido todo lo que ha ganado en el arte y la decoración con los que convive. Incluso hay un momento en que nos cuentan que el Museo Guggenheim le ha pedido al director que les preste las dos obras de Pérez Villalta que tiene. Además, cada vez que lo vemos descansar, suele hacerlo con un libro en la mano, y en varias ocasiones nos lee fragmentos o incluso los subraya. *Nada crece a la luz de la luna* (Torborg Nedreaas), *El orden del día* (Eric Vuillard) o *El cordero carnívoro* (Agustín Gómez Areces) son algunas de las lecturas que se nos muestran. La música también tiene un papel importante. Las bandas sonoras de las películas de Almodóvar son de sobra conocidas y muy reconocidas. En esta ocasión, escucharemos también a Chavela Vargas, Mina o Marilyn Monroe, entre otras. Por otra parte, abundan las referencias al cine. Empezamos viendo un álbum de cromos de cuando Salvador es un niño en el que aparecen Kirk Douglas o Tyrone Power, entre otros actores clásicos. En las casas y locales nos encontramos con carteles de películas como *8 y medio* (Fellini 1963), *El verdugo* (García Berlanga 1963) o *Arrebato* (Zulueta 1979), y en la pantalla de la tele o del cine se proyectan escenas de *Esplendor en la hierba* (Kazan 1961), *Niágara* (Hathaway 1953) o *La niña santa* (Martel 2004). No queremos dejar de mencionar esas metarreferencias, de esa autoficción que tanto nos recuerda a otras películas de Almodóvar. También, en el teatro, vemos carteles que remiten a adaptaciones de obras, como *Hamlet* de Shakespeare o *La gata sobre el tejado de zinc* de Williams.

4.3 Clasificación y descripción de las referencias intertextuales en *Dolor y gloria*

Una vez llevado a cabo el visionado de la cinta con audiodescripción disponible en la plataforma Netflix, y a partir de la clasificación basada en los transvases culturales, en *Dolor y gloria* hemos encontrado referencias:

4.3.1 *Del cine al cine*

No se hace ninguna mención a las películas que aparecen en los carteles que hemos comentado, por lo que el espectador ciego o con déficit de visión perderá esa información. Respecto a las escenas que se proyectan en las distintas pantallas, en ocasiones se describe la escena sin mencionar la película o recurriendo a la generalización y en otras se recurre a la explicitación. Para ilustrarlo, veremos un ejemplo de cada tipo:

Ejemplo 1. *(28:31) La niña santa (Lucrecia Martel 2004)*
AD: En la **película**, dos chicas adolescentes nadan en una piscina flotando boca arriba.

Imagen 1. Escena de la película *La niña santa* de Lucrecia Martel

Como vemos, se ha generalizado sin mencionar el título de la película. Es importante mencionar que se escucha el audio de la misma de fondo.

Ejemplo 2. *(31:05) Niágara (Henry Hathaway 1953)*
AD: Mira a una pantalla de cine simulada en el teatro donde se proyecta la película **Niágara**. **Marilyn Monroe** canta con un vestido fucsia.

Imagen 2. Se proyecta una escena de *Niágara* de Henry Hathaway

En esta ocasión, sin embargo, se llevan a cabo dos explicitaciones en la AD, una para darle el título de la película a los espectadores y otra para decirles el nombre de la actriz en pantalla. Si nos basamos en el análisis de Sanz (2019a), que se apoyaba en el de Szarkowska y Jankowska (2015), se trataría de *naming + addition*. La canción que canta la actriz llega a escucharse brevemente, por lo que hay código lingüístico y musical que llegan a través del canal acústico. Apoyándonos en Taylor (2015) podríamos apreciar aquí la intención de la audiodescripción de ser más explícita o de llevar a cabo cierta función didáctica.

4.3.2 De la literatura al cine

Como hemos avanzado, es frecuente que el protagonista aparezca con un libro en las manos y que incluso lea o marque algún fragmento. Pese a que, aunque con cierta dificultad, los espectadores normovidentes pueden llegar a ver los títulos en la mayoría de las ocasiones, la audiodescripción ha tendido a la generalización, como podemos observar en algunos ejemplos:

Ejemplo 1. (25:46) *Nada crece a la luz de la luna (Torborg Nedreaas)*
             AD: Salvador lee **una novela** y destaca a lápiz el fragmento leído.
Ejemplo 2. (49:50) *El orden del día (Eric Vuillard)*
             AD: Más tarde, duerme con **un libro** en sus brazos.
Ejemplo 3. (01:06:12) *El cordero carnívoro (Agustín Gómez Areces)*
             AD: Más tarde, Salvador está **leyendo** cuando suena su teléfono.

Imagen 3. Salvador Mallo lee *El cordero carnívoro* de Agustín Gómez Areces

En varias ocasiones, como decimos, la imagen lleva el apoyo verbal a través de la lectura que hace el director de cine de algunos de los fragmentos, que suele subrayar y garabatear, aunque no sucede en todos los casos. No se ha buscado ser más explícito ni didáctico.

4.3.3 Del arte al cine

Como hemos dicho, especialmente en la casa del protagonista, nos encontramos en medio de todo un museo. Los cuadros llaman la atención de los visitantes, incluso el protagonista bromea con hacerle un *tour* a uno de ellos. Es frecuente que alguno de los personajes se detenga ante uno de los cuadros, pero no hay mención a los títulos, ni en los diálogos ni en la AD. Tan solo hay una referencia oral a los dos Pérez Villalta que ha solicitado el Guggenheim para una exposición. Esto no ocurriría en el estudio que Sanz (2019a) llevaba a cabo sobre *La piel que habito*, donde en la audiodescripción sí se incorporaban algunos de los títulos de las obras y algunos de los nombres de sus autores. A modo de ejemplo, podemos ver cómo se generaliza en uno de los casos que aparecen en la película aquí estudiada:

Ejemplo 1. *(26:58) "El olfato — Santa Casilda" (Martín Begué)*
AD: Contempla un **cuadro**, pero de inmediato acude a la cocina.

Imagen 4. Salvador Mallo entre dos cuadros de su casa: "El olfato-Santa Casilda" y "Las costureras", ambas obras de Martín Begué. También vemos esculturas de Dis Berlin

Aunque en los diálogos hay numerosas menciones al arte de la casa, en ocasiones aparecen simplemente como decoración de las escenas, por lo que tan solo se cuenta con el soporte visual sin el verbal.

4.3.4 *Del teatro al cine*

En el teatro donde Alberto representa el monólogo aparecen varios carteles de obras que ya hemos mencionado, pero, ni los diálogos ni la AD se refieren a ellos. No hay apoyo verbal. Los espectadores ciegos perderán estas referencias, igual que sucedía con las de los carteles de cine.

Imagen 5. Uno de los carteles que cuelgan en el teatro, este el de *Hamlet* de Shakespeare, del artista Juan Gatti

4.3.5 *De la música al cine*

En el diálogo escuchamos varias referencias a Chavela Vargas, por lo que el código musical que acompaña en un momento a su voz es fácilmente identificable. Otro ejemplo musical, que en este caso viene acompañado por la imagen (canal visual + canal auditivo; código lingüístico + código musical), es el de la canción "Come Sinfonia" que podemos ver a continuación:

Ejemplo 1. *(01:44:59) "Come Sinfonia" (Mina)*
> AD: En su teléfono se reproduce un vídeo de la **cantante italiana Mina**.

Aunque no se menciona el título de la canción en la AD (es un fragmento muy breve), sí se recurre a la explicitación para explicarle al espectador quién está cantando. Nuevamente sería *naming + addition* a partir de la clasificación de Sanz (2019a). Se escucha brevemente un fragmento de la canción, por lo que hay cierto apoyo verbal (y musical) a través del canal acústico. Aquí sí he ha buscado ser más explícitos o didácticos.

Como hemos podido observar, se da una alternancia entre la generalización y la explicitación en aquellos casos en los que había referencias a otras obras. Si hemos comentado que el uso de la intertextualidad no es casual y que para sea efectivo se suele tener un destinatario en mente, quizá la media de espectadores normovidentes del cine de Almodóvar cuente con un bagaje cultural, cinematográfico, artístico y literario que les permita tirar de la historia semiótica detrás de las referencias. Ahora bien, para que los espectadores ciegos (con distintos grados y tipos de ceguera) tengan esa posibilidad, necesitan que la AD les cuente lo que ellos no pueden ver, pero, como hemos observado, la cuestión es si la explicitación y la adición de información hacen que su interpretación no sea igual de libre y placentera que la de aquellos capaces de procesar las imágenes con sus propios ojos. Entramos en el terreno de la recepción y vemos clara la dificultad de esa fina línea en la intervención del audiodescriptor. Sin duda sería interesante llevar a cabo un estudio más completo del cine de Almodóvar y del grado de explicitación de las referencias para tener una mejor panorámica. Del mismo modo, sería interesante estudiar la recepción por parte de espectadores normovidentes y ciegos.

4.4 Propuesta de aplicación didáctica

Tal y como hemos visto, la audiodescripción de contenidos audiovisuales se ha convertido en un servicio demandado y que requiere de profesionales capaces de trasladar todos los matices visuales necesarios para la comprensión y disfrute de una producción audiovisual. Por ello, en nuestras clases de traducción, especialmente en las de traducción audiovisual (aunque creemos que trabajar con la elaboración de guiones de audiodescripción puede ser también interesante en otras asignaturas, por ejemplo, de traducción literaria), podríamos introducir una práctica que tratara de cubrir las competencias que destacaban Matamala y Orero (2007:334) y que hemos comentado en el apartado 3 de este capítulo. En concreto, a partir de lo estudiado en este acercamiento, se trataría de trabajar con el tratamiento de la interxtualidad en la AD. Una vez introducido el tema teórico (tanto de la audiodescripción como de la intertextualidad audiovisual) y conocida la parte técnica que rodea al proceso de AD, podríamos proponer las siguientes actividades a nuestro alumnado, que dividiríamos en dos partes:

A. 1. Lee detenidamente los artículos de Taylor (2014), Szarkowska y Jankowska (2015) y Sanz (2019a) sobre la intertextualidad en la AD que encontrarás en bibliografía.

2. Repasa las normas y convenciones de la Audio Description Coalition (2009) vistas en clase y ten a mano la norma UNE 153020.

3. Busca información sobre el cine de Pedro Almodóvar y más concretamente sobre la película *Dolor y gloria* (2019). Reflexiona sobre el perfil de los espectadores del cine de Pedro Almodóvar (conocimientos culturales, cinematográficos, literarios, etc.).

4. Lleva a cabo el visionado completo de la película *Dolor y gloria* (2019) y toma nota de aquellas escenas y fragmentos que contengan intertextualidad. ¿Qué tipo de transvases culturales observas? Clasifica las referencias intertextuales en función de su origen y observa si van acompañadas por algún tipo de señal intertextual. Presta especial atención a las que sean únicamente visuales.

5. Lleva a cabo una propuesta de guion de audiodescripción de aquellas escenas que contengan referencias intertextuales.

De esta primera parte de la propuesta, destacaríamos el punto 4 con el que trataríamos de trabajar lo que hemos considerado primordial a la hora de enfrentarnos a la intertextualidad en AD: la capacidad de observación de un producto audiovisual y de selección de la información más crítica. Sin embargo, tendríamos en cuenta también a la audiencia meta y, obviamente, se pondrían en práctica el dominio de la lengua materna (se trata de una audiodescripción intralingüística), la capacidad de síntesis, sincronización y demás cuestiones técnicas.

Una vez terminado el guion de AD, pasaríamos a la segunda parte de la propuesta, que se podría hacer de manera individual, para fomentar el autoaprendizaje y situar al alumnado en el centro del proceso, como agente activo de su propio aprendizaje (Kirally 2000), o se podría llevar a cabo en el aula, también tratando de fomentar los mismos principios y con el docente como moderador:

B. 6. Una vez terminado tu guion de AD, vuelve a ver las escenas que has seleccionado audiodescritas en la película. Compara tu versión con la AD oficial. ¿Qué observas?

7. Analiza las diferencias entre tu versión y la de la película y presta especial atención al grado de intervención de la audiodescripción profesional. Observa también el uso de la lengua (vocabulario y gramática) y la adaptación al producto y a los espectadores potenciales.

8. ¿Estás satisfecho/a con tu propuesta inicial? ¿Cambiarías algo después de compararla con la audiodescripción de la película? ¿Por qué?

Con las últimas cuestiones de reflexión y autoevaluación cerraríamos este primer acercamiento práctico a la audiodescripción de la intertextualidad con nuestro alumnado.

5. Conclusiones y líneas de futuro

La audiodescripción fílmica es un servicio de apoyo a la comunicación que pretende traducir a palabras las imágenes que forman parte de las escenas y que los espectadores ciegos o con un déficit importante de visión no pueden recibir. Por eso, hablamos de traducción intersemiótica, ya que se trata de traducir imágenes (fijas o en movimiento) a palabras. Además del interés creciente por esta práctica en el plano académico, la obligación por ley de audiodescribir más productos audiovisuales para que, en la medida de lo posible, todos podamos disfrutar de ellos, hace que se trate de una interesante salida profesional para el alumnado de Traducción e Interpretación. Y es imprescindible tener una buena preparación para ello.

Una de las cuestiones más importantes en el proceso de elaboración de un guion de audiodescripción es llevar a cabo una descripción objetiva de las imágenes que aparecen en pantalla y que los espectadores con déficit de visión no pueden recibir. La primera regla del proceso para los audiodescriptores, según nos dice la Audio Description Coalition (2009:1), es: "*what you see* is what you describe". Sin embargo, hemos comprobado la dificultad de percibir conexiones y relaciones intertextuales en los textos audiovisuales y, en el caso de la AD, la falta del soporte visual para los espectadores hace que la descripción sea vital para poder tirar de ese hilo semiótico. Por ello, aunque el grado de intervención del audiodescriptor sea difuso y supuestamente no deba interferir en la lectura que los espectadores hagan de una película, en ocasiones, como hemos visto en algunos ejemplos analizados, la explicitación (y la adición de elementos) servirá para dar alguna información adicional (o didáctica) a los espectadores ciegos o con déficit de visión. Lo complicado, claro está, es determinar en qué grado se interviene, aunque hemos observado algunas propuestas, como la de Taylor (2015), que nos pueden ayudar a decidir cuánto queremos intervenir. Nuestro análisis denota una alternancia de técnicas y se observa un uso de la explicitación cuando se haya considerado necesaria y probablemente cuando haya habido espacio físico para ella, aunque quizá en menor medida que en el estudio de Sanz (2019a) en lo que a obras de arte se refiere. En nuestra opinión, siguen siendo necesarios más estudios de recepción en los que se comparen las competencias intertextuales y las preferencias de los espectadores normovidentes y de aquellos con cualquier tipo de ceguera o de déficit de visión. La decisión queda en manos del audiodescriptor y resulta difícil determinar el grado de intervención necesario para que el espectador no pierda detalle, pero sin que le priven del placer de interpretar por sí mismo.

El cine de Pedro Almodóvar es un buen objeto de estudio de la intertextualidad de todo tipo (cinematográfica, artística, literaria, teatral, musical...) y nos parece ideal, dado su especial cuidado por la parte visual y estética, para trabajar la AD. Por eso, tras un análisis previo de una de sus últimas películas, *Dolor y gloria* (2019), hemos considerado oportuno plantear una serie de actividades para que nuestro alumnado desarrolle las competencias para audiodescribir escenas que contengan intertextualidad, priorizando, en este caso, la capacidad de observación de un producto audiovisual y de selección de la información más crítica. Ojalá este pequeño acercamiento y esta propuesta sirvan para trasladar a los espectadores las referencias intertextuales a través de la audiodescripción y, con ellas, la *gloria* del disfrute de las producciones audiovisuales.

Información sobre financiación

El presente trabajo se enmarca en el seno del Proyecto I+D "Accesibilidad en las aulas virtuales: Recomendaciones para una enseñanza accesible" financiado por el Vicerrectorado de Calidad e Innovación Educativa de la Universidad de Alicante en 2020.

Bibliografía

AENOR. 2005. *Norma UNE 153020. Audiodescripción para personas con discapacidad visual. Requisitos para la audiodescripción y elaboración de audioguía.* Madrid: AENOR.

Agost, Rosa. 1999. *Traducción y doblaje: palabras, voces e imágenes.* Barcelona: Ariel.

Araújo, Vera Lucía. 2010. "A fomação de audiodescriptores no Ceará e em Minas Guerai: Una proposta baseada em pesquisa acadêmica". In *Audiodescrisão: Transformando Imagens em Palavras*, ed. by Livia Maria Villea de Mello and Paulo Romeu Filho, 93–115. São Paulo: Secretaria dos Direitos da Pessoa com Deficiência do Estado de São Paulo.

Audio Description Coalition. 2009. *The Audio Description Coalition Standards for Audio Description and Code of Professional Conduct for Describers.*

Barbosa, Edilene Rodrigues. 2021. La audiodescripción de los gestos en las películas españolas: categorías, estrategias y grado de explicitación. Alicante: Universidad de Alicante. PhD dissertation.

Blanes, Pepa. 2019. "*Dolor y gloria*. Las cicatrices de Almodóvar." 20/03/2019. Electronic version: <https://cadenaser.com/programa/2019/03/19/el_cine_en_la_ser/1553019033_371523.html>

Botella Tejera, Carla. 2010. El intertexto audiovisual y su traducción. Referencias cinematográficas paródicas en Family Guy. Alicante: Universidad de Alicante. PhD dissertation.

Botella Tejera, Carla. 2023. "*Hasta el infinito y... 'mucho más allá'.* Acercamiento a una taxonomía de intertextualidad audiovisual en producciones Disney Pixar". In *Traducción y Paratraducción — Líneas de investigación II*, ed. by Emmanuel Claude Bourgoin Vergondy and Ramón Méndez González. Berlín: Peter Lang.

Botella Tejera, Carla and Yeray García Celades. 2019. "La intertextualidad en *Zootrópolis*. ¿Cosa de niños?" *TRANS. Revista de Traductología* 23: 169–182.

Botella Tejera, Carla and Ramón Méndez González. 2020. "Una aproximación al intertexto videolúdico. El caso de Leisure Suit Larry: Reloaded". *HIKMA. Revista de Traducción* 19: 9–41.

Cabeza-Cáceres, Cristóbal. 2013. Audiodescripció i recepció. Efecte de la velocitat de narració, l'entonació i l'explicitació en la comprensió fílmica. Barcelona: Universitat Autònoma de Barcelona. PhD dissertation.

Carreras López, Gloria. 2008. La explicitación en el subtitulado de películas: teorías, propuesta metodológica y aplicación práctica. Las Palmas de Gran Canaria: Universidad de Las Palmas de Gran Canaria. Master's dissertation.

Chaume, Frederic. 2013. "Panorámica de la investigación en traducción para el doblaje". *TRANS. Revista de Traductología* 17 (1): 13–34.

Chica Nuñez, Antonio Javier. 2022. "Audiodescripción fílmica". *ENTI (Enciclopedia de traducción e interpretación)*, ed. by Javier Franco Aixelá and Ricardo Muñoz Martín. Available at: <https://www.aieti.eu/enti/ad_film_SPA/>

Costa, L. M. and M. P. Frotas. 2016. "Interpretar e descrever na audiodescrição, ou que poderia significar "imitar a um mínimo a interpretação"?" In *Pesquisas teóricas e aplicadas em audiodescrição*, ed. by M. F. Aderaldo, R. de O. Mascarenhas; J. F. Alvesm, V. L. Araújo and J. F. de L. Dantas. Natal: EDUFRN, pp. 61–82.

Díaz-Cintas, Jorge. 2006. *Competencias profesionales del subtitulador y el audiodescriptor.* CESyA. Roehampton University.

Fernández Torné, Anna. 2016. Audio Description and Technologies. Study on the Semi-automatisation of the Translation and Voicing of Audio Descriptions. Barcelona: Universitat Autònoma de Barcelona. PhD dissertation.

Fowler, Roger. 1991. *Language in the News: Discourse and Ideology in the Press.* London: Routledge.

Fresno Cañada, Nazaret. 2014. La reconstrucción de los personajes fílmicos en la audiodescripción. Efectos de la cantidad de información y de su segmentación en el recuerdo de los receptores. Barcelona: Universitat Autònoma de Barcelona. PhD dissertation.

Fryer, Louise. 2016. *An introduction to Audio Description. A Practical Guide.* London: Routledge.

Halliday, Michael A.K. and Jonathan J. Webster. 2004. *Continuum Companion to Systemic Functional Linguistics.* Nueva York: Continuum.

Kiraly, Donald. 2000. *A social constructivist approach to translator education: empowerment from theory to practice.* Manchester: St Jerome.

Kruger, Jan-Louis. 2010. "Audio-narration: Re-narrativism film". *Perspectives: Studies in Translatology* 18 (3): 231–249.

Martí Ferriol, José Luis. 2006. Estudio empírico y descriptivo del método de traducción para doblaje y subtitulación. Castelló de la Plana: Universitat Jaume I. PhD dissertation.

Maszerowska, Anna, Anna Matamala and Pilar Orero (eds). 2014. *Audio Description. New Perspectives Illustrated.* Amsterdam/Filadelfia: John Benjamins.

Matamala, Anna. 2006. "La accesibilidad en los medios: aspectos lingüísticos y retos de formación". In *Sociedad, integración y televisión en España*, ed. by R. Amat and Á. Pérez-Ugena, 293–306. Madrid: Laberinto.

Matamala, Anna and Pilar Orero. 2007. "Designing a Course on Audio Description and Defining the Main Competences of the Future Professional." *Linguistica Antverpiensia* 6: 329–344.

Navarrete, Fernando. 1997. "Sistema AUDESC: el arte de hablar en imágenes". *Integración* 23: 70–75.

Orero, Pilar. 2005. "Audio description: professional recognition, practice and standards in Spain". *Translation Watch Quarterly* I (1): 7–18.

Ramos Caro, Marina. 2013. El impacto emocional de la audiodescripción. Murcia: Universidad de Murcia. PhD dissertation.

Redacción Fotogramas. 2021. "*Las 20 mejores películas de Pedro Almodóvar, según la redacción de Fotogramas*". 09/10/2021. Electronic version: <https://www.fotogramas.es/noticias-cine/g37871838/pedro-almodovar-mejores-peliculas/>

Reviers, Nina. 2017. Audio Description in Dutch. A Corpus-Based Study into the Linguistic Features of a New, Multimodal Text-Type. Antwerpen: Antwerpen Universiteit. PhD dissertation.

Sanz-Moreno, Raquel. 2017. Audiodescripción de referentes culturales: Estudio descriptivo-comparativo y de recepción. Valencia: Universitat de València. PhD dissertation.

Sanz-Moreno, Raquel. 2018a. "Percepción de referentes culturales audiovisuales por parte de una audiencia normovidente". *Sendebar* 29: 129–145. Electronic version: < https://revistaseug.ugr.es/index.php/sendebar/article/view/6585/7052.>

Sanz-Moreno, Raquel. 2018b. "Perfil y competencias del audiodescriptor en España". HIKMA. *Revista de Traducción* 17: 119–143. Electronic version: <https://www.uco.es/ucopress/ojs/index.php/hikma/article/view/11145/pdf>

Sanz-Moreno, Raquel. 2019a. "How to deal with intertextuality in AD? Almodóvar's *The Skin I live in*: A case study". *Intralinea volumes*. Electronic version: <http://www.intralinea.org/specials/article/how_to_deal_with_intertextuality_in_ad1>

Sanz-Moreno, Raquel. 2019b. "Competencia cultural del receptor normovidente y audiodescripción. Estudio de caso". *HIKMA Revista de Traducción* 18 (2): 257–275. Electronic version: <http://www.uco.es/ucopress/ojs/index.php/hikma/article/view/11681/pdf>

Sanz-Moreno, Raquel. 2020. "Estudio cualitativo sobre preferencias de los usuarios en la descripción de referentes culturales". *Sendebar* 31: 437–459. Electronic version: <https://revistaseug.ugr.es/index.php/sendebar/article/view/8932/13858>

Szarkowska, Anna and Anna Jankowska. 2015. "Audio describing Foreign films." *JOSTRANS. The Journal of Specialised Translation* 23: 243–269. Electronic version: <https://jostrans.org/issue23/art_szarkowska.php>

Taylor, Christopher. 2014. "Intertextuality". In *Audio Description. New Perspectives Illustrated*, ed. By Anna Maszerowska, Anna Matamala and Pilar Orero, 29–40. Amsterdam/Philadelphia: John Benjamins.

Taylor, Christopher. 2015. "Intertextual references". In *Pictures painted in words. ADLAB Audio Description Guidelines*, ed. by Aline Remael, Nina Reviers and Gert Vercauteren, 42.46. Trieste: Edizione Università di Triesti.

Taylor, Christopher and Elisa Perego. 2022. *The Routledge Book on Audio Description*. Routledge.

Valero Gisbert, María. 2012. "La intertextualidad fílmica en la audiodescripción". *Intralinea Volumes*. Electronic version <https://www.intralinea.org/index.php/specials/article/la_intertextualidad_filmica_en_la_audiodescripcion>

Vercauteren, Gert. 2016. A Narratological Approach to Content Selection in Audio Description. Antwerpen: Antwerpen Universiteit. PhD dissertation.

Vidal, Albert. 2004. "La audiodescripción: una herramienta de ayuda para los ciegos". *Integración* 32: 30–31.

Filmografía

Allen, Woody. 2011. *Midnight in Paris*.
Almodóvar, Pedro. 1987. *La ley del deseo*.
Almodóvar, Pedro. 1995. *La flor de mi secreto*.
Almodóvar, Pedro. 2004. *La mala educación*.
Almodóvar, Pedro. 2006. *Volver*.
Almodóvar, Pedro. 2011. *La piel que habito*.
Almodóvar, Pedro. 2009. *Los abrazos rotos*.
Almodóvar, Pedro. 2019. *Dolor y gloria*.
Burton, Tim. 2005. *Charlie and the Chocolate Factory [Charlie y la fábrica de chocolate]*.
Fellini, Federico. 1963. *8 y medio*.
García Berlanga, Luis. 1963. *El verdugo*.
Hathaway, Henry. 1953. *Niagara [Niágara]*.
Kazan, Elia. 1961. *Splendor in the Grass [Esplendor en la hierba]*.
Martel, Lucrecia. 2004. *La niña santa*.
Tarantino, Quentin. 2009. *Inglorious Basterds [Malditos bastardos]*.
Zulueta, Iván. 1979. *Arrebato*.

El SPS como herramienta transversal para la adquisición de competencias traductoras en el contexto de la enseñanza de la traducción especializada

Iván Martínez-Blasco
Universidad de Alicante

The aim of this article is to include Subtitling for Deaf and Hard-of-Hearing audiences (SDH) as a transversal competence in the teaching-learning of French-Spanish Technical-Scientific Translation, to implement a didactic proposal that will help students to consolidate and expand the competences required by this branch of the discipline. To this end, we aim to familiarise students with real working dynamics in the field of subtitling for deaf and hard-of-hearing people by using simulated collaborative translation assignments in which students act in assigned roles, and which serve to raise practical issues of the labour market in audiovisual translation and accessibility applied to the context of technical-scientific translation.

Keywords: accessibility, audiovisual translation, SDH, translation skills, specialised translation

0. Introducción

En los últimos años, hemos asistido a un incremento del número de productos accesibles en el mercado audiovisual. En el contexto de la traducción como actividad profesional en España, el subtitulado para personas sordas y personas con discapacidad auditiva (SPS) ha ido adquiriendo fuerza gracias al artículo 8 de la Ley General de la Comunicación Audiovisual que establece que tanto el 90% de las emisiones en los canales de servicio público como el 75% en los canales comerciales de cobertura estatal y autonómica estén subtituladas. En este artículo, presentamos la necesidad de incluir la accesibilidad como competencia transversal en la enseñanza-aprendizaje de la traducción especializada, concretamente, la traducción científico-técnica. El objetivo es que esta modalidad de la traducción

https://doi.org/10.1075/ivitra.41.09bla
© 2024 John Benjamins Publishing Company

audiovisual sirva de herramienta para que el estudiante consolide y amplíe las principales competencias que requiere esta rama de la disciplina.

1. Objetivo general

En este artículo, perseguimos el objetivo general de desarrollar e implementar una propuesta didáctica para la enseñanza de la traducción de textos científicos y técnicos francés-español; para ello, utilizaremos como herramienta el subtitulado para personas sordas y personas con discapacidad auditiva (SPS).

2. Objetivos específicos

A este objetivo general le acompañan los objetivos específicos siguientes:

- Que el estudiantado consolide las competencias específicas de la traducción científico-técnica asociadas con conocimientos temáticos extralingüísticos pertenecientes al campo de la ciencia y la tecnología; conocimientos de terminología; conocimientos de las convenciones de los tipos y los géneros textuales; y conocimientos avanzados de documentación en el campo de la ciencia y tecnología (Hurtado 2003: 140).
- Que el estudiantado continúe avanzando en el dominio de las lenguas francesa y española aplicado al campo de la ciencia y la tecnología en sus dimensiones principales: léxico, ortografía, gramática y sintaxis; que este adquiera capacidad de síntesis y conocimiento de los conceptos de redundancia, relevancia, adecuación, cohesión y coherencia (Cerezo y De Higes 2013:72).
- Que el estudiantado adquiera una cultura de la accesibilidad; se acerque al perfil y las necesidades de las personas con problemas de oído; se introduzca en la historia y la evolución del subtitulado para personas sordas y personas con discapacidad auditiva; conozca el mercado laboral y la legislación sobre SPS y su relación con la traducción científico-técnica; reconozca la multimodalidad de los textos audiovisuales y los códigos que los conforman en el campo de la ciencia y la tecnología; tenga capacidad de análisis de textos audiovisuales con contenido científico y tecnológico; y que distinga las peculiaridades de los diferentes géneros audiovisuales en el campo de la ciencia y la tecnología (Cerezo y De Higes 2013:72).
- Que el estudiantado adquiera un manejo avanzado de las herramientas informáticas vinculadas al subtitulado para personas sordas y personas con discapacidad auditiva (Cerezo y De Higes 2013:72).

El SPS como herramienta transversal para la adquisición de competencias traductoras   207

– Que el estudiantado adquiera conciencia sobre el papel intermediario de la labor del subtitulador para personas sordas y personas con discapacidad auditiva; capacidad de observación; capacidad de organización y planificación; y que adquiera habilidades interpersonales que faciliten la integración y la dirección de equipos de trabajo (Cerezo y De Higes 2013:72).

3.   Traducción y accesibilidad: El SPS

Desde una perspectiva traductológica, podríamos aventurarnos a afirmar que el estrecho vínculo que une traducción y accesibilidad resulta, en cierto modo, axiomático; a este respecto, Díaz Cintas (2007:20) apunta que, ya sea por motivos lingüísticos o sensoriales, su principal diferencia viene determinada por el perfil de los destinatarios:

> Independientemente de que el obstáculo comunicativo sea de carácter lingüístico o sensorial, el objetivo del proceso de traducción es exactamente el mismo: facilitar el acceso a una fuente de información y entretenimiento que de otro modo sería relativamente hermética. Desde esta perspectiva, la accesibilidad se convierte en un denominador común que subyace a todas las prácticas hasta aquí mencionadas.

No obstante, en los últimos años, tanto en el ámbito profesional como en el docente, nos hemos familiarizado con denominaciones cada vez más habituales como "traducción accesible" (Tamayo 2016) o "traducción audiovisual accesible" (Jiménez Hurtado 2007) para referirnos a un conjunto de modalidades de la traducción interlingüística o intralingüística bien delimitado: la audiodescripción, la interpretación en lengua de signos, el subtitulado para personas sordas y personas con discapacidad auditiva (SPS), el rehablado y el audiosubtitulado.

En lo que respecta a la modalidad que nos atañe en este estudio, Pereira (2005:162) define el SPS como:

> una modalidad de trasvase entre modos (de oral a escrito) y, en ocasiones, entre lenguas; consiste en presentar en pantalla un texto escrito que ofrece un recuento semántico de lo que se emite en el programa en cuestión, pero no sólo de lo que se dice, cómo se dice (énfasis, tono de voz, acentos e idiomas extranjeros, ruidos de la voz) y quién lo dice sino también de lo que se oye (música y ruidos ambientales) y de los elementos discursivos que aparecen en la imagen (cartas, leyendas, carteles, etc.).

Esta definición coincide con la propuesta de Díaz Cintas (2010:160–161), quien entiende el SPS como:

(...) una práctica sociolingüística entre modos, que consiste en ofrecer (...) un texto escrito que pretende dar cuenta de:

1. Lo que se dice: los diálogos de los actores o personas que hablan en el programa audiovisual, así como las canciones.
2. Quién lo dice: indicando la persona que habla cuando sea necesario.
3. Cómo se dice: la información suprasegmental que acompaña la entrega de los diálogos o monólogos como el énfasis, la entonación, el tono de voz, los acentos, los idiomas extranjeros, etc.
4. Lo que se oye: los efectos sonoros que se escuchan en la pista sonora, como los ruidos ambientales y la música instrumental.
5. Lo que se ve: aquellos elementos discursivos que forman parte de la fotografía y están en otros idiomas, como cartas, pintadas, leyendas, pantallas de ordenador, pancartas, etc.

Si trasladamos el foco de atención al público al que van dirigidos estos contenidos adaptados, la norma UNE 153010: 2012 (AENOR 2012: 4) especifica que los destinatarios del SPS son, principalmente, las personas sordas y las personas con discapacidad auditiva; si bien reconoce que se trata de una población heterogénea sujeta a diversos condicionantes, como el momento de aparición y de detección de la pérdida auditiva, el grado de pérdida, el grado de exposición a la lengua y la educación recibida, etc. Por consiguiente, las habilidades lectoras de las personas sordas pueden variar mucho y, consecuentemente, las necesidades que presentan ante el subtitulado. También, la norma UNE 153010: 2012 (AENOR 2012: 4) reconoce que este hecho no es privativo de las personas sordas o las personas con discapacidad auditiva; también existe un porcentaje de la población que presenta un nivel lector bajo. Por este motivo, aunque los usuarios principales del SPS son las personas sordas y personas con discapacidad auditiva, existen otros destinatarios (personas con discapacidad intelectual, público infantil, personas mayores, personas que aprenden idiomas, etc.) que pueden hacer uso de él, ya que puede servir de herramienta para mejorar las habilidades lectoescritoras. Incluso, el público en general también puede beneficiarse de este tipo de subtitulado en determinados entornos que pueden resultar ruidosos como el transporte público o áreas comerciales, además de que su conocimiento le sensibiliza y prepara para una posible pérdida auditiva asociada a la edad.

4. Competencias y traducción

Teniendo en cuenta que en este estudio concebimos la accesibilidad desde una perspectiva transversal que concierne a varios componentes de la competencia traductora, resulta de rigor que concretemos qué entendemos por competencia en el ámbito de la formación de especialistas de la traducción. La definición que plantea Kelly (2002: 14) nos puede servir de punto de partida:

> La competencia traductora es la macrocompetencia que constituye el conjunto de capacidades, destrezas, conocimientos e incluso actitudes que reúnen los traductores profesionales y que intervienen en la traducción como actividad experta (...).

En este sentido, los modelos competenciales han perseguido, entre otros, el objetivo de diferenciar la figura del especialista en traducción del profesional de las lenguas o la comunicación (Calvo y Morón 2008); por lo tanto, la competencia traductora se ha desarrollado desde distintos enfoques y ha perseguido distintas aplicaciones que van desde la propuesta de modelizaciones hasta el proceso de adquisición de dichas competencias (Bell 1991; Nord 1992; Pym 1992; Kiraly 1995; Beeby 2000; Chesterman 1997; Campbell 1998; Presas 1996; PACTE 2003, 2011; Hurtado 1999, 2008, 2015; Kelly 2002, 2005; etc.).

A nuestro parecer, el modelo de Kelly (2002, 2005), fruto, como argumenta la autora, de la observación de la realidad profesional, y que reestructura y amplía propuestas anteriores, se ajusta a los objetivos que perseguimos en este estudio. Este modelo, que pretende servir de base para el diseño curricular y la planificación de contenidos y metodología en el marco de la formación universitaria de traductores, entiende la competencia traductora como una macrocompetencia que se desglosa en siete subcompetencias (Kelly 2002: 14–15):

- Subcompetencia comunicativa y textual en al menos dos lenguas y culturas (comprende fases pasivas y activas de la comunicación, así como las convenciones textuales de las diferentes culturas de trabajo).
- Subcompetencia cultural (comprende no solo conocimientos enciclopédicos con respecto a los países donde se hablan las lenguas correspondientes, sino también sobre los valores, mitos, percepciones, creencias y comportamientos y sus representaciones textuales).
- Subcompetencia temática (comprende los conocimientos básicos sobre los campos temáticos en los que trabaja el traductor, los cuales le permiten el acceso a la comprensión del texto de origen o de la documentación adicional que emplee).
- Subcompetencia instrumental profesional (comprende el uso de fuentes documentales de todo tipo, la búsqueda de terminología y la gestión de glosarios, bases de datos, etc. el manejo de las aplicaciones informáticas más útiles para el ejercicio de la profesión (tratamiento de textos, autoedición, bases de datos, Internet, correo electrónico), además de otras herramientas tales como el fax, el dictáfono, etc. Comprende asimismo conocimientos básicos para la

gestión del ejercicio profesional (contratos, obligaciones fiscales, presupuestos y facturación, etc.), así como de la deontología y el asociacionismo profesional).

- Subcompetencia psicofisiológica (comprende el "autoconcepto" o la conciencia de ser traductor/a, la confianza en sí mismo, la capacidad de atención, de memoria, etc.).
- Subcompetencia interpersonal (se trata de la capacidad para interrelacionarse y trabajar profesionalmente en equipo, no solo con otros traductores y profesionales del ramo (revisores, documentalistas, terminólogos), sino también con los clientes, iniciadores, autores, usuarios, así como con expertos en las materias objeto de traducción).
- Subcompetencia estratégica (comprende todos los procedimientos que se aplican a la organización y realización del trabajo, a la identificación y resolución de problemas y a la autoevaluación y revisión).

5. El SPS como competencia transversal en la didáctica de la traducción

Como hemos podido comprobar en el apartado anterior, Kelly (2002) define la competencia traductora como un conjunto de conocimientos, actitudes, capacidades y destrezas que intervienen en la traducción como actividad experta. No obstante, como argumenta la autora, si bien este modelo describe factores que intervienen en el proceso de traducción, no todos tienen que hacerlo necesariamente de la misma manera (Kelly 2002: 17); en este sentido, si percibimos la accesibilidad como un aspecto transversal en la didáctica de la traducción, a rasgos generales, podemos situarla en tres subcompetencias principales, como propone Prieto (2009: 205):

- Subcompetencia instrumental profesional, en lo referente a conocer, valorar y comprender la deontología de la traducción profesional, así como su papel en la sociedad.
- Subcompetencia interpersonal, en lo referente a saber tratar de forma profesional con otras personas involucradas en el proceso de traducción, tales como clientes, iniciadores, intermediarios comerciales, autores, usuarios, o expertos.
- Subcompetencia estratégica, en lo referente a la capacidad para identificar problemas y buscar soluciones dentro del contexto amplio del encargo de traducción.

Si le dedicamos una especial atención a los elementos particulares del SPS que hemos definido en el apartado 3, podemos identificar una serie de subcompeten-

El SPS como herramienta transversal para la adquisición de competencias traductoras **211**

cias específicas del ejercicio de esta modalidad que vienen a engrosar las tres subcompetencias mencionadas, como proponen Cerezo y De Higes (2013:72). Las autoras toman como punto de partida propuestas anteriores de Álvarez Doblas e Hidalgo Valdés (2006), Díaz Cintas (2007), Matamala y Orero (2008), Neves (2008) y Snyder (2008) y enumeran una serie de conocimientos y habilidades recomendables para realizar un subtitulado para personas sordas de calidad, sin perder nunca de vista la práctica diaria de la profesión. Cerezo y De Higes (2013:72) dividen las competencias (subcompetencias, según la terminología de Kelly) en cuatro categorías: lingüísticas, temáticas, tecnológicas y generales:

– Competencias lingüísticas (dominio de la lengua materna, en todas sus dimensiones: fonética, léxico, ortografía, gramática y sintaxis; capacidad de síntesis; conocimiento de los conceptos de redundancia, relevancia, adecuación, cohesión y coherencia; rigor para revisar la calidad del propio trabajo o del trabajo de otros [...]).
– Competencias temáticas o de contenido (cultura de la accesibilidad y el diseño para todos; acercamiento al perfil y las necesidades de las personas con problemas de visión u oído; introducción en la historia y la evolución [...] del subtitulado para sordos; conocimiento del mercado laboral y la legislación sobre [...] SPS; cinematografía; reconocimiento de la multimodalidad de los textos audiovisuales y los códigos que los conforman; capacidad de análisis de textos audiovisuales; peculiaridades de los diferentes géneros audiovisuales).
– Competencias tecnológicas y aplicadas (manejo avanzado de herramientas informáticas [...] en el subtitulado para sordos; conocimientos avanzados de documentación).
– Personales y generales: conciencia del papel intermediario de la labor [...] del subtitulador para sordos; capacidad de observación [...]; capacidad de organización y planificación, habilidades interpersonales que faciliten la integración y la dirección de equipos de trabajo).

6. El SPS en el aula desde el enfoque de trabajo colaborativo

Para la experiencia docente donde valoraremos las competencias adquiridas por los estudiantes de traducción científico-técnica, adaptamos la propuesta de trabajo colaborativo en la clase de accesibilidad audiovisual de Cerezo y De Higes (2013); esta propuesta persigue que el estudiantado se familiarice con dinámicas de trabajo reales pertenecientes al ámbito de la subtitulación para personas sordas y personas con discapacidad auditiva; para ello, se prestará especial importancia en trabajar mediante encargos de traducción colaborativos simulados en los que los estudiantes actúen con roles asignados, y que sirvan para plantear cuestiones prácticas del mercado laboral de la traducción audiovisual y la accesibilidad.

A continuación, presentamos las dinámicas concretas que desarrollamos en el aula, que sintetizamos en tres fases:

Fase 1 (preparación previa): siguiendo la propuesta de Cerezo y De Higes (2013), en una primera fase (que ocupó dos sesiones teóricas de dos horas cada una) se trabajó en el visionado de videos sobre sordera y temas relacionados con la subtitulación para personas sordas. También, se analizó la Norma UNE 153010: 2012 (AENOR 2012), y se sometió a debate comparándola con la subtitulación convencional (para ello, se optó por utilizar las convenciones de subtitulado contempladas por la plataforma de contenidos en *streaming* de Netflix). Asimismo, se planteó al estudiantado que propusiera, para la sesión teórica siguiente, algún fragmento de video (un documental, programa de divulgación científico o tecnológico, etc.) subtitulado para personas sordas; para ello, se les pidió que los fragmentos utilizados contuvieran algún aspecto que consideraran relevante para la SPS y argumentaran su pertinencia, como, por ejemplo, la expresión de las emociones, elementos musicales, sonoros, onomatopeyas, etc. (Cerezo y De Higes 2013). Tras ser sometidos a un filtrado por parte del profesorado, se seleccionaron aquellos fragmentos que resultaban más representativos y se visionaron y debatieron en el aula. El objetivo que se persiguió en esta primera fase fue que el estudiantado, antes de abordar los encargos de traducción en equipo, estuviera, en cierta medida, familiarizado con las principales convenciones del SPS y las principales problemáticas que entraña.

Fase 2 (encargos de traducción en equipo): continuando con nuestra adaptación de la propuesta de Cerezo y De Higes (2013) al aula de traducción científicotécnica, se propuso a los estudiantes que trabajaran con roles asignados en equipos de tres personas. Para ello, se propuso un encargo de traducción que consistió en la subtitulación para personas sordas de un fragmento de cinco minutos aproximadamente; este fragmento fue seleccionado cuidadosamente para que contuvieran diferentes tipos de problemas de traducción en los que trabajar (Cerezo y De Higes 2013). El plazo de entrega fue de una semana a partir de la entrega del encargo. Para asignar los principales roles a los estudiantes, adaptamos la propuesta de Sánchez (2004) que define las diferentes tareas que componen habitualmente la cadena de trabajo en subtitulación. Los roles se limitaron finalmente a tres (persona encargada de la gestión del proyecto y, a su vez, de aspectos relacionados con la documentación y terminología, persona encargada de la traducción y el pautado y, finalmente, persona encargada de la revisión). Para llevar a cabo los procesos descritos, se respetaron las fases de trabajo definidas por Sánchez (2004):

- Pretraducción: traducción literal del texto audiovisual sin crear subtítulos.
- Adaptación: aplicación del formato de los subtítulos a un texto ya traducido.
- Pautado: creación de los subtítulos con sus correspondientes tiempos de entrada y salida.
- Traducción: trasvase lingüístico del texto original a la lengua meta.
- Revisión: por un lado, lectura del archivo de subtítulos sin tener acceso a la imagen, para detectar erratas y frases sin sentido. Por otro, realización de un visionado con simulación (se reproduce cómo se verán los subtítulos en el producto final).

Fase 3 (control de calidad): la última tarea planteada al alumnado consistió en la revisión del trabajo por pares. Esta tercera y última fase perseguía el objetivo de que el alumnado se ajustara a las exigencias del control de calidad de un subtitulado profesional (Cerezo y De Higes 2013: 78). Esta actividad constó de tres fases:

1. Fase 1: elaboración y entrega del subtitulado del fragmento de un documental de cuatro minutos de contenido científico o técnico.
2. Fase 2: revisión de la propuesta de un compañero.
3. Fase 3: evaluación por parte del profesorado tanto del subtitulado como de la revisión.

Para la fase 3, se estableció un baremo de revisión, que sirvió para acompañar al utilizado normalmente en el aula, en el que se tomó como referencia los parámetros que identifican el subtitulado para personas sordas propuestos en el modelo de Arnáiz Uzquiza (2012: 107–119). El resultado fue la elaboración de una ficha de corrección, la cual es una simplificación de la propuesta original de la autora para adaptarla a nuestros objetivos. Sobre esta ficha, el alumnado debía marcar los aspectos que podrían mejorarse, y también aquellos que les parecían especialmente adecuados. Dada la exhaustividad de la propuesta de Arnáiz Uzquiza (2012: 107–119), hemos considerado pertinente desglosar la ficha y proceder a una explicación de aquellos aspectos que resultan más reseñables para nuestro trabajo:

Tabla 1. Adaptación de los parámetros lingüísticos de Arnáiz Uzquiza (2012)

1. Parámetros lingüísticos	
Lengua	Interlingüísticos
	Intralingüísticos
Densidad	Íntegros (literales)
	Reducidos (Subtítulos ordinarios o Subtítulos simplificados)
Comentarios	

En esta primera taxonomía, Arnáiz Uzquiza (2012) rescata los parámetros "lengua" y "densidad" propuestos en un estudio anterior por Bartoll (2008), si bien con algunas diferencias; en lo que respecta al parámetro "lengua", la autora destaca que la consideración lingüística no depende únicamente de las lenguas origen y meta, sino que viene marcada por la tradición audiovisual del contexto de llegada; hemos considerado que este aspecto es especialmente ilustrativo para que el estudiante reflexione sobre la diferencia de convenciones de SPS que pueden establecerse entre países. El parámetro "densidad", por su lado, recoge la relación que se establece entre la cantidad de información textual que se presenta en el subtítulo y la información procedente de la pista sonora; es en este parámetro donde el estudiantado puede reflexionar acerca de los distintos condicionantes que lo limitan, como el número de caracteres por línea, el número de líneas, o la velocidad de lectura, entre otros.

En lo que respecta a los parámetros extralingüísticos sonoros, estos parámetros hacen referencia a la representación de la información sonora de tipo no verbal. A través de este segundo grupo de parámetros, el estudiantado puede reflexionar acerca de la necesidad de que se establezca una representación por escrito cuando la persona con problemas de audición se enfrenta a la ausencia de un referente visual de acompañamiento y pueda alcanzar unos niveles de comprensión equiparables a los del público que no posea estos problemas. El primero de los parámetros de este grupo, "información paralingüística", persigue la función de ampliar y esclarecer los parlamentos de los personajes aportando carga propia en el proceso de lectura y comprensión. El segundo de ellos, el parámetro "identificación de personajes" hace referencia a la información que permite al espectador identificar los diálogos con los personajes en pantalla (visibles o no). Como indica Arnáiz Uzquiza (2012: 110), una de las técnicas más extendidas en España es la asignación de colores, ya que se trata de una de las opciones que menos condicionan la configuración estética; aunque también existen otras opciones, como el desplazamiento lateral o vertical del texto para situarlo cerca del personaje, empleada principalmente en países como Estados Unidos y Canadá, el empleo de etiquetas, a modo de acotaciones, precediendo al subtítulo cuando no es posible identificar la intervención del personaje en pantalla o el uso de puntuación distintiva, como guiones o comillas latinas (Arnáiz Uzquiza (2012: 111). El parámetro de "efectos sonoros" recoge toda la información kinésica sonora que tiene lugar dentro de la obra audiovisual y que afecta al desarrollo de esta; en este apartado se excluyen la información sonora de naturaleza no paralingüística y la musical. En este último parámetro, la autora, citando a Neves (2005: 243) matiza que, aunque la representación de la información suele producirse mediante una descripción, los parámetros estéticos aplicados en su representación como el posicionamiento y, especialmente, la tipografía, pueden llegar a diferir de unos países a otros. En lo

Tabla 2. Adaptación de los parámetros extralingüísticos sonoros de Arnáiz Uzquiza (2012)

2. Parámetros extralingüísticos sonoros	
Identificación	Posición
	Etiquetas
	Colores
	Puntuación
	Combinación de parámetros
	Sin representación
Información paralingüística	Descripción
	Onomatopeyas
	Emoticonos
	Sin representación
Efectos	Descripción
	Onomatopeyas
	Iconos
	Sin representación
Música	**Diegética**
	Título
	Letra
	Descripción
	Sin representación
	Extradiegética
	Título
	Letra
	Descripción
	Combinación de parámetros
	Sin representación
Comentarios	

que respecta al último de los parámetros, "música", Arnáiz Uzquiza (2012: 112) justifica su exclusión del parámetro "efectos sonoros", al considerar que el papel que desempeña en la obra audiovisual puede ser más complejo.

En lo relativo al tercer conjunto de parámetros, los "parámetros pragmáticos", la "autoría" hace referencia al agente que desarrolla el SPS; en el parámetro "intención", que aborda el objetivo que se persigue con los subtítulos, se propone incluir la variable de "subtítulos terapéuticos", desarrollados para abordar problemas específicos de aprendizaje. Estos últimos dependen, en gran medida, del siguiente parámetro, "destinatarios", que identifica el perfil del usuario; a este respecto,

Tabla 3. Adaptación de los parámetros pragmáticos de Arnáiz Uzquiza (2012)

3. Parámetros pragmáticos	
Destinatarios	Por audición
	Por edad
	Por necesidades lingüísticas
	Por necesidades terapéuticas
Intención	Instrumentales
	Didácticos
	Terapéuticos
	Karaoke
	Documentales
Autoría	Subtítulos profesionales
	Subtítulos aficionados
Comentarios	

Arnáiz Uzquiza (2012: 112) insiste en los factores que hay que tener en cuenta a la hora de definir el perfil del usuario, como la edad, el perfil lingüístico (signante u oralista), el tipo, grado y momento de aparición de la sordera, o las necesidades terapéuticas de los usuarios (Llombart 2007). Estas últimas particularidades determinarán su capacidad para acceder a la información sonora, la velocidad de lectura o su familiaridad con el lenguaje escrito.

En los "parámetros estéticos" se agrupan todos los elementos que determinan el aspecto visual del subtítulo, como el "emplazamiento", que hace referencia a la ubicación (internos o externos) o la "tipografía" (que, a su vez, incluye una serie de subparámetros como "fuente, estilo, tamaño, color, borde, sombra, espaciado, interlineado, caja, ortotipografía, número de caracteres y número de líneas"). En lo que concierne al parámetro de "posición", a raíz del tratamiento que se le da en las diferentes normativas, y la práctica generalizada, se propone analizar la posición en base a dos tipos de desplazamientos del subtítulo en pantalla: vertical (posición) y horizontal (justificación).

Los "parámetros técnicos" hacen referencia de manera exclusiva a aquellos aspectos de la producción de SPS que resultan menos visibles para el espectador, pero que el estudiantado, sobre todo desde su perspectiva de gestor de proyectos o revisor, debe tener muy presente. El parámetro "archivado" hace referencia a la vinculación física del subtítulo e imagen, y el parámetro "difusión" representa el modo de proyección desde un punto de vista técnico. En lo que respecta al parámetro "formato", que hace referencia a la codificación de los subtítulos, el SPS, además de los aspectos lingüísticos y temporales del subtítulo, precisa, en igual medida, del almacenamiento de rasgos cromáticos y posicionales. El "método

Tabla 4. Adaptación de los parámetros estéticos de Arnáiz Uzquiza (2012)

4. Parámetros estéticos	
Emplazamiento	Subtítulos internos
	Subtítulos externos
Color	Subtítulos monocromos
	Subtítulos policromos
Tipografía	Fuente
	Estilo
	Tamaño
	Color
	Borde
	Sombra
	Espaciado
	Interlineado
	Caja
	Ortotipografía
	(N° de caracteres / línea)
	(N° de líneas / sub.)
Posición	**Uniforme**
	Subtítulos
	Sobretítulos
	Laterotítulos
	No uniforme
	Desplazados
	Posición combinada
Justificación	Izquierda
	Centro
	Derecha
Comentarios	

de elaboración" hace referencia al sistema de transcripción de los subtítulos y "medio" al soporte al que se incorporan los subtítulos.

Para Arnáiz Uzquiza (2012: 118), el último conjunto de parámetros, los "parámetros estético-técnicos", se encuentran a medio camino entre los dos últimos grupos de parámetros descritos, y recogen los aspectos cuya producción tiene un reflejo visual. El parámetro "incorporación" indica la forma en la que el texto escrito aparece en pantalla; el parámetro "opcionalidad" hacer referencia a la visibilidad obligatoria, o no, de los subtítulos. El último de los parámetros, la "velocidad", tiende a analizarse junto al parámetro lingüístico de la "densidad" y, como

Tabla 5. Adaptación de los parámetros técnicos de Arnáiz Uzquiza (2012)

5. Parámetros técnicos	
Formato	.txt
	.ssa
	.sub
	.vsf
	.srt
	.stl
	otros formatos
Medio	Cine
	DVD
	Televisión
	– Abiertos
	– Teletexto
	– DVB
	Plataformas de *streaming*
	Internet
	Videojuegos
	Teléfono
	Eventos
	Otros
Comentarios	

indica la autora, es uno de los elementos de principal importancia en el seno del SPS (Arnáiz Uzquiza 2012: 123).

Para concluir este apartado, al término de la fase 3 se aplicó un cuestionario al alumnado para que valorara globalmente la experiencia.

6. Conclusiones

Tras la puesta en práctica de las tres fases de trabajo descritas, podemos extraer una serie de reflexiones que atañen a los objetivos generales y específicos planteados y que pueden servir de conclusión para este artículo.

En lo concerniente a las competencias específicas de la traducción científico-técnica que se buscaba consolidar con estas actividades, uno de los aspectos que más ha destacado el estudiantado, y que más problemáticas le ha planteado, tiene que ver con el tratamiento que debe recibir la terminología científica y técnica en el contexto audiovisual accesible. En este sentido, si bien, en los géneros y tipos de textos que habían trabajado hasta el momento (patentes, informes técnicos,

Tabla 6. Adaptación de los parámetros estético-técnicos de Arnáiz Uzquiza (2012)

6. Parámetros estético-técnicos	
Velocidad	N° caracteres / línea
	N° caracteres / segundo
	Tiempo de exposición
Incorporación	Subtítulos dinámicos
	Letra a letra
	Palabra a palabra
	Línea a línea
	Frase a frase
	Desplazamiento lateral
	Rodillo ascendente
	Rodillo ascendente
	Subtítulos estáticos
Opcionalidad	Opcionales
	No opcionales
Comentarios	

manuales) eran conscientes de que conceptos como la redundancia o la repetición de términos podía formar parte incluso de las características definitorias de estos tipos de textos, el hecho de que este se viera condicionado a respetar las restricciones de espacio y tiempo en pantalla propias del SPS, le hizo reflexionar sobre nociones como la omisión o la sustitución en el ámbito de la traducción científico-técnica. Incluso, la imposibilidad, en algunos contextos, de eliminar términos científicos que podían llegar a ocupar un número de caracteres importante les condicionó a tomar decisiones acerca de las posibles técnicas de síntesis o distribución de contenido que pudiesen resultar más adecuadas en aras de evitar la mínima pérdida de contenido posible.

En otro orden de ideas, dentro las cuatro competencias definidas por Cerezo y De Higes (2013:72), uno de los aspectos sobre los que más ha reflexionado el estudiantado concierne al desarrollo de las competencias personales y generales. El conjunto de estudiantes coincide en que la accesibilidad puede contribuir a la creación de una conciencia social crítica en lo que respecta al acceso de personas con discapacidad a los contenidos audiovisuales (Prieto 2009:207). A este respecto, fueron especialmente conscientes de la relevancia que tiene la labor del especialista de la traducción y subtitulado como intermediario para personas sordas y personas con discapacidad auditiva; sin perder nunca de vista, gracias a la experiencia colaborativa, la posición que ocupan dentro del engranaje del proceso de traducción y subtitulado.

El estudiantado también ha valorado la importancia, como en cualquier otro tipo de modalidad de traducción, de entregar un producto de calidad, prestando una especial atención a las necesidades del público. En este sentido, el hecho de trabajar con la Norma UNE 153010: 2012 (AENOR, 2012) y contrastarla con otros protocolos profesionales, como los de la plataforma de *streaming* Netflix, le ha permitido establecer un vínculo directo entre la formación, el mercado y la sociedad y concluir que los protocolos de la industria de la accesibilidad en España dependen en muchas ocasiones de numerosos factores, como son las exigencias, costumbres y normas internas de cada cliente. Con independencia de esta diversidad de factores, inherentes a cualquier modalidad de traducción profesional, el alumnado ha reconocido la relevancia del principio de inteligibilidad (Prieto, 2009: 208) en el SPS; a este respecto, los debates que ha suscitado en el aula el parámetro "densidad" han dejado constancia de que, si bien, como en cualquier modalidad de traducción, la información debe ser inteligible, en el caso del SPS, la gran diversidad de capacidades lectoras de los grupos de usuarios, así como de sus necesidades son todavía más patentes que en otras modalidades, por lo que resulta todavía más importante acomodar el texto meta a las necesidades de cada persona (por ejemplo, signante u oralista), con el fin de suprimir barreras. Sin embargo, la búsqueda activa de contenidos audiovisuales subtitulados con SPS que hicieron en la fase de preparación les hizo concluir que, hoy en día, las necesidades del colectivo podían llegar a quedar cubiertas desigualmente.

La presencia del SPS en su formación también ha dejado patente la importancia de la información no verbal en el proceso de traducción y subtitulado, y de la variedad de información de este tipo que puede llegar a contener una obra audiovisual. Entre todas las modalidades de información no verbal que contenían las obras audiovisuales tratadas en el aula, la información paralingüística y los efectos sonoros han sido los que más dificultades han generado, sobre todo en lo relativo a la pertinencia de algunas decisiones de subtitulado tomadas en la fase 2, principalmente relacionadas con la redundancia con la imagen o, incluso, con su necesidad real. También, en las investigaciones que llevaron a cabo en la fase 1 pudieron comprobar que las decisiones adoptadas para la representación tanto de la identificación de personajes, como de la información paralingüística, los efectos o la música, podían tener su origen en la tradición (Arnáiz Uzquiza 2012: 122), y podían variar de unos países a otros. Además, esta variabilidad podía ir también acompañada de una modificación de otros parámetros, como los estéticos e incluso los lingüísticos.

Para concluir, la valoración global del alumnado, expresada tanto en el cuestionario de evaluación de la actividad como en las reflexiones individuales incluidas en la ficha de parámetros, fue ampliamente positiva. Dado el éxito de este enfoque didáctico, proponemos continuar aplicando este tipo de dinámicas en el aula de traducción científico-técnica. En el futuro, no descartamos la posibilidad de trabajar con encargos reales de SPS estableciendo contacto con clientes reales o incluso con otros departamentos de la propia universidad que puedan requerir este tipo de servicio.

Información sobre financiación

El presente trabajo se enmarca en el seno del Proyecto I+D "Accesibilidad en las aulas virtuales: Recomendaciones para una enseñanza accesible" financiado por el Vicerrectorado de Calidad e Innovación Educativa de la Universidad de Alicante en 2020.

Bibliografía

AENOR. 2012. *Norma UNE 153010: Subtitulado para personas sordas y personas con discapacidad auditiva*. Madrid: AENOR.

Álvarez Doblas, Encarnación e Hidalgo Valdés, Miguel. 2006. *La dimensión práctica en el establecimento de competencias de los subtituladores y audiodescriptores*. CEIAF Audiovisual.

Arnaiz Urquiza, Verónica. 2012. "Los parámetros que identifican el subtitulado para sordos. Análisis y clasificación." *MonTI*, 4: 103–132.

Bartoll, Eduard. 2008. *Paràmetres per a una taxonomia de la subtitulació* [Tesis doctoral, Universitat Pompeu Fabra].

Beeby Lonsdale, Allison. 2000. "Choosing a Research Model for Investigating Translation Competence." En *Intercultural Faultlines: Research Models in Translation Studies I: Textual and Cognitive Aspects*, ed. por Maeve, Olohan, 43–56. Manchester: St. Jerome Publishing.

Bell, Roger Thomas. 1991. *Translation and Translating*. Londres/New York: Longman.

Calvo, Elisa y Morón, Marian. 2008. "Propuestas de observación y análisis para la calidad: la traducción e interpretación bajo la lupa." En *V Foro sobre la evaluación de la calidad de la educación superior e investigación*. San Sebastián.

Campbell, Stuart. 1998. *Translation into the Second Language*. Londres: Longman.

Cerezo Merchán, Beatriz y De Higes Andino, Irene. 2013. "Trabajo colaborativo y desempeño profesional: un caso práctico en la clase de accesibilidad audiovisual". *Hikma* 12: 65–85.

Chesterman, Andrew. 1997. *Memes of Translation*. Amsterdam/Philadelphia: John Benjamins.

Díaz Cintas, Jorge. 2007. "Por una preparación de calidad en accesibilidad audiovisual". *TRANS: Revista de Traductología* 2: 45–59.

Díaz Cintas, Jorge. 2007. "Traducción audiovisual y accesibilidad". En *Traducción y accesibilidad: Subtitulación para sordos y audiodescripción para ciegos: nuevas modalidades de Traducción Audiovisual*, ed. por C. Jiménez Hurtado, 9–23. Frankfurt: Peter Lang.

Díaz Cintas, Jorge. 2010. "La accesibilidad a los medios de comunicación audiovisual a través del subtitulado y de la audiodescripción". En *El español, lengua de traducción para la cooperación y el diálogo*, ed. por L. González Pérez and P. Hernúñez:157–180. Instituto Cervantes.

Hurtado Albir, Amparo. 1999. "La competencia traductora y su adquisición. Un modelo holístico y dinámico". *Perspectives: Studies in Translatology* 7(2): 177–188.

Hurtado Albir, Amparo. 2008. "Compétence en traduction et formation par compétences." *TTR (Traduction, Terminologie, Rédaction). La formation du traducteur : pédagogie, docimologie, technologies* 21(1): 17–64.

Hurtado Albir, Amparo. 2015. *Aprender a traducir del francés al español. Competencias y tareas para la iniciación a la traducción. Guía didáctica.* Universitat Jaume I.

Kelly, Dorothy. 2002. "Un modelo de competencia traductora: bases para el diseño curricular". *Puentes* 1: 9–20.

Kelly, Dorothy. 2005. *A Handbook for Translator Trainers.* Mantchester: St Jerome.

Kiraly, Donald. 1995. *Pathways to Translation. Pedagogy and Process.* Kent: The Kent State University Press.

Llombart, Carles. 2007. *Tinc un/a alumne/a sord/a a l'aula.* Consorci d'Educació de Barcelona.

Matamala, Anna y Orero, Pilar. 2008. "L'accessibilitat a Televisió de Catalunya: parlem amb Rosa Vallverdú, directora del departament de Subtitulació de TVC." *Quaderns: Revista de traducció* 16: 301–312.

Neves, Joselia. 2008. "Training in subtitling for the d/Deaf and the hard-of-hearing." En *The Didactics of Audiovisual Translation*, ed. por Jorge Díaz-Cintas. Amsterdam/Philadelphia: John Benjamins.

Nord, Christiane. 1992. "Text Analysis in Translator Training." In *Teaching Translation and Interpreting — Training, Talent and Expertise*, ed. por Cay Dollerup y Anne Loddegaard, 39–48. Amsterdam & Philadelphia: John Benjamins.

PACTE. 2003. "Building a Translation Competence Model". In *Triangulating Translation: Perspectives in Process Oriented Research*, ed. por F. Alves. Amsterdam/Philadelphia: John Benjamins.

PACTE. 2011. "Results of the Validation of the PACTE Translation Competence Model: Translation Problems and Translation Competence. In *Methods and Strategies of Process Research: Integrative Approaches in Translation Studies*, ed. Por A. Hild, E. Tiselius and C. Alvstad. Amsterdam/Philadelphia: John Benjamins.

Pereira, Ana. 2005. "El subtitulado para sordos: estado de la cuestión en España". *Quaderns. Revista de traducción* 12: 161–172.

Presas, Marisa. 1996. *Problemes de traducció i competència traductora. Bases per a una pedagogia de la traducció* [Tesis doctoral, Universitat Autònoma de Barcelona].

Prieto Velasco, Juan Antonio. 2009. "La accesibilidad como competencia del traductor: propuesta de actividades para el aprendizaje autónomo." *Sendebar. Revista de la Facultad de Traducción e Interpretación* 20: 201–230.

Pym, Anthony. 1992. "Translation error analysis and the interface with language teaching". En *Teaching Translation and Interpreting*, ed. por C. Dollerup y A. Loddegaard. Amsterdam/Philadelphia: John Benjamins.

Sánchez, Diana. 2004. "Subtitling methods and team-translation". En *Topics in Audiovisual Translation*, ed por Pilar Orero, 9–17. Amsterdam/Philadelphia: John Benjamins.

Snyder, Joel. 2008. "Audiodescription: the visual made verbal." En *The Didactics of Audiovisual Translation*, ed. por Jorge Díaz-Cintas, 191–198. Amsterdam/Philadelphia: John Benjamins.

Tamayo, Ana. 2016. "Subtitulación para personas sordas: metodología de aprendizaje-servicio en el aula de traducción audiovisual". *Íkala* 21 (3): 327–342.

Índice

A

Accesibilidad 34, 43, 44, 71, 143, 148, 157, 162, 169, 179, 180, 205, 207, 219, 220
accesibilidad cognitiva 2, 73, 74, 75, 85, 86, 91, 92, 109
accesibilidad digital 162
accesibilidad universal 2, 44, 85, 86, 91, 161, 162
accesibilidad audiovisual 32, 33, 163, 179
audiodescripción 20, 32, 33, 36, 184, 186, 188, 189, 190, 192, 195, 196, 198, 200
audiodescriptor 137, 138, 188, 189, 190, 200, 201

C

competencia cultural 190
competencia fraseológica 11, 13
competencia traductora 208, 209, 210
culturemas 9, 80

D

doblaje 37, 185

F

fraseología 82

I

intertextualidad 17, 18, 19, 186, 188

L

lectura fácil 34, 73, 74

S

subtitulación 37
subtitulación para sordos 36, 139

T

traducción audiovisual 162
traducción intersemiótica 185
traducción periodística 89
traducción turística 82, 83

U

unidad fraseológica 82